国家出版基金项目
NATIONAL PUBLICATION FOUNDATION

大時代書系

主编◎厉以宁 艾丰 石军

中国新型城镇化理论与实践丛书

新型城镇化进程中
流动人口经济现状研究

中国新型城镇化理论与实践丛书
编委会

总 序

2012年11月，中国共产党第十八次全国代表大会提出，中国要推进“新型城镇化”。

2013年12月，中共中央召开了新中国成立以来的第一次城镇化工作会议。

2014年3月，中共中央、国务院印发了《国家新型城镇化规划（2014—2020年）》。

我国进入了新型城镇化重要时期。

习近平同志在中央城镇化工作会议上的讲话指出，推进新型城镇化是解决农业、农村、农民问题的重要途径，是推动区域协调发展的有力支撑，是扩大内需和促进产业升级的重要抓手，对全面建成小康社会、加快社会主义现代化具有重大的现实意义和深远的历史意义。李克强同志多次强调，新型城镇化是现代化的必由之路和必需之策。

到目前为止，成功实现工业化、城镇化进而达到现代化的发达国家，人口加起来总共约10亿。如果到21世纪中叶，中国城镇化率达到80%，转移人口将达到12亿左右，超过发达国家的人口总和，其规模之宏大和问题之复杂，在世界城镇化历史上是空前的。顺利完成中国城镇化，堪称中国历史发展的奇迹，也是世界发展史上的奇迹。

顺利推进新型城镇化，关键在于理论和实践的结合。它包括几个层次：

一是掌握城镇化的基本规律。

二是找到中国城镇化的特殊规律。

三是认识新型城镇化的内涵和要求。

四是根据以上认识，作出相应的决策，包括战略、规划、政策和措施。

五是在实施过程中，根据实践经验不断深化认识和改进操作。新型城镇化是一个新事物，没有现成的套路可以照搬，必须在理论和实践的结合中，不断前进。

本着为新型城镇化作出一份贡献的宗旨，特编辑出版了这套“中国新型城镇化理论与实践丛书”。

一、世界城镇化进程基本规律

世界城镇化已经有了260年的历史，贯穿了人类社会工业化和现代化的整个历程。其内在基本规律可以概括如下：

城镇化的基本矛盾是要素整合和空间配置的关系。社会生产力的发展靠要素整合，而要素整合离不开空间配置。要素整合和空间配置的互动互促，是城镇化的实质。

（一）六个要点

由此基本矛盾派生出城镇化基本规律的六个要点：

一个根据。劳动生产率。人类社会进步的基本动因是劳动生产率提高。工业靠人口的城镇聚集提高劳动生产率，农业靠减少农村人口提高劳动生产率。这是城镇化的基本根据。

二力协调。工业的拉力和农业的推力。农村人口转移是靠一拉一推实现的。而且，拉力和推力必须协调，两力不协调就会出现问题。

三个要素。人、业、地是城镇化的三个基本要素。人是核心，业是支撑，地是载体。所谓城镇化就是恰当运作这三个基本要素，以达到社会进步的目的。

四类主体。政府、企业、居民、智库。城镇化是这四类主体协作参与的社会工程。在发挥市场配置资源的决定性作用和更好地发挥政府作用的原则下，由政府统领，这四类主体各就各位、各尽所能、互相协作、形成合力，才能顺利推进城镇化。

五种杠杆。资源、资金、技术、文化、谋略。这些杠杆要素在城镇化的实施中，分别起着依托、融合、提升、活力、统筹的作用。

一个成果。现代化城镇体系建设。城镇体系包括宏观体系、中观体系、微观体系。城镇体系也包括实体体系、关系体系、文化体系。

（二）五项原则

分析世界各国城镇化经验教训，可以总结出五项原则：

1. **有序原则。**城镇化基本按照“地点转换，职业转换，身份转换”的顺序进行。

2. **同步原则。**城镇化进程要与产业支撑同步发展。

3. **渐进原则。**城镇化是一个自然发展过程，不可操之过急。

4. **匹配原则。**城镇化的模式要与国情相匹配。

5. **持续原则。**城镇化进程要可持续，城镇发展要可持续。

六个要点和五项原则，可以成为对城镇化规律的基础性认识。

二、中国城镇化历程

中国城镇化的伟大历史进程已经清晰地展现在我们眼前。

过去65年，中国城镇化走过了曲折发展的道路。

1. **新中国成立初期10年。**新中国成立初期10年，城镇化启动，城镇化率从1949年的10.6%提高到1957年的15.6%。

2. **1958—1978年。**1958年以后进入停滞期，到1978年，城镇化率达到17.9%。20年的时间城镇化率只提高2.3%，城镇化速度年均0.1%。

3. **改革开放以后至2013年。**改革开放以后，我国城镇化进程明显加快，到2013年已上升到53.7%，年均城镇化速度在一个百分点以上。城镇常住人口从1978年的1.7亿增加到2013年的7.3亿，城市数量从193个增加到658个，建制镇从2173个增加到20113个。京津冀、长三角、珠三角三大城市群初步形成，西部和东北地区城市焕发出新面貌。

目前，我国城镇化正处在城镇化率 30%～70%的中期阶段，城镇化率为 53.7%，如果按户籍人口计算，城镇化率只有 36%左右，低于发达国家 80%以上的平均水平，也低于类似发展中国家 60%的平均水平。

4. **展望未来。展望未来，还有非常艰巨的任务。**《国家新型城镇化规划（2014—2020 年）》提出的目标是，到 2020 年，城镇化率达到 60%左右，户籍人口城镇化率达到 45%左右。

还可以设想，到 2030 年，城镇化率达到 70%左右，而后再用 20 年，即到 2050 年，城镇化率达到 80%左右，同时做好相应的调整和提高工作。

这就是说，新中国的城镇化将走过 100 年的历程，新中国成立 100 周年，将是中国城镇化基本完成之时，也是中国现代化程度达到中等发达国家水平之日，两者基本重合。

三、中国城镇化特色

如何理解中国城镇化的“特色”?

（一）在“大反差”的条件下进行

基于国情，中国城镇化是在“大反差”的条件下进行的。

1. **人口。**“总量多”和“人均少”之间的大反差。“人均少”往往形成硬制约。如我国 GDP 总量世界第二，但人均 GDP 排名在世界 100 名左右；耕地总量占国土面积的 13.5%，但人均耕地 1.4 亩，是世界平均水平的 40%。

2. **区域。**不同区域之间在自然环境、经济发展、人口聚集等方面的大反差。由黑河到腾冲划出的所谓“胡焕庸线”，东南侧占全国 43.18%的国土面积，集聚全国 93.77%的人口，产出 95.7%的 GDP。西北一侧占 56.82%的国土面积，集聚全国 6.23%的人口，产出 4.3%的 GDP。

3. **城乡。**城乡二元结构形成的大反差。劳动生产率方面，农村人口占全国人口将近一半，而农业的 GDP 贡献率只有 10%左右；农村居民和城镇居民购买力之比是 1∶3；城乡二元体制。

4. **城镇。**大城市、特大城市和中小城市、小城镇之间的大反差。大城市急剧膨胀，中小城市、小城镇容量不足。

5. **经济。**落后农业国的起点和现代化目标之间的大反差。面临传统工业化补课和现代化赶超的双重历史任务。飞船早已上天，还有几千万人没有解决温饱问题。

（二）中国城镇化任务艰巨复杂

从国际比较看，中国城镇化任务非常艰巨复杂。

1. **转移人口总量大。**过去 65 年，城镇常住人口增加 5.6 亿，到城镇化基本完成时，累计转移农村人口 12 亿之众。这个数量是人类总人口的 1/6。

2. **区域发展不平衡。**目前我国东部城镇化率为 62.2%，中部城镇化率为 48.5%，西部城镇化率为 44.8%。三个不同区域城镇化所处阶段和面临的问题很不相同。由此出现了世界少有的区域人口大流动的现象。

3. **城镇模式多样化。**我国有人口稠密的地方，也有地广人稀的地方；有城镇密集的地方，也有城镇稀疏的地方。人均土地、人均资源、人均 GDP 的巨大差异，必然形成城镇模式上的多样化。中国各地各类城镇应该采取的模式可以说囊括了世界各国的各种模式。

4. **时间跨度比较长。**中国基本完成城镇化需要 100 年左右的时间。在世界各国中，这个时间跨度是比较长的，也是世界人口最多的国家城镇化所必需的。

5. **国际影响很深远。**在世界经济全球化的今天，世界最大的发展中国家的城镇化，其影响和意义必然超越国界。外国经济学家把中国城镇化看成推动 21 世纪世界经济发展的两大引擎之一，是有道理的。中国城镇化和世界经济发展的互动，成为必然。

（三）城镇化进程中存在的六个“滞后”

立足当前，必须正视城镇化进程中存在的六个“滞后”。

1. **城镇化滞后于工业化。**我国第二和第三产业增加值占 GDP 的比重达到 90%，而城市人口和农村人口的比例是 54∶46，城镇化率低于同等工业化水平的国家。

2. **人口城镇化滞后于土地城镇化。**城镇化过程存在着重“物的城镇化”，轻“人的城镇化”的倾向。城市结构松散，占地过多，城镇用地增长快于人口容纳增长。

3. **城市建设滞后于城镇化速度。**城市基础设施、公用服务设施、城镇住房建设远不适应城镇人口增长。

4. **身份转换滞后于职业转换。**我国目前的城镇化率，按户籍人口计算是35%，按常住人口计算是53%，相差18个百分点。这意味着有2亿多农民工有待市民化。

5. **文化建设和生态建设滞后于实体建设。**城镇化中历史文化传承问题没有很好地解决，城镇的文化特色、地方特色、民族特色正在消失。城镇的环境污染越来越严重。

6. **城市管理滞后于城市发展。**城镇管理体制、城镇管理经验、城镇管理人才都还不适应城镇化的快速发展。

六个“滞后”说明，依靠劳动力廉价供给推动城镇化快速发展的模式难以持续，依靠粗放式消耗土地等资源推动城镇化快速发展的模式难以持续，依靠公共服务非均等化压低成本推动城镇化的模式不可持续。

四、“五位一体”的新型城镇化目标

所谓新型城镇化，就是落实科学发展观，体现工业化、城镇化、信息化、农业现代化“四化协调”和经济建设、政治建设、文化建设、社会建设、生态文明建设“五位一体”的城镇化。

具体来说，就是以人口城镇化为核心，以城市群为主体形态，以综合承载能力为支撑，以体制机制创新为保障，促进产业发展、就业转移和人口集聚相统一，走出一条以人为本、四化协调、集约高效、布局优化、生态文明、文化传承的中国特色的新型城镇化道路。

新型城镇化是基于中国城镇化的规律、适应新形势的要求、针对现存的主要问题提出来的。

可以用“三八原则”和“三五要点”具体解读新型城镇化。

（一）新型城镇化的“三八原则”

所谓“三八原则”即是：

1. **正确处理八个方面关系。**一是空间：正确处理城乡之间、不同区域之间、城镇之间、各类城区之间的关系；二是产业：正确处理产业发展和城镇化进程之间的关系和第一次产业、第二次产业、第三次产业之间的关系；三是要素：正确处理人、业、地、钱等各种要素之间的关系；四是居民：正确处理各种居民之间的关系，特别要保证不能损害农民的利益，逐步实现公共服务均等化；五是文化：正确处理传承和创新的关系，把现代化和历史文化传承统一起来；六是模式：正确处理统一和多样的关系，各个城镇既要遵循国家统一规划，又要从实际出发作出选择；七是进程：正确处理速度和质量的关系，新型城镇化必须注意条件匹配、质量优先；八是主体：正确处理政府、企业、居民之间的关系，正确处理“有形的手”和“无形的手”的关系，按照“政府引导，多方参与”的原则推进城镇化。

2. **符合八条基本标准。**一是城乡一体；二是以人为本；三是经济繁荣；四是城建现代；五是布局合理；六是文化发展；七是社会和谐；八是绿色低碳。

3. **运用八条操作要领。**一是以人口为核心；二是以产业为支撑；三是以环境做定位；四是以城建做载体；五是以土地为依托；六是以资金做杠杆；七是以制度做配套；八是以改革为动力。

强调以改革为动力，用改革的方法解决城镇化中遇到的各种问题很重要。处在社会转型期的中国，必须通过全面深化改革，克服思维、制度、体制、政策等方面不适应城镇化的制约和障碍，才能保证城镇化的顺利进行。

（二）新型城镇化的“三五要点”

所谓“三五要点”即是：

1. **抓住五个难点问题。**一是农民工市民化问题；二是土地问题；三是城镇住房和公共服务问题；四是资金问题；五是历史文化传承问题。

2. **抓住五个战略重点。**一是重视产业发展和城镇化互动。我国是发展中国家，经济建设是中心，经济发展是城镇化的支撑，城镇化是经济发展的结果，又必须促进经济持续发展。二是重视“城乡一体化”。在我们这样的农业大国，正确解决农村、农业、农民问题，在城镇化中占有特殊重要的地位。不能走牺牲“三农”的城镇化歧路。三是重视“就近城镇化”。充分发挥中小城市和小城镇的作用，就近转移人口，才能解决城镇人口容量问题、巨量人口流动问题和各类城镇人口分布严重不平衡的问题。中国把世界通行的“城市化”概念改为“城镇化”，就是出于这种考虑。四是重视现代化城镇体系建设。在宏观体系、中观体系、微观体系三个层次中，实施“中观突破”策略，把城市群建设作为城镇化的主体形态。五是重视“五位一体”。

在我们这样的发展中国家，城镇化进程中最容易出现的片面性是：重城镇建设，轻社会建设，不能及时解决新出现的城市“二元结构”问题；重经济效益，轻生态建设，不能及时解决环境恶化的问题；重现代化赶超，轻文化传承，不能很好解决文化建设问题；重实体建设，轻制度配套，不能适应城镇化管理的新要求。“五位一体”是根治这些病症的良药。

3. **抓住五种基本手段。**一是制定科学的系统的城镇化规划；二是建立“政府引导，多方参与”的运行机制；三是强化城镇化的法治保障；四是建立新型城镇化的评价体系；五是执行区别对待、分类指导的工作方针。

五、关于丛书出版

近年来，在党和政府的倡导下，我国一些党政机关、社会团体、研究机构、领导干部、专家学者和企业家，对新型城镇化已经做了很多研究，出了不少成果；国家立法机关和政府部门也在积极制定相关的规划，出台了不少相关政策和措施。新型城镇化已经出现了上下关注、多方献策的大好局面。特别是中央城镇化工作会议的召开和《国家新型城镇化规划

(2014—2020年)》的发布，进一步明确了新型城镇化工作的方向和要求。

这些都为本丛书的编辑出版创造了良好的条件。

我们这套“中国新型城镇化理论与实践丛书”，意在强调理论和实践的结合，并希望能够通过丛书这种形式，集思广益、博采众长，集中归纳，突出重点，达到在认识上便于全面把握，在操作上又容易借鉴的目的。

本套丛书由三部分组成。

第一分册《中国新型城镇化概论》，是丛书的总论部分，全面论述了新型城镇化相关各个方面的基本问题。

第二分册到第五分册，是专论部分，分别就城乡一体化、人口问题、土地问题、资金和财税问题，做专门论述。

第六分册到第十分册，是实践操作部分，从全国选取不同类型的新型城镇化案例，每册对一个重点案例进行评介。

丛书采取开放形式，随着时间的推移，可能不断有新的分册加入。

鉴于新型城镇化的复杂性，社会上多有不同意见的讨论。本丛书提供的只是“一家之言”。如果本丛书能够对我国新型城镇化有所贡献，对新型城镇化的决策者和参与者有所帮助，那就是编者和作者最大的希望和欣慰了。

本丛书是艾丰经济发展研究院的一个重点策划项目，由于涉及内容广泛，篇幅比较浩大，有多位领导同志、专家学者和企业界朋友积极参与包括组织协调、讨论撰写、出版推广等各方面的工作。在此，主编者代表发展研究院向他们表示感谢。

目录
Contents

前 言

几年前我在写一篇书评时，把农民工现象称为“中国经济发展中的一道灰色的风景线”①。从农民工的数量上看，从他们就业于各种行业的工作上看，从他们对中国经济增长的贡献上看，他们不失为中国经济发展的广阔图景中的一道风景线。这道风景线不是绚丽多彩的，而是灰色的，是因为这道风景线的主体人群——农民工是一个另类而又弱势的人群。他们是产业工人，却被看作一个特殊的工人群体——农民工；他们生活在城镇，却没有像城镇居民一样享有基本的公共服务；他们从事城镇中苦、累、脏、差的工作，却处于城镇的低收入阶层。我当时是寄希望于不久的将来这道风景线会变成一道彩虹。也许是我过于理想主义，几年过后再来看这道风景线，它还是灰色的，只是从深灰色变为了浅灰色。然而，我仍希望看到这道风景线尽快地变得绚丽多彩。

本书考察了2010年以后我国农民工的经济生活状况。相比20世纪90年代和21世纪的前十年，农民工的生存状况有了一定的改善。近几年中国城镇劳动力市场的供求关系发生了很大变化，在经济高速增长的驱动下，对低学历低技能的农民工来说，已由过去供大于求的局面变为供不应求。农民工找工作已不再困难，他们的工资水平出现了持续上升的趋势。据国家统计局有关农民工的工资统计，在2010年、2011年和2013年农民工的

① 见李实“中国经济发展中的一道灰色的风景线——评《中国转轨时期劳动力流动》”，《经济研究》，2007（01）：154－157。

平均工资升幅超过了15%。2008年新《劳动合同法》出台后，农民工享有的社会保障服务也有不同程度的改进。相对于2008年，2012年农民工参加城镇养老保险的比例上升了近50%，参加医疗保险的比例上升了近30%。城镇对农民工的接纳能力和容忍度也在提高，表现为举家外迁农民工的数量以更快的速度增长。2008年至2012年，举家外迁农民工数量增加了18%，超过了全部外出农民工的增加幅度。

然而，我们不能不注意到，农民工及城镇流动人口在城镇就业和生活中所面临的问题仍没有得到根本解决。这也是本书所关注的重点。本书共11章，从不同层面分析了农民工和城镇流动人口的基本状况，依此提出了问题，也提出了解决问题的政策建议。

发生于20世纪90年代的中国农村劳动力的大迁移过程在人类历史上是史无前例的，其人口规模之大、时间持续之久、影响力度之强引起了国内外学者的普遍关注。对社会科学研究人员来说，它提供了一个重大的研究课题，也是一次难得的研究机会。利用这个课题做长期深入的研究，一定会产生国际水平的研究成果。本书的研究成果是初步的、尝试性的，更多的只是提出了一些问题。虽然我们也在试图利用现代经济学的分析方法对一些有意义的问题加以解释，但是距离我们对这些问题全面、准确、深入地理解仍相去甚远。这需要更多的后续研究，更多的研究力量的投入，更多的研究方法的创新。

李　实

2017年1月

第一章

中国劳动力市场中的农民工状况

农民工就业与就业结构变化

农民工工资增长及差距

农民工的社会保障状况

农民工的住房状况

中国经济经历了三十多年的制度转型，其中，劳动力资源的配置方式发生了巨大变化，不断发展完善的劳动力市场已成为劳动力资源配置的主导方式，但全国统一的、充分竞争的劳动力市场仍只是可望而不可即的改革目标。劳动力市场分割和歧视问题仍是难以解决的问题，而且阻碍了全国劳动力市场一体化的进程，特别是农民工作为一个庞大的劳动力群体仍面临着“二等公民”的地位。因此，考察农民工在劳动力市场中的状况及其改善的进展成为评价中国劳动力市场改革和发展程度的一个重要的方面。

第一节
农民工就业与就业结构变化

农民工是否获得平等的就业机会是衡量城镇劳动力市场发展程度的一个最重要的方面。从变化过程来看，现今农民工的就业空间有了很大的扩展。相对于20世纪90年代，农民工的自由流动性有明显增加，行业和职业选择的自由有所提高。这一方面源自劳动力市场供求总量的变化，非技术劳动力供不应求的局面已基本形成；另一方面源自城市地方政府减少了对农民工就业的限制，向农民工开放了绝大部分就业岗位。

在观察城镇劳动力市场中农民工的供求关系时，我们需要注意到农民工供给层面上的一些变化。首先，农民工总量仍处于逐年上升的趋势。根据国家统计局的抽样调查数据，2008年农村外出就业农民工数量突破了1.4亿，2012年超过了1.63亿（见图1—1），比2008年增加了16%。这意味着农村劳动力仍不断地向城镇劳动力市场转移，农民工的供给量仍在不断增加。

其次，农民工的结构出现了一些变化。这些变化主要体现在以下几个方面：第一，举家外迁农民工的数量以更快的速度增长。2008年至2012年，举家外迁农民工数量从2859万增加到3375万，增加了18%，超过了全部外出农民工的增加幅度[①]。第二，从农民工的来源地看，近几年没有发生明显的变化。2008年，东、中、西部输出的农民工所占比例分别为

---

① 见国家统计局《2012年全国农民工监测调查报告》。

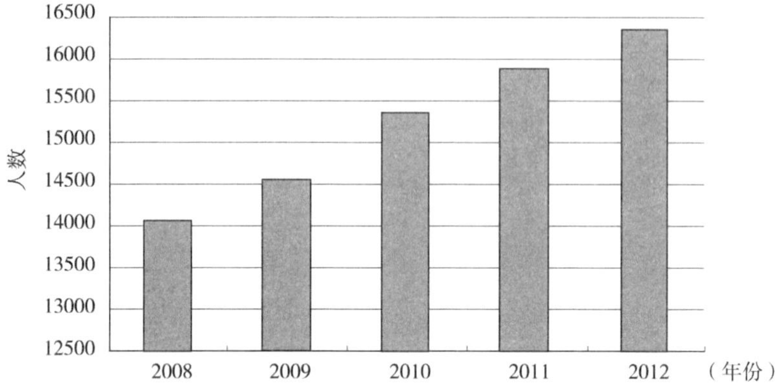

图 1－1 农村外出就业农民工数量（万人），2008—2012 年

资料来源：国家统计局，2012 年全国农民工监测调查报告。

30.8%、37%和 32.2%，2012 年对应的比例分别为 31.5%、36.7%和 31.8%①。而从输入地看，由于金融危机的影响及国内产业结构和地区投资结构变化的影响，过去几年中农民工的流向地出现了较为明显的变化。2008 年至 2012 年，农民工在东部地区就业的人数占全部外出农民工的比例从 71%下降到 64.7%，下降了 6.3 个百分点，而在中、西部就业的农民工所占比例分别提高了 4.7 个百分点和 1.7 个百分点②。这种变化意味着农民工的地区间流动性有所增加，这对农民工就业结构和地区工资差距都会产生一定的影响。第三，农民工的人力资本有所提升，技能型人员比例不断提高。如果比较一下 2005 年全国 1%人口抽样调查数据与 2012 年国家计生委数据，从中可以发现农民工初中及以下学历人员比例由 2005 年的 82.2%，下降到 2012 年的 71.6%，而高中及以上学历人员比例同期上升了 10 个百分点以上。同期，他们进城务工的平均年限由 2005 年的 13.2 年

---

① 见国家统计局《2009 年全国农民工监测调查报告》和《2012 年全国农民工监测调查报告》。

② 见国家统计局《2009 年全国农民工监测调查报告》和《2012 年全国农民工监测调查报告》。

增加到2012年的15.9年[①]。进城务工工作经验的增加不仅会改变就业结构，也会对工资增长产生影响作用。然而，一些有关调查数据并不能为有关农民工接受培训的情况提供准确信息。

再次，农民工中进城从事个体经营活动的人数有更大幅度的增加。从国家统计局农民工监测调查的数据来看，外出就业农民工中自雇人员所占比例较低，而且近几年有所下降，如自雇人员比例从2009年的6.7％下降到2012年的4.7％[②]。而其他一些调查数据却显示外出就业农民工中自雇人员比例远高于国家统计局的监测结果。根据2005年全国1％人口抽样调查数据计算，2005年这一比例大约为14％，2012年国家计生委调查数据显示这一比例为33％[③]。由于国家统计局的农民工监测数据来自农村住户样本调查，很有可能会导致自雇人员比例的低估，因为这种调查往往难以准确获得举家外迁农民工的就业信息。而国家计生委的调查数据主要基于社区抽样调查，很有可能会造成农民工自雇人员比例的高估。相比而言，根据2005年1％人口抽样调查数据计算出来的农民工自雇人员的比例更为准确一些。我们之所以更关注农民工自雇人员比例的变化，是因为它隐含了不少有关农民工就业特点的信息。一是他们大多为举家外迁的农民工，二是他们具有更大的就业和居住地上的稳定性，三是他们的数量的增加反映了城镇创业环境的改善，四是他们对城镇公共服务有着更多的诉求。

最后，未来农民工增量及其结构的变化也应该成为我们关注的问题。从相关数据来看，农民工结构，包括性别比例、年龄结构、学历高低，一直发生着不同程度的变化。例如，在10年前，新增农民工出现过年轻化的趋势，进城农民工的主体是初中和高中毕业生，然而随着这几年对农民工需要的急剧增加，新增农民工中，中年人群的比例相应提高。同样，农民

---

① 见袁泽庆《流动人口迁移决策的影响因素》。

② 见国家统计局《2009年全国农民工监测调查报告》和《2012年全国农民工监测调查报告》。

③ 见高霞工作论文《自营劳动者的收入不平等与受雇劳动者的收入不平等——基于2005—2012年农民工数据的分解分析》。

工的学历结构也在发生变化，随着农村义务教育的普及和农村劳动力受教育年限的提高，新增农民工的学历水平也在上升。从理论上来讲，农村劳动力结构的变化会反过来影响农村劳动力外出就业的意愿，从而影响到农民工的增量规模。另外，我们也需要关注和研究现有农民工中有哪些人群具有强烈的城镇就业和居住的意愿，哪些人群只是一种“候鸟”式的打工族。这方面研究有助于我们进一步了解农民工规模和结构的未来变化。袁泽庆（2013）利用2012年国家计生委调查数据，对农民工在当地长期居住的意愿（落户意愿）进行了分析，其分析结果提供了一些有益的启示①。第一，性别变量和婚姻变量对于落户意愿没有差异性影响，这意味着男性农民工与女性农民工，已婚农民工与未婚农民工对于落户城市具有同样强烈的愿望。第二，农民工的落户意愿随着学历的上升而变得更加强烈。同小学及以下学历相比，初中学历农民工的落户意愿的概率提升了1.74%，高中学历提升了5.21%，中专学历提升了6.46%，大学及以上学历提升了9.12%。这意味着，随着农村劳动力文化程度的提高，会有越来越多的农民工愿意长期落户城市。第三，不仅个人收入高的农民工更愿意选择落户城镇，而且输出地与输入地之间的收入差别也在影响着他们的落户选择。根据选择模型估计的结果，与输入地人均收入低于输出地的农民工相比，输入地人均收入高于输出地的农民工具有更强的落户意愿，后者落户意愿比前者高出近10%（袁泽庆，2013）。第四，高端职业的农民工更愿意落户城镇，从事自我经营和从事商业服务业的农民工更愿意落户城镇，举家外迁的农民工更愿意落户城镇。第五，更为重要的是，农民工享有社会保障情况与其落户城镇的选择有着密切的关系。从长期来看，这些诱使农民工选择落户城镇的因素都在增加，这意味着会有越来越多的农民工愿意落户城镇。这一方面会导致农民工供给的不断增加，

① 2012年国家计生委调查问卷中向被调查人询问“如果没有任何限制，您是否愿意把户口迁入本地”这个问题。利用调查人回答的信息，可以将他们给出的不同答案和其个人特征变量联系起来分析。

另一方面会增加农民工供给的稳定性。同时，当更多的农民工有着强烈的落户城镇的意愿时，他们对城镇公共服务的要求会随之增加，也会给城镇政府带来更大的压力。

第二节
农民工工资增长及差距

农民工工资增长和工资差距也是影响其在劳动力市场地位变化的重要方面。在20世纪90年代及21世纪最初的几年中，农民工工资曾出现了长期停滞增长甚至出现实际工资下降的情况（卢峰，2011），然而这种情况在近几年发生了改变。从不同的数据来源看，近几年农民工的名义和实际工资都出现了较大幅度增长。比如，比较2005年全国1%人口抽样调查数据与2012年国家计生委数据，从中可以发现这7年间农民工的实际月工资的年均增长率为12.5%[①]，而这一期间城镇户籍流动劳动力的实际月工资的年均增长率为9.5%（袁泽庆，2013）。又如，根据国家统计局农民工监测数据，2008—2012年，农民工的实际月工资的年均增长率为8.5%[②]。由于这项监测调查是在农村输出地进行的，故这一结果有可能会低估了农民工工资的实际增长率。总之，至少有两点是清楚的，一是近几年农民工工资出现了快速增长，二是其增长率超过了城镇职工工资的增长率。

---

① 如果对两次调查中相同地区的农民工工资进行比较，这一期间农民工月工资的实际增长率为10.7%（罗锦林，2013）。

② 见国家统计局《2009年全国农民工监测调查报告》和《2012年全国农民工监测调查报告》。

然而，对于农民工工资快速增长的解释却是不尽相同的。一种解释是“刘易斯拐点”的到来造成了农民工工资的上升；另一种解释是政府应对金融危机采取的经济刺激方案导致了对劳动力的过度需求，从而引起了工资的较快增长；还有一种解释是农民工人力资本增加带来的工资增长。从理论上来讲，这三种解释都有一定的道理。中国经济经过三十多年的高速增长，随着工业化和城市化过程推进，农村剩余劳动力数量不断减少。近几年来，农村剩余劳动力的数量，特别是能够转移到城镇就业的劳动力的数量不足以起到抑制农民工工资上升的作用。在城市劳动力市场出现劳动力需求增加的情况下，工资上升的势头就不可避免。当然，近几年农民工工资的过快增长也是与经济周期性分不开的。当这一轮国际金融危机冲击到中国经济时，一度出现大批农民工失去工作返乡待业的情况（张车伟、王智勇，2009），与此同时农民工的工资增长也受到了影响[①]。随后，政府采取了及时的应对政策，出台了“四万亿”投资的经济刺激方案，经济出现了迅速回升，劳动力需求，特别是对农民工的需求大幅增加，导致了随后两年农民工工资的快速上升。由此看来，国际金融危机及其政府的经济刺激计划对农民工工资变动都带来了明显影响。

除此之外，我们还应该看到农民工人力资本提升、职业转换和就业的行业选择变化都会对农民工工资的增长带来一定的影响。从人力资本的角度来看，近几年农民工的平均受教育年限有了一定程度的提高，表现为高中以上学历人员比例的较大幅度增加，进城务工的平均年限也有所增加。而且，虽然由于非技术农民工的工资过快增加导致了农民工群体的教育收

---

① 根据国家统计局的流动人口监测调查数据，在国际金融危机严重冲击中国经济的2009年，农民工的实际工资增幅是近几年最低的，仅为6.5%，而在随后几年中农民工实际工资增长率都超过了8%，而在2010—2011年高达15%左右。

益率有所下降[①]，但是当今的教育年收益率仍在5%的水平上（罗锦林，2013；朱梦冰，2013）。然而，在这一期间，农民工工作经验的回报率却有所上升，这既表现在工资函数中年龄变量的系数估计值提高了1—2个百分点（罗锦林，2013），也表现为工作经验年限的回报率的上升（朱梦冰，2013）。此外，接受培训也是增加人力资本的一种方式，而扩大农民工的受培训比例，以及提高培训的收益率，也会引发农民工平均工资的增加。通过对2007年CHIP数据分析，从而发现接受培训的农民工明显具有较高的工资水平（李实、杨修娜，2013）。该数据分析结果显示，大约27%的有工资性收入的农民工接受过培训，其平均培训时间为36天。培训的收益分析结果表明，在一般收入函数模型（OLS）估计中，控制了其他变量之后，接受培训的农民工平均工资比未参加培训的农民工平均工资高出近6%。如果采取倾向得分匹配法（Propensity Score Matching）来估计培训的效果，从中可以得出略高一些的收益率[②]。而且一些最新的数据显示，近几年农民工中接受培训的比例有所上升，估计出来的培训收益率也有所提高[③]。

一个更为有意义的现象是在农民工工资收入快速增长的同时，农民工

---

① 2005年农民工的教育年收益率为9%左右，到了2012年下降为5%左右（罗锦林，2013）。朱梦冰（2013）使用相同的数据，但使用了不同的模型设定，估计出2005年和2012年农民工的教育收益率分别为10%左右和5%左右。两份文献给出的估计结果略有不同，但都显示了近年来农民工教育收益率的下降趋势。

② 李实、杨修娜（2013）尝试了几种匹配模型，如近邻匹配法（Nearest Neighbour Matching），一对一匹配法（1－to－1 Matching），半径匹配法（Radius Matching），核匹配法（Kernel Matching），估计结果显示农民工培训的收益率在5.7%—6.4%。

③ 国家统计局《2012年全国农民工监测调查报告》显示农民工接受各种培训的比例为31%，2011年国家计生委的调查数据显示农民工雇员接受培训的比例为38%。陈晶（2013）利用2012年国家计生委的调查数据估计了农民工培训的收益率，其结果显示收益率为10%—11%。

之间工资差距出现了缩小的趋势。这一情况对于中国劳动力市场发展状况的判断来说尤为重要。农民工是一个异质性较低的劳动力群体，他们之间的工资差距不应太大。如果存在较为明显的工资差距，那将意味着农民工所处的劳动力市场存在着分割，存在着就业机会的歧视，存在着工资决定方面的不平等一系列问题。而农民工工资差距的演变过程在很大程度上反映了劳动力市场的完善程度，也反映了劳动力市场供求关系的变化。近期的相关研究文献表明，农民工之间的工资差距呈现一种缩小的趋势（冯毅、李实，2013）。利用2005年全国1%人口抽样调查数据与2012年国家计生委数据计算了农民工工资差距的基尼系数，发现这两次调查期间农民工月工资差距的基尼系数下降了近两个百分点，下降幅度为8.6%。从结构上看，农民工工资差距的缩小既表现为地区之间，也表现为不同人群之间。从地区来看，农民工在东、中、西部地区的平均工资有趋同的现象，如国家统计局的农民工监测数据显示，2009年东、中、西部地区农民工的相对工资为105.3∶100∶102.1；到了2012年三个地区的相对工资为101.3∶100∶98.6。由此可见，东部地区农民工工资与中西部地区的差距有所缩小。如果利用工资函数模型来估计不同因素对工资差异的影响，不难看出在2005年和2012年地区虚拟变量的系数估计值有较大幅度的下降①。从收入分布上看，农民工工资差距缩小的一个推动因素是低工资人群的工资增长超过了高工资人群。对于2005年和2012年各个分位点上农民工的工资水平的变动，不难发现低分位点上小时工资增长高于高分位点上小时工资的增长，如5分位的对数小时工资增长比95分位上的对数小时工资增长高出0.12（冯毅、李实，2013）。而且工资增长幅度最大的是中间分位点的农民工，如2005年至2012年，在25分位点和50分位点的农民工的名义工资增长率比95分位点高出62%和57%（罗锦林，2013）。在

---

① 朱梦冰（2013）利用2005年全国1%人口抽样调查数据与2012年国家计生委数据对农民工的工资函数进行了估计，其中引入了地区虚拟变量。其估计结果显示在引入控制变量的同时，2012年工资模型中东、中、西地区虚拟变量的估计值都显著下降，表明了地区工资差距的明显缩小。

非技术农民工工资较快速度增长的影响下，农民工的教育收益率也出现了下降的情况。这意味着不同学历农民工之间工资差距趋于缩小，学历在影响农民工收入方面的作用在减弱。如图 1—2 所示，2005 年至 2012 年，低学历农民工的名义工资增长幅度明显大于高学历农民工。在利用明瑟方程（Mincer Equation）来估计教育收益率时，其结果显示农民工的教育收益率从 2005 年的 9%左右下降 2012 年的 5%左右（罗锦林，2013；朱梦冰，2013）。而且与女性农民工相比，男性农民工的教育收益率下降幅度更为明显（朱梦冰，2013）。

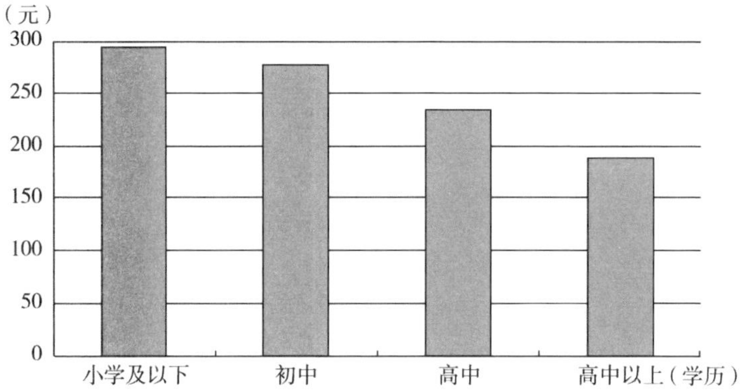

图 1－2　2005—2012 年不同学历农民工名义工资增长（%）

资料来源：罗锦林（2013）。

在农民工工资差距中，工资的性别差距是一个值得关注的问题。一些相关的研究显示，城镇职工的性别工资差距一直处于不断扩大的趋势（李实等，2013）。而对于农民工来说，性别工资差距的研究并不多见，对其变化趋势的研究更是少之又少。为了弥补这方面的不足，朱梦冰（2013）利用 2005 年全国 1%人口抽样调查数据与 2012 年国家计生委数据分析了农民工性别工资差距及其变动情况。其研究结果显示，在这一期间农民工性别工资差距处于扩大趋势。在工资函数估计中，即使引入了其他控制变量，性别虚拟变量的系数估计值显示，2005 年男性农民工的平均工资高出女性农民工的平均工资近 15%，2012 年高出 23%。

第三节
农民工的社会保障状况

当前农民工的社会保障正在经历着一个从无到有的发展过程。从各种数据来看，农民工社会保障制度建设虽然取得了一定进展，但仍存在覆盖面小、保障水平偏低的问题。这既与农民工社会保障的制度设计有关，也与他们的就业特征和流动性强等特点有关。由于在制度设计上，没有把农民工作为一个特殊的就业群体，没有充分考虑到他们的就业特点，为其提供的社会保障制度缺少吸引力和可操作性，导致了农民工社会保障程度不高的问题。

表1—1给出了近几年农民工参加社会保障的比例情况，从中不难看出，农民工的各类社会保障的参保率并不是很高。即使到了2012年，养老保险的参保率也仅为14.3%，医疗保险不到17%，失业保险不到9%。需要注意的是，这些数字是就全部农民工而言的，它包括了受雇农民工和自主就业的农民工。从社会保障的政策要求来看，受雇农民工的社会保障的覆盖面更能够反映该政策的执行力度。国家统计局公布的农民工参保数据没有分别给出两类农民工各自的社会保障的覆盖率，然而我们可以根据其给出的调查样本中两类农民工的比例推算出受雇农民工的各项社会保障的参保率①。推算的结果表明，受雇农民工的城镇职工养老保险的参保率仅

---

① 国家统计局《2012年全国农民工监测调查报告》显示，外出农民工中，受雇人员占95.3%，自营人员占4.7%。如果假定自营人员的参保率为0，那么我们可以相应地推算出受雇人员的参保率。

为15%，工伤保险参保率为25.2%，城镇职工医疗保险的参保率为17.7%。

应该说，表1—1中给出的参保率数字对于受雇农民工来说会有低估的问题，这是因为这些数字来自农民工输出地的调查，而这种调查难以准确收集到农民工在外就业和参保方面的信息。与这项调查不同的是国家计生委组织的流动人口监测调查，该调查是基于农民工输入地，其获得的有关农民工就业和社会保障方面的信息相对准确一些。2011年国家计生委流动人口监测调查数据显示，受雇流动人口在城市当中参加城镇职工养老保险的比例为19.8%，参加工伤保险的比例为27.5%，参加城镇职工医疗保险的比例为25.4%。这些数字都要高出国家统计局给出的监测数据，但是高出的幅度并不是很大。

表1—1　外出农民工参加城镇社会保障的比例（%）

	2008年	2009年	2010年	2011年	2012年
养老保险	9.8	7.6	9.5	13.9	14.3
工伤保险	24.1	21.8	24.1	23.6	24.0
医疗保险	13.1	12.2	14.3	16.7	16.9
失业保险	3.7	3.9	4.9	8.0	8.4
生育保险	2.0	2.4	2.9	5.6	6.1

资料来源：国家统计局《2012年全国农民工监测调查报告》。

最近几年，农村的社会保障工作也在积极推进。这对农民工来说会面临一个选择问题：是参加农村的社会保障还是城镇的社会保障？当然，在现实中，对一些农民工来说不是一个自我选择的问题，而是具有一定的强制性（如现在全国基本上实现了农村老年人的养老补贴制度，而在一些地方采取了老年人补贴与其子女参加农村养老保险挂钩的办法，一些外出打工人员也就不得不参加当地的养老保险）。不管是自我选择的结果，还是强制性的结果，我们从数据中确实可以看到一些农民工有重复参保的情况。2011年国家计生委流动人口监测调查数据显示，一部分流动人口没有参加城镇职工养老保险，但参加了农村养老保险，其比例占10%左右，还有大约2%的流动人口同时参加了城镇和农村养老保险。当然，如果我们的城乡养老保险制度能够实现一体化，充分体现多参保多受益的原则，重复参加养老保险的问题也就不是问题了。然而，在现行的养老保险制度下，重复参加养老保险的问题势必影响到这些农民工的利益。

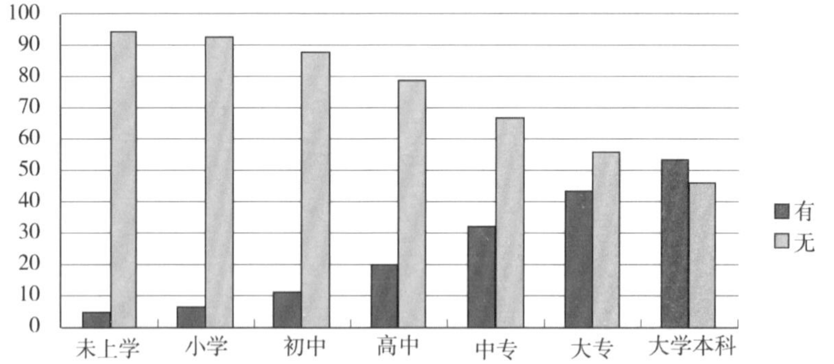

图 1－3　不同学历农民工参加城镇职工养老保险的比例（%）（2011 年）

资料来源：根据 2011 年国家计生委流动人口监测调查数据计算。

对于农民工的医疗保险，重复参保的问题更为严重。一方面，农民工在城镇居住和就业，而参加城镇职工医疗保险的比例并不高。另一方面，有大约 60%的农民工参加了新农合（新型农村合作医疗）。当然，这和城市职工医疗保险之间有一定的替代性，但是在一定程度上给农民工带来了很多的负担和困难。新农合的报销比例完全是根据参保人在不同地方看病确定不同的报销比例。如果在当地乡卫生院看病，可以报销 70%左右；如果是在当地城市医院看病，大概只能报销 60%或者 50%，如果在其他省份医院看病，只能报销 40%。也就是说，对于很多跨省流动的农民工来说，参加新农合保障的水平是比较低的。另外，一些地方对报销时间有严格的规定，如一些地方规定在外省看病的参保人必须在三个月以内报销医疗费用。这种情况下，新农合对农民工的医疗保障作用是比较有限，甚至形同虚设的。正是由于这个原因，一些农民工在已参加新农合的情况下，不得不再参加城镇职工养老保险。2011 年国家计生委流动人口监测调查数据显示，同时参加两项医疗保险的流动人口比例达到 8%。由于制度规定，医疗费用只能在一个地方报销，对于这些重复参保的流动人口来说，参加新农合是没有意义的。

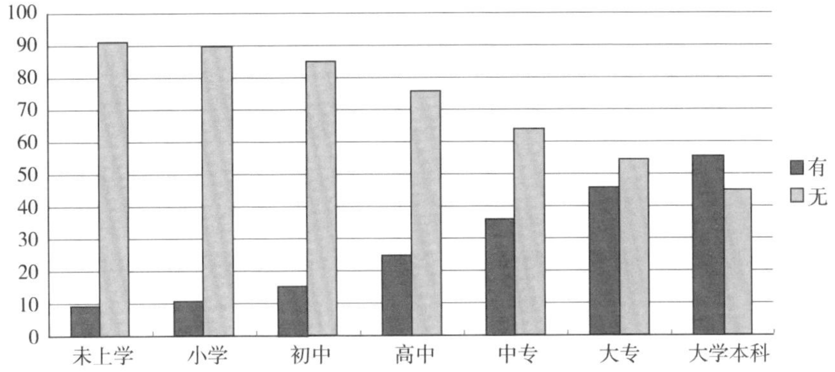

图 1－4　不同学历农民工参加城镇职工医疗保险的比例（%）(2011 年)

资料来源：根据 2011 年国家计生委流动人口监测调查数据计算。

对于不同的农民工来说，社会保障的参保率有着明显的不同。有关数据显示了不同学历、不同行业、不同地区的农民工参保率的明显不同。从学历来看，农民工的参保率与其受教育水平是成正比的，受教育水平越高，参保率也就越高。如图 1－3 所示，参加城镇职工养老保险的农民工的学历与其参保率之间有着很高的相关性。小学及以下学历农民工的参保率只在 5%左右，而高中学历农民工的参保率超过了 20%，中专学历农民工的参保率超过了 30%，大专学历农民工的参保率超过了 40%。图 1－3 显示了农民工学历与其参加城镇职工养老保险的参保率之间的关系。不难看出，农民工的参保率与学历呈正相关，即学历越低，参保率越低。与小学及以下学历农民工的参保率相比，高中学历农民工的参保率高出 1.5 倍，中专学历农民工的参保率高出 2.7 倍，大专学历农民工的参保率高出 3.5 倍。对于农民工参加城镇职工医疗保险的情况也是如此（见图 1－4）。这意味着越是文化程度比较低的，越是非技术农民工，越是需要社会保障的人群，我们的社会保障往往越不能惠及这类人群。这不能不引起我们对现行社会保障制度的思考与反思。应该说城镇社会保障的制度框架对农民工是不排斥的，特别是新《劳动合同法》颁布以后，城镇用工单位，原则上都应该把农民工纳入社会保险的范围，以实现农民工社会保障的全覆盖。

但是在实际的操作中，就出现这么大的偏差，问题出在哪里？如果农民工没有很强的动力参加社会保险制度，而且用人单位也没有动力为农民工缴纳社会保险，那么这个制度设计是有问题的，存在着一定程度的不合理性。

第四节
农民工的住房状况

从劳动力市场运行的机制来看，住房是决定农民工在劳动力市场中地位的重要因素。住房条件和房价不仅会影响到农村劳动力是否会进城就业，也会影响到他们对城镇就业地理位置的选择，还会影响到他们的职业选择，从而进一步影响到他们与城市生活的融入程度。从新型城镇化的理念来看，农民工市民化的过程能否顺利进行，首要条件是如何解决他们的住房问题。从一些调查数据和研究结果来看，近年来农民工的就业、收入、社会保障状况都有了不同程度的改善，但是农民工住房状况的改善几乎没有进展。不论是国家统计局的农民工监测调查数据，还是国家计生委的流动人口监测调查数据，都提供了可靠的证据表明了这一点。

表1—2给出了2005年和2010年农民工在城镇住房的来源和类型。从中不难看出，绝大多数农民工都是租房居住。在2005年农民工中租赁住房的比例为67%，到了2010年这一比例不仅没有下降，反而上升到82%。这意味着农民工中只有少数人有能力在城镇购买到自己的住房，然而这部分人所占的比例并没有上升。如表1—2所示，2005年购房农民工的比例不到10%，到了2010年这一比例仅为8.5%。虽然这两年的数据不具有完全的可比性，但是这一期间农民工购房比例的下降是可以解释的，在房价

处于不断上升的过程中，农民工购房受到其购买力的限制，加上新增农民工数量的不断增加，农民工中有购房能力的比例自然会不断下降。由此，我们可以认为，农民工在城镇中自有住房比例不高并且持续低下的一个主要原因是城镇房价的过快上升。

表 1－2 农民工的住房来源情况（%）

2005 年			2010 年	
购房	购买商品房	6.45	已购商品房	6.74
	购买经济适用房	0.97	已购经济适用房	1.08
	购买原公有住房	2.23		
自建房	自建住房	4.54		
租房	租赁公有住房	10.55	租住单位雇主房	6.47
	租赁商品住房	56.29	政府提供廉租房	0.08
			租住私房	75.00
			单位雇主提供免费住房	7.56
其他	其他	18.97	其他	3.07
	总计	100.00	总计	100.00
	样本量	106381	样本量	215764

注：根据 2005 年全国 1%人口抽样调查数据和 2010 年国家计生委流动人口监测调查数据计算。

我们再来看一下 2010 年农民工的住房条件。在 2010 年国家计生委的流动人口监测调查的问卷中，关于住房条件的信息仅有一个问题，即“现住房内是否有厕所”。应该说这是有关住房条件的一个很好的代理变量，为此，表 1—3 给出了 2005 年至 2010 年农民工住房中卫生设施的变化情况。从中我们可以看出，2010 年 27.6%的农民工现住房内没有厕所，比 2005 年下降了 3.5 个百分点。若仅从这一点来看，五年间农民工的住房条件似乎有所改善。但是，我们应该看到这一期间农民工住房有独立卫生设施（厕所）的比例并没有提高，2005 年为 50.1%，而 2010 年为 48.1%。

表 1－3 农民工住房中厕所类型（%）

	2005 年	2010 年
独立使用抽水式	34.87	37.13
与邻居合用抽水式	7.54	11.40

续表

	2005 年	2010 年
独立使用其他式样	15.25	10.94
与邻居合用其他式样	11.07	12.90
无	31.28	27.62
总计	100	100

注：根据 2005 年全国 1%人口抽样调查数据和 2010 年国家计生委流动人口监测调查数据计算。

住房面积从另一个角度反映了农民工的住房状况。如表 1—4 所示，在 2005 年租赁私有住房和公有住房的农民工中，50%的人均住房面积不超过 9

表 1—4　2005 年和 2010 年农民工人均住房面积（平方米）

	平均数	中位数
2005 年		
自建住房	26.16	20.00
购买商品房	26.86	23.33
购买经济适用房	22.77	20.00
购买原公有住房	19.53	17.00
租赁公有住房	12.06	9.00
租赁商品住房	12.66	9.00
其他	8.57	5.00
总计	128.61	103.33
2010 年		
租住单位雇主房	12.59	10.00
单位雇主提供免费住房	10.30	7.50
政府提供廉租房	13.76	11.58
租住私房	12.35	10.00
已购商品房	24.97	23.33
已购经济适用房	22.25	20.00
其他	19.63	17.50
总计	13.39	10.00

注：根据 2005 年全国 1%人口抽样调查数据和 2010 年国家计生委流动人口监测调查数据计算。

平方米。若根据2002年联合国人居署的标准，人均住房面积低于6平方米的即被定义为“住房面积不足”，或者称为“住房贫困状态”，那么2005年28.8%的农民工的人均住房面积在6平方米以下。到了2010年农民工人均住房面积略有改善，住房贫困发生率也下降为18.5%。然而，在看到农民工住房面积略有改善的同时，还应该看到他们住房条件的恶劣状况及其与城镇居民住房面积的巨大差别①。

从城市化的长期过程出发，解决农民工的住房问题是各级政府不得不面对的问题。在城市房地产价格突飞猛涨的今天，解决农民工的住房问题又成为各级政府的棘手问题。在现有房价水平下，绝大多数农民工是无力购买商品房的，他们更希望能够享受保障房的待遇。而在房价带动地价的情况下，城市政府出于自身财政收入的考虑，是没有足够动力为农民工提供保障房的。这也是农民工住房状况难以明显改善的一个根本原因。

① 根据2010年人口普查数据，城市居民人均住房面积为30平方米，远远高于农民工的人均住房面积13.4平方米。

第二章

集聚经济和农民工工资

集聚经济作用机制及农民工工资

集聚经济对农民工工资影响的实证分析

自改革开放以来，农民工的外出规模不断扩大。20世纪80年代早期农村外出劳动力不到200万人，2000年为7600万人，到2011年已达到1.59亿人（盛来运，2008；国家统计局，2012）。同时，城镇地区人口快速增长。2011年，城镇人口在全国人口中占51.27%，比2001年高13.61%，比1991年高24.33%。由于农村劳动生产率低于城镇地区，外出从业提高了农村劳动力的工资和家庭收入水平。农村劳动力不只是简单地受益于进城前城镇已有的较高生产率，还会通过人口空间集聚所产生的正外部性进一步提高城镇劳动生产率。但是，城镇人口集聚也会带来拥挤效应，引发房租和通勤成本的上升，抵消集聚经济的正效应，因而城镇规模不会无限制扩大。与研究外出从业对农村劳动力工资影响的经验文献不同的是，本章考察了不同程度的城镇集聚经济对农民工工资的影响。

第一节
集聚经济的作用机制及农民工工资

一个城市的集聚经济可以通过多种渠道影响农民工工资水平。例如，资源的共享以及知识的溢出可以提高农民工的工作效率和厂商的技术水平，距离的缩短可以降低运输成本并提高产品的净销售价格。但也要注意，集聚经济也会导致土地租金上涨，提高资本投入价格进而挤压农民工工资水平。尽管集聚经济可以通过多种渠道影响农民工工资水平，但我们的数据只能支持识别和估计集聚经济的净效应，而无法区分集聚经济的具体作用渠道。

假设个人、企业和城市层面特征是可分离的。为了得到可估计的计量模型，需要分离出个人特征、厂商特征和区位特征，本章所用的变量及相关定义如表2－1所示。

表2－1 变量及其定义

变量	定义
个人特征	
工资	Log〔每小时工资水平（元/小时）〕
性别	女性＝1，男性＝0
教育	受教育年限（年）
潜在经验	年龄－受教育年限－6（年）
城市经验	调查时间－来当地城市的时间（年）
职业	6个虚拟变量，单位负责人、专业技术人员、办事员和有关人员、商业和服务业人员、农业生产人员、其他人员分别等于1，生产运输人员都为0

续表

变量	定义
个人特征	
行业	13个虚拟变量，农林牧渔业、采掘业、电煤水生产供应业、建筑业、交通运输仓储邮政业、批发零售业、住宿餐饮业、金融保险地产业、科研技术服务和地质勘察业、教育文化广播电影电视业、卫生社保社会福利业、公共管理和社会组织、社会服务和其他分别等于1，制造业都等于0
所有制	6个虚拟变量，机关事业单位、国有及国有控股企业、集体企业、私营企业、外资企业、其他所有制分别为1，个体工商户都为0
城市特征	
就业密度	Log〔每平方公里土地上的市区就业人数（人/平方公里）〕
土地面积	Log〔城市市区行政面积（平方公里）〕
1990年就业规模	Log〔1990年城市就业规模（人）〕
1990年第二产业就业比重	1990年全部就业人员中第二产业从业人员的比重
外商直接投资	2005—2010年城市平均外商直接投资（万元）与同期平均GDP（万元）的比值
政府财政支出	2005—2010年政府一般预算内支出（万元）与平均GDP（万元）的比值
城市道路	2010年人均城市道路铺装面积（平方米/人）

农民工个体数据来自国家人口和计划生育委员会2011年流动人口监测调查数据。2010年城市层面的就业数据来自《2010年全国人口普查分县资料》，其他城市变量数据来自2010年《中国城市统计年鉴》。1990年城市层面的就业总量和结构数据来自1990年全国第四次人口普查。为了避免因行政区划调整造成的估计误差问题，我们以2010年城市行政区划为准调整了1990年的数据。

本章中我们所指的城市是狭义上的概念，指地级市及以上城市的市辖区，而不是地区，后者还包括辖县和县级市。市辖区以非农就业为主，且具有一定完善程度的市政设施，更接近“城市”概念。分析时只保留就业收入大于零的样本，同时，由于自我经营收入同时包含劳动收入和资本收入，且无法区分开来，删除自我经营样本，保留工资性工作样本。经过样本处理，剩下236个城市、33457个个人样本。

第二节
集聚经济对农民工工资影响的实证分析

（一）技能的选择性

农民工和企业在不同城市具有选择性，技能更高的农民工、资质更好的企业可能选择规模较大的城市。进而，不同规模城市的农民工工资差异可能归结为农民工和所在企业在不同城市的技能或资质水平差别。为此，我们使用方差分解技术考察个人、企业以及城市特性对个人工资差异的解释力度，更为重要的是分析它们之间的相关性。表2—2第3列到第6列给出了以线性回归方程为基础的“gfields”方差分解，这个回归方程同时引入个人特征、企业特征和城市虚拟变量作为解释变量。我们不直接加入城市层面的就业密度和外商直接投资等变量，而是引入城市虚拟变量；城市虚拟变量反映了农民工个体工资的解释力度是城市层面各变量对其工资的最大解释力度。

无论从各解释变量组合效应与工资对数的相关关系，还是从各解释变量组合效应对总方差的贡献来看，个体特征对个体工资的影响最大，企业特征与城市虚拟变量其次，它们的贡献相当。另外，根据我们的测算，城市效应与个体效应的相关系数为0.060，与企业效应的相关系数是—0.022。这说明，农民工在不同城市存在一定程度的正向技能选择性，但是农民工工资城市差异并不完全取决于农民工的正向技能选择性。本章旨在估计农民工工资关于就业密度的弹性，因此，进一步考察农民工技能选择性对就业密度弹性系数估计的影响。如果农民工在低就业密度和高就业密度城市存在正向技能选择性，那么不控制技能特征变量将会高估就业弹性密度系数。表2—3表明，同时加入个体、企业特征变量和城市层面变量后，就业密度弹性系数是0.044。如果排除个体特征变量，就业密度弹性系数将提高到0.058。

与相关研究结果比较可知，农民工的技能选择性程度高于城市当地居民。Combes等（2013）发现，城市当地居民工资个人效应与城市效应的自相关系数只有0.0012，而且就业密度弹性系数在加入个体特征变量前后几乎没有发生变化。这可以从我国户籍制度方面去解释。户籍制度既有农业和非农业户籍之分，又有本地和外地户籍之分。对于农民工而言，如果不考虑各城市户籍制度的细微差异，其在不同城市所面临的户籍制度限制都是相同的，其在不同城市的技能选择性不会受户籍制度影响。但对于城市当地居民而言，将本地非农业户籍转换成其他城市非农业户籍需要付出很大的成本。与西方国家相比，农民工在不同城市的技能选择性程度介于各种证据之间。Combes等（2013）指出，就法国而言，加入个体特征后的就业密度弹性系数是未加入个体特征的2倍。但是，Fu和Ross（2013）使用美国2000年人口普查数据却没有发现显著的技能选择性差异。

表2—2 农民工工资的方差分解

	均值	标准差	相关系数	方差贡献（%）
对数小时工资	2.327	0.470	1.000	1.000
个体效应	0.177	0.186	0.451	0.178
企业效应	0.170	0.096	0.278	0.057
城市固定效应	—0.073	0.121	0.276	0.071
残差项	6.98e—11	0.392	0.832	0.695
样本量	33457	33457	33457	33457

注：(1) 方差分解中，各解释变量组合效应是根据回归变量和回归系数的乘积计算而得，反映解释变量组合对应的分项收入。(2) 均值、标准差是关于这些分项收入的统计，相关系数是这些分项收入与对数工资的相关关系，方差贡献等于各分项收入与对数工资的协方差除以对数工资的方差。

（二）城市就业密度和农民工工资

OLS估计结果表明，农民工工资对城市就业密度的弹性是0.044。也就是说，如果城市就业密度提高100%，农民工工资水平将提升4.4%。但是，如果就业密度或规模变量是内生的，那么这个弹性系数将会是有偏差的。就业密度或规模的内生性主要来自两个方面的原因。一是存在逆向因果关系，即较高的城市生产率可能吸引更多的农民工去就业，从而提高城市就业密度。二是遗漏未控制重要的解释变量，如未观测的技术进步、制度变迁，以及市场潜能等，这些因素既能提高城市生产率，又能增加城市就业密度。这两种内生性因素将导致就业密度的估计系数被高估。

借鉴 Ciccone 和 Hall（1996）的思路，我们用两个工具变量来克服就业密度的内生性问题。其中，最重要的工具变量是 1990 年的就业规模。一方面，就业规模的变化具有持久性，历史上的城市就业规模对当前就业规模具有显著影响；另一方面，城市生产率的变化不具有持久性，更易受近期冲击的影响，因而历史上的就业规模与城市生产率的相关性很弱。另一个工具变量是 1990 年第二产业的就业比重。城市第二产业的发展水平越高，劳动力需求和城市规模就越大。而由于当前城市生产率更受当前因素的影响，1990 年第二产业的就业比重与当前生产率冲击的相关性较弱。

GMM 估计结果显示，农民工工资对城市就业密度的弹性只有 0.029，比 OLS 估计结果低 0.015。如果城市就业密度提高 100%，农民工工资水平将只提升 2.9%。与关于城镇户籍劳动者工资对城市就业密度的弹性系数相比，我们估计的农民工工资对城市就业密度的弹性系数偏低。Combes 等（2013）在 2007 年中国国家统计局城镇住户调查数据基础上并使用工具变量估计方法发现，城镇当地户籍劳动者工资对城市就业密度的弹性在 10%左右，是本章估计的农民工工资弹性的 3 倍多。而我们的估计结果则略低于大多数西方国家的经验结果。大多数西方文献的弹性系数的估计结果在 4%—8%。但也有个别研究结果例外。Combes（2008）使用法国的数据发现，在控制就业密度内生性后，工人工资对就业密度的弹性为 3%。Mion 和 Naticchioni（2009）使用意大利的数据发现，在控制就业密度内生性后，弹性系数不到 1%。

使用 GMM 估计方法得到的弹性系数的可靠性依赖于工具变量的有效性。有效的工具变量必须满足两个基本条件：一是工具变量对内生变量具有较强的解释力；二是工具变量与未控制的误差项无关。检验第一个条件的常用“经验法则”是根据第一阶段回归模型局部 R^2 构造的 F 统计量超过 10。我们根据 Shea 局部 R^2 构造的 F 统计量达到 272.81，远大于 10，拒绝“工具变量是弱工具变量”这个原假设。同样，K－P Wald rk F 统计量也拒绝“工具变量是弱工具变量”这个原假设。检验第二个条件的过程就是过度识别检验。使用的统计量是 Hansen J 统计量，其 p 值接近于 1，因而接受“工具变量是外生的”这个原假设。这两个条件的成立基本上证实了工具变量的有效性，进而意味着本章 GMM 估计的弹性系数本身是可靠的。最后，内生变量检验在 5％的水平上拒绝了“就业密度是外生的”这个原假设，进而表明了克服内生性问题是十分必要的，而 GMM 估计量优于 OLS 估计量。

农民工个体和行业特征变量对工资水平也有显著影响。女性农民工工资比男性农民工工资低 14.5％，农民工平均教育收益率为 4.4％，潜在经验回报呈倒“U”形，在城市的经验回报也呈倒“U”形。与生产运输人员工资相比较，单位负责人、专业技术人员、办事员和有关人员的工资分别高了 40.3％、19.2％和 14.8％，商业和服务业人员、农业生产人员的工资分别低了 2.8％和 12.9％。不同行业的农民工工资也存在明显差异。以制造业为参照组，采掘与电煤水生产供应业、建筑业、交通运输仓储邮政业、批发和零售业、金融保险地产业、科技服务和地质勘察业的农民工工资分别比制造业农民工高了 34.6％、16.5％、21.7％、20.7％、4.7％、30.9％和 22.9％，住宿餐饮业农民工工资比制造业农民工工资低了 4.0％，而其他行业农民工工资与制造业农民工工资相当。在不同所有制单位务工的农民工工资也有较大差别，与在个体户务工的农民工相比，在国有及其控股企业、集体企业、私营企业和外资企业务工的农民工工资分别高了 13.0％、10.6％、8.2％和 9.6％，而在机关事业单位工作的农民工工资与之相当。

其他城市层面变量也对农民工工资产生重要影响。对于土地面积系数的理解要格外小心，在控制就业密度的前提下，当土地面积增加时，就业量也会同步增加，以便保持就业密度不变，因此，从土地面积的系数可知，当土地面积翻一番，而就业量同步增长时，农民工的工资水平将提升4.4%，这反映出纯粹的规模效应。城市道路系数为正，且显著，这证实了城市基础设施的改善有利于农民工工资水平的提高。城市外商直接投资的系数为正，但不显著。因此，我们不支持外商直接投资对农民工的知识或技术溢出效应。对农民工工资的影响显著为正，但固定资产投资对农民工工资的影响却显著为负。最后，政府支出的增加能显著提高农民工工资水平。

表 2-3 聚集经济和农民工工资：OLS 估计结果

变量	系数	标准差	变量	系数	标准差
教育	0.043***	0.003	金融保险地产业	0.309***	0.040
经验	0.021***	0.002	科技服务和地质勘察业	0.227***	0.042
经验平方/100	−0.049***	0.004	教育文化广播影视业	0.076	0.071
性别	−0.157***	0.011	卫生社会保障	−0.032	0.039
城市经验	0.019***	0.003	公共管理社会组织	0.014	0.083
城市经验平方/100	−0.077***	0.016	社会服务和其他	−0.003	0.022
职业：			**所有制：**		
单位负责人	0.402***	0.082	机关事业单位	−0.078	0.035
专业技术人员	0.192***	0.018	国有及国有控股企业	0.130***	0.027
办事员和有关人员	0.148***	0.024	集体企业	0.105***	0.027
商业和服务业人员	−0.029**	0.015	私营企业	0.081***	0.017
农业生产人员	−0.127	0.073	外资企业	0.094***	0.023
其他	−0.007	0.026	其他	0.033	0.030
行业：			**城市变量：**		
农林牧渔业	−0.068	0.076	就业密度	0.044***	0.012
采掘业	0.359***	0.062	土地面积	0.044***	0.012
电煤水生产供应业	0.168***	0.047	城市道路	0.003***	0.001
建筑业	0.221***	0.020	外商直接投资	0.593	0.416
交通运输仓储邮政业	0.207***	0.018	政府支出	0.673**	0.267
批发和零售业	0.047*	0.024	调整 R^2	0.270	
住宿和餐饮业	−0.040**	0.021	样本量	33457	

注：(1) 标准差是经过区层面聚类调整的稳健型标准差。(2)***、**、* 分别表示在1%、5%、10%的水平上显著。

表 2－4　聚集经济和农民工工资：GMM 估计及检验

变量	系数	标准差	变量	系数	标准差
第一阶段回归结果：					
1990 年就业规模	0.882***	0.041			
1990 年第二产业就业比重	0.346***	0.063			
第二阶段回归结果：					
教育	0.044***	0.003	金融保险地产业	0.309***	0.040
经验	0.021***	0.002	科技服务和地质勘察业	0.229***	0.043
经验平方/100	－0.048***	0.004	教育文化广播影视业	0.071	0.071
性别	－0.157***	0.011	卫生社会保障	－0.032	0.039
城市经验	0.019***	0.003	公共管理社会组织	0.016	0.083
城市经验平方/100	－0.077***	0.016	社会服务和其他	－0.003	0.022
职业：			**所有制：**		
单位负责人	0.403***	0.083	机关事业单位	－0.008	0.035
专业技术人员	0.192***	0.018	国有及国有控股企业	0.130***	0.027
办事员和有关人员	0.148***	0.024	集体企业	0.106***	0.027
商业和服务业人员	－0.028*	0.015	私营企业	0.082***	0.017
农业生产人员	－0.129*	0.073	外资企业	0.096***	0.024
其他	－0.009	0.026	其他	0.029	0.030
行业：			**城市变量：**		
农林牧渔业	－0.071	0.076	就业密度	0.029**	0.014
采掘业	0.346***	0.061	土地面积	0.041***	0.012
电煤水生产供应业	0.165***	0.047	城市道路	0.003***	0.001
建筑业	0.217***	0.020	外商直接投资	0.557	0.413
交通运输仓储邮政业	0.207***	0.018	政府支出	0.759***	0.270
批发和零售业	0.047*	0.025	中心 R^2	0.271	
住宿和餐饮业	－0.040*	0.021	样本量	33457	

工具变量估计的检验统计量：

检验项目	检验统计量名称	检验统计量值	P 值
弱识别检验	K－P Wald rk F 统计量	F＝272.81	＜0.10
	Shea's 局部 R^2	F(2,576)＝272.81	0.0000
过度识别检验	Hansen J 统计量	Chi－sq(1)＝0.022	0.8814
内生变量检验	C 统计量	Chi－sq(1)＝4.851	0.0276

注：(1) 标准差是经过区层面聚类调整的稳健型标准差。(2) 第一阶段回归模型也控制了第二阶段回归模型中除就业密度以外的其他解释变量。(3) 弱识别检验 K－P Wald rk F 统计量参考了 Stock－Yogo（2005）临界值，（置信水平）临界值：（10%）19.93，（15%）11.59，（20%）8.75，（25%）7.25。(4) ***、**、* 分别表示在 1%、5%、10%的水平上显著。

(三) 集聚经济对农民工工资的异质性影响

我们将考察集聚经济对农民工工资的异质性影响，同时也验证两个假说。第一个假说是集聚经济效应与技能是互补的。集聚经济与进集聚经济作用机制之一是知识和技术的溢出，而文化程度较高的农民工能从中获得更高的收益。这种互补性在很多文献中得以证实（例如，Glaeser 和 Resseger，2010；Bacolod，Blum 和 Strange，2009）。第二个假说是集聚效应是动态的，即集聚效应并不是一来到大城市就能全部获得，而是要通过在大城市的学习积累逐步获取（Glaeser 和 Mare，2001）。

我们将农民工按照受教育程度分为初中及以下、高中及以上两类，然后进行 OLS 回归和 GMM 回归。OLS 估计结果显示，初中及以下文化程度的农民工工资对城市就业密度的弹性是 0.033，而高中及以上文化程度的农民工工资对城市就业密度的弹性是 0.082，后者是前者的 2 倍多。GMM 估计结果表明，控制就业密度的内生性后，这两个弹性系数分别降为 0.027 和 0.051，差距依然明显存在。这也证实了集聚效应与技能的互补性。接着，我们将农民工按照城市经验划分为 2 年及以下、2 年以上两类，同样进行 OLS 回归和 GMM 回归。OLS 估计结果显示，2 年及以下城市经验的农民工工资对就业密度的弹性是 0.034，而 2 年以上城市经验的农民工工资对就业密度的弹性是 0.059，后者是前者的近 2 倍。控制就业密度的内生性后，这两个弹性系数分别降为 0.028 和 0.040，差距同样存在。这也证实了动态集聚经济假说。

表 2-5　异质性的集聚经济和农民工工资：OLS 估计结果

	教育		城市经验	
	初中及以下	高中及以上	2 年及以下	2 年以上
就业密度	0.033***	0.082***	0.034***	0.059***
	(0.012)	(0.016)	(0.012)	(0.014)
个人特征	已控制	已控制	已控制	已控制
企业特征	已控制	已控制	已控制	已控制
其他城市特征	已控制	已控制	已控制	已控制

续表

	教育		城市经验	
	初中及以下	高中及以上	2 年及以下	2 年以上
调整 R^2	0.201	0.338	0.224	0.293
样本量	23503	9954	15812	17645

注：*** 表示在 1%的水平上显著。

表 2-6 异质性的集聚经济和农民工工资：GMM 估计及检验

	教育		城市经验	
	初中及以下	高中及以上	2 年及以下	2 年以上
第一阶段回归：				
1990 年就业规模	0.887***	0.868***	0.853***	0.910***
	(0.040)	(0.047)	(0.049)	(0.039)
1990 年第二产业就业比重	0.339***	0.357***	0.421***	0.275***
	(0.062)	(0.073)	(0.070)	(0.063)
第二阶段回归：				
就业密度	0.027*	0.051***	0.028**	0.040**
	(0.014)	(0.018)	(0.014)	(0.018)
个人特征	已控制	已控制	已控制	已控制
企业特征	已控制	已控制	已控制	已控制
其他城市特征	已控制	已控制	已控制	已控制
中心 R^2	0.202	0.283	0.190	0.262
样本量	23503	9954	15812	17645
工具变量估计的检验统计量：				
弱识别检验	292.92	203.49	231.82	282.2
	[0.000]	[0.000]	[0.000]	[0.000]
过度识别检验	0.131	0.089	0.006	0.033
	[0.718]	[0.766]	[0.940]	[0.855]
内生变量检验	1.209	10.117	1.487	6.773
	[0.272]	[0.002]	[0.223]	[0.009]

注：(1) 检验统计量同表 2-4，其中，弱识别检验只使用 Shea's 局部 R^2，其结果与 K-P Wald rk F 统计量一致。(2) 小括号内的数字是标准差，中括号内的数字是 p 值。(3) ***、**、* 分别表示在 1%、5%、10%的水平上显著。

第三章

流动人口工资差异分析

数据描述及基本的变动事实

基于无条件分位数回归分析结果

伴随着我国劳动力市场的进一步改革和深化，大规模的人口流动成为一个越来越明显的趋势。2011年，全国农民工总量达到了2.5亿，占年末全国总就业人数的33.1%，其中，外出农民工的数量达到了1.58亿，农民工已经成为我国劳动力市场上的重要组成部分。在当前我国居民收入差距不断扩大的情况下，农民工数量的增长被认为在一定程度上缓和了收入差距的扩大，主要原因是农民工的平均收入介于农村和城镇收入的中间，起到了缓和差距的作用。除了农民工之外，还有另外一种人口流动值得我们关注，即在城镇之间的流动，这部分人表现为拥有城镇户口，离开户籍所在地的县（市），并在异地工作、生活，他们是人口流动中不可忽视的一部分。一般而言，流动人口的收入主要来自企业务工的工资，因此，关注农民工工资的变化能够为我们理解劳动力市场，特别是中低端层面的变化提供更好的视角。

第一节
数据描述及基本的变动事实

我们所使用的数据来自 2005 年全国 1%人口抽样调查的子样本和国家人口计生委 2012 年 5 月对流动人口的动态监测调查数据。我们仅保留了 2005 年和 2012 年就业身份为雇员且工资收入大于零的流动人口样本，我们对农民工的定义是调查时居住在城镇、户籍所在地在农村，并且离开户籍地 6 个月以上的人群；对城镇流动人口的定义是调查时居住在城镇，户籍所在地在其他城市，离开户籍地 6 个月以上的人群。按照国家计生委流动人口监测数据的年龄结构，所有的劳动力都限定在 16—59 周岁，并且不在学校就读。经过这样的调整后，2005 年农民工的样本数量为 70140 人，城镇流动人口为 29265 人；2012 年农民工的样本数量为 58460 人，城镇流动人口为 13985 人。

表 3—1 的统计结果表明，2005 年到 2012 年农民工和城镇流动人口的工资水平有了显著的提高，农民工的工资年均增长率达到了 25.96%，城镇流动人口的工资年均增长率为 19.06%，相应地，小时工资的增长率也分别达到了 26.45%和 18.40%。此外，2005 年到 2012 年，农民工和城镇流动人口各自受教育程度的结构也存在显著的变化，2005 年有 64.8%的农民工具有初中文化水平，其他依次为小学及以下（17.4%）和高中（15.7%），专科和大学本科及以上所占的比重较低；城镇流动人口中，33.3%的人群有高中学历，其他依次为大学专科（24.3%）、初中（20.4%）和大学本科及以上（19.7%），小学及以下仅占很少的比例（2.3%）。相比之下，2012 年农民工受教育程度的构成则发生了较大变化，

初中和小学等较低的教育程度者所占的比重降低，高中及以上学历者所占的比重上升，具体地说，受教育程度为小学的农民工比重下降了1.5%，初中程度的农民工比重下降了8.3%，而高中程度的农民工比重上升了7%，大学专科的农民工比重上升了2.7%，大学本科及以上的比重也有小幅上升。和农民工类似，城镇流动人口的受教育程度也有了显著变化，初中和高中学历的人群比重下降，而大学专科和本科的人群比重上升，学历层次逐渐向较高的方向发展。2005年到2012年，农民工的平均年龄也有了小幅增长，从28.1岁增长到31.3岁；潜在工作经验也增加了2.65年。人群构成中，男性样本所占的比重增加，上升了3.5个百分点；相应地，女性样本的比重下降了3.5个百分点。从地区的角度看，西部地区农民工的比重没有发生变化，中部地区的农民工比重略有下降，而东部地区则略有上升。对城镇流动人口来说，工作经验和年龄结构以及男女比重都没有发生大的变动，但东部地区的城镇流动人口在总的城镇流动人口中的比重上升了13.2%，这些变动基本来自中部地区城镇流动人口的减少。

表3－1 2005年和2012年样本个体的统计描述

	2005年		2012年	
	农民工	城镇流动人口	农民工	城镇流动人口
月工资（元）	934.300	1615.230	2632.360	3770.630
小时工资（元）	4.450	9.360	12.690	21.410
年龄（岁）	28.100	33.000	31.300	32.400
小学及以下	0.174	0.023	0.151	0.025
初中	0.648	0.204	0.565	0.187
高中	0.157	0.333	0.227	0.280
大学专科	0.018	0.243	0.045	0.270
本科及以上	0.003	0.197	0.012	0.238
经验（年）	13.20	14.10	15.85	13.30
男性	0.534	0.558	0.569	0.557
女性	0.466	0.442	0.431	0.443
东部	0.856	0.686	0.869	0.818
中部	0.062	0.161	0.042	0.047
西部	0.082	0.153	0.089	0.135
基尼系数（月工资）	0.239	0.381	0.220	0.317

注：(1) 以上结果均为加权后的结果。(2) 小时工资由月工资除以4倍的周工作时间得到。

不论是月工资还是小时工资，工资水平的迅速增长成为这一时期最显著的特征。从工资基尼系数的变动来看，农民工的工资不平等变动较小，仅下降了1个百分点左右，城镇流动人口的工资不平等变动较大，下降了4—6个百分点（月工资和小时工资）。由于我们重点关注的是农民工的劳动生产率和其他因素之间的关系，因此，我们的分析主要关注了小时工资的变动情况。按照一般的观点，流动人口的工资差异可以用劳动者基本特征，如受教育程度和工作经验等因素分布的变动以及特征回报率的变动来解释。在本章使用上文提供的方法来详细区分每种因素对工资差异的贡献之前，我们首先观察一些基本的工资差异的变动事实。

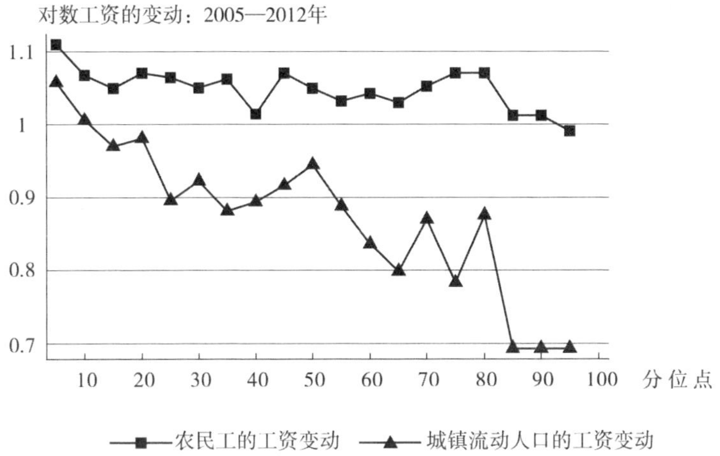

图3－1 农民工和城镇流动人口对数工资的变动

图3－1给出了2005年到2012年，农民工和城镇流动人口各自的对数小时工资的变动情况。整体来看，不同分位上，农民工的工资增长比较平稳，从低分位到高分位，工资增长仅有少许变动，95分位的对数小时工资增长比5分位上的对数小时工资的增长低0.12；城镇流动人口的工资增长则有较大程度的波动，呈现出震荡下降的趋势，高分位（95分位）上对数小时工资的增长比低分位（5分位）上对数小时工资的增长降低了0.36。这反映的基本事实是，无论是农民工还是城镇流动人口，低分位上的工资增长均快于高分位上的工资增长，低分位上人群工资的迅速增加有利于工资差距的缩

小；另外，两者相比，农民工高分位上的工资增长速度高于城镇流动人口高分位上的工资增长速度。

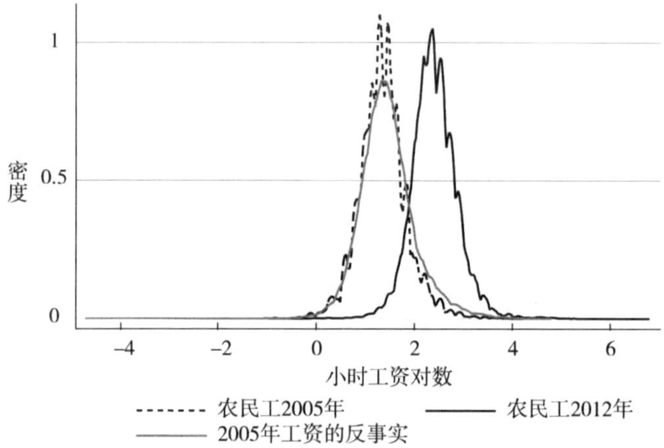

图 3－2A　农民工对数工资的核密度估计（Epanechnikov 函数，带宽 0.1）

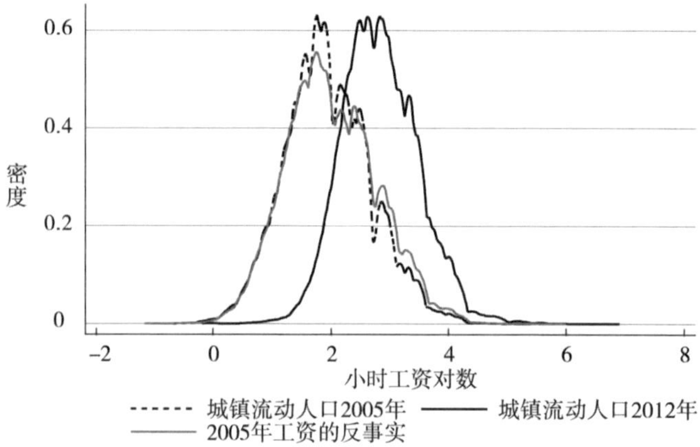

图 3－2B　城镇流动人口对数工资的核密度估计（Epanechnikov 函数，带宽 0.1）

图 3－2A 和图 3－2B 分别给出了 2005 年到 2012 年农民工和城镇流动人口小时工资的核密度估计。用 2005 年的特征分布和 2012 年的特征回报构造出 2005 年农民工反事实的工资分布，从图 3－2A 中可以看出，收入分布整体向右移动，说明农民工的收入水平普遍提高，2012 年，核密度线出现了右侧拖尾，说明开始存在着一批收入较高的农民工。反事实的工资线有一个左

侧拖尾，说明如果 2005 年农民工面临着 2012 年的技能价格，会使一部分农民工工资下降，在分布的终端也会有一部分农民工的收入水平下降。对城镇流动人口而言，反事实的工资可能会使分布在中端的一部分人群的收入降低。

第二节
基于无条件分位数回归分析结果

（一）RIF 回归的结果

表 3—2 给出了 2005 年和 2012 年农民工样本 10 分位、50 分位和 90 分位的 RIF 回归的结果，表 3—3 给出了城镇流动人口的 RIF 回归结果。回归的基准组包括女性、高中受教育程度、从事制造业、生产工人、私营企业以及西部地区。对农民工而言，2005 年，不同分位上性别工资差距呈现出递增的趋势，90 分位上男性的小时工资比女性高 14.5%；而 2012 年，性别工资差距则随着分位点的提高先上升后下降，在 50 分位上达到最大。2005 年和 2012 年，受教育程度的影响呈现出相似的特征，不论在高分位点还是低分位点，相同的分位上，受教育程度越高，教育的回报也越高。但与基准组的人群相比，不同受教育程度对收入整体分布的影响趋势不同。具体地说，小学和初中学历的教育回报随着分位点的提高有下降的趋势，在高分位点上，小学以及初中学历和高中学历的人相比教育回报的差距越来越大，90 分位上，小学及以下人群比高中的人群的教育回报低近 50%；大学专科以及本科学历的教育回报呈现出不断上升的趋势，特别是在工资分布的高端，教育回报的增加呈现出加速的特征，换句话说，如果在整个人群中增加大学专科或者本科学历的比例，那么对高分位的影响将会远远超过低分位。

表 3-2 农民工对数工资无条件分位回归（RIF）的结果

	2005 年			2012 年		
	90	50	10	90	50	10
男性	0.145***	0.121***	0.1***	0.155***	0.185***	0.132***
小学及以下	−0.498***	−0.328***	−0.309***	−0.261***	−0.228***	−0.265***
初中	−0.38**	−0.189***	−0.141***	−0.213***	−0.155***	−0.136***
大学专科	0.876***	0.185***	0.097***	0.513***	0.209***	0.139***
本科及以上	1.46***	0.214***	0.133***	0.922***	0.287***	0.160***
经验	0.024***	0.015***	0.019***	0.032***	0.025***	0.023***
经验平方	−0.0005***	−0.0004***	−0.0005***	−0.0007***	−0.0006***	−0.0006***
工业	0.244***	0.082***	−0.038	0.324***	0.155***	−0.004
建筑业	0.290***	0.135***	0.062***	0.280***	0.193***	0.094***
商贸	0.057***	−0.017*	−0.077***	0.004	−0.044***	−0.099***
商务	0.078***	−0.017*	−0.103***	0.053**	−0.016	−0.110***
文化卫生	0.075*	0.034**	−0.027	0.077*	−0.046**	−0.136***
公共管理	−0.076	−0.05	−0.154**	0.113	−0.043	−0.147
管理人员	1.247***	0.263***	0.068***	0.729***	0.189***	0.082*
技术人员	0.426***	0.128***	0.013	0.281***	0.135***	0.041***
办事人员	0.210***	0.079***	−0.015	0.292***	0.172***	0.112***
商业	0.108***	0.013	−0.039***	0.048**	−0.008	−0.092***
政府机关	−0.078	−0.051**	0.018	−0.065	−0.046**	−0.110***
国有企业	0.293***	0.122***	0.127***	0.131***	0.071***	0.064***
集体企业	0.105***	0.115***	0.118***	0.048*	0.078***	0.078***
外资企业	0.083***	0.157***	0.104***	0.061***	0.071***	0.088***
东部	0.247***	0.208***	0.388***	0.126***	0.129***	0.299***
中部	−0.0003	0.023**	0.014	−0.015	−0.016**	0.017
常数项	1.634***	1.107***	−0.446	2.548***	2.033***	1.504***

注：***、**、*分别表示在1%、5%、10%的水平上显著。

表 3－3 城镇流动人口对数工资无条件分位回归（RIF）的结果

	2005 年			2012 年		
	90	50	10	90	50	10
男性	0.101***	0.101***	0.218***	0.141***	0.147***	0.099***
小学及以下	－0.071***	－0.389***	－1.055***	－0.16***	－0.423***	－0.37***
初中	－0.079***	－0.267***	－0.503***	－0.139***	－0.257***	－0.247***
大学专科	0.296***	0.288***	0.255***	0.322***	0.383***	0.206***
本科及以上	0.900***	0.429***	0.265***	0.864***	0.592***	0.228***
经验	0.023***	0.013***	0.013***	0.066***	0.039***	0.024***
经验平方	－0.0005***	－0.0002***	－0.0004***	－0.001***	－0.0008***	－0.0007***
工业	0.039	0.088***	－0.102**	0.048	0.248***	0.127***
建筑业	0.147***	0.123***	0.124***	0.182***	0.228***	0.163***
商贸	0.048**	－0.026**	－0.089***	0.137***	－0.041	－0.088**
商务	0.175***	－0.075***	－0.04	0.409**	0.054*	－0.065**
文化卫生	－0.021	0.015	－0.012	0.16**	0.12**	0.027***
金融	0.153***	0.109***	0.05*	0.54***	0.371***	0.159***
公共管理	－0.122***	－0.015	－0.018**	0.145	0.186**	0.201***
管理人员	0.604***	0.249***	0.142***	0.641***	0.341***	0.11***
技术人员	0.205***	0.183***	0.1***	0.299***	0.258***	0.039
办事人员	0.176***	0.166***	0.061**	0.088	0.165***	0.083***
商业	0.082***	0.022*	－0.095***	0.029	0.012	－0.123***
政府机关	－0.171***	0.096***	0.192***	－0.299***	－0.022	－0.031
国有企业	－0.041**	0.083***	0.235***	－0.075	0.0006	0.074***
集体企业	－0.061***	－0.018	0.052	－0.134*	－0.031	0.062
外资企业	0.21***	0.101***	0.221***	0.34***	0.171***	0.107***
东部	0.342***	0.221***	0.379***	0.309***	0.346***	0.307***
中部	－0.0005	－0.046***	－0.015	0.056**	－0.018	－0.107***
常数项	2.122***	1.349***	0.49***	2.31***	1.728***	1.553***

注：***、**、* 分别表示在 1%、5%和 10%的水平上显著。

和 2005 年相比，2012 年潜在工作经验对小时工资的影响程度变大，并且，两年的结果均表明，高分位上工作经验的影响程度大于低分位上的影响程度，这说明工作经验对高分位人群的影响更大。此外，虽然工作经验平方的影响程度很小，但均为负值，并且在1%的水平上显著，说明在农民工中小时工资和工作经验之间的倒“U”形关系也是存在的。此外，不同行业的回报基本上随着分位点的提高而上升，其中，和制造业相比，建筑业和工业等体力劳动较重的行业回报高于商贸、文化卫生、公共管理等行业。职业分类中，管理人员和技术人员的市场回报较高，基本办事人员、商业服务人员和生产工人的回报较低。在低分位上，生产工人的回报低于管理人员和专业技术人员，但高于基本办事人员和商业服务人员；而在高分位上，生产工人的回报则落后于其他职业。

和农民工的回归结果有所不同，2005年城镇流动人口的性别工资差距随着分位点的提高而降低，到2012年，性别工资差距呈现出了先上升后下降的趋势，总体而言，高分位上的工资差距高于低分位。受教育程度的回报依然增长迅速，特别是对高等教育而言，高分位人群的教育回报远高于低分位人群。对流动人口而言，行业的市场回报发生了较大变动。和2005年相比，到2012年多数行业的回报增加，这在商务和金融行业中表现尤为明显。

表3—4给出了农民工和城镇流动人口对数小时工资基尼系数的RIF回归结果。从整体上看，对农民工而言，性别依然倾向于降低工资差距，但其影响程度有所降低。较低的受教育程度（小学、初中和高中）倾向于降低工资差距，低分位到高分位上，教育的回报持续降低；较高的受教育程度（大学专科、大学本科及以上）倾向于增大工资差距，分布的低端教育回报有所降低，但在分布的高端，教育回报以更大幅度上升。因此，受教育程度在一定程度上拉大了工资差距。2005年到2012年，农民工的学历结构逐渐向较高的层次转变，虽然受教育程度拉大工资差距的程度下降，但仍具有正向的趋势。2005年，潜在工作经验倾向于降低工资差距，到2012年，虽然幅度很小，但已经有扩大工资差距的趋势。表3—4的另一个特征是，从2005年到2012年，促进不平等增加的因素，其效果均在减弱，尤其是高学历（大学专科、本科及以上）和商贸、商务等行业以及管理人员、技术人员等职业。类似地，一些倾向于降低不平等的因素，其效果也在减弱，这两方面因

素的共同作用导致了总体工资不平等的降低。

表 3－4 对数工资不平等程度（基尼系数）的 RIF 回归结果

	2005 年		2012 年	
	农民工	城镇流动人口	农民工	城镇流动人口
男性	−0.012***	−0.019***	−0.003***	−0.006***
小学及以下	0.033***	0.136***	−0.013***	0.034***
初中	0.002	0.067***	−0.003**	0.017***
大学专科	0.105***	−0.023***	0.031***	−0.009***
本科及以上	0.197***	0.021***	0.067***	0.018***
经验	−0.003***	−0.0005	−0.00002	0.0008***
经验平方	0.00009***	0.00002**	0.000004	−0.000003
工业	0.037***	−0.008*	0.034***	−0.009*
建筑业	0.007***	−0.005*	0.009***	−0.008***
商贸	0.023***	0.01***	0.011***	0.017***
商务	0.043***	0.013***	0.022***	0.026***
文化卫生	0.015***	−0.004	0.019***	0.006*
金融业	—	0.003	—	0.011***
公共管理	0.043***	−0.004	0.03***	−0.01
管理人员	0.141***	0.029***	0.072***	0.021***
技术人员	0.046***	−0.005*	0.017***	0.007***
办事人员	0.025***	−0.001	0.005	−0.006*
商业服务人员	0.023***	0.015***	0.012***	0.011***
政府机关	−0.017**	−0.049***	−0.008**	−0.015***
国有企业	−0.008**	−0.042***	−0.002	−0.014***
集体企业	−0.022***	−0.016***	−0.013***	−0.013***
外资企业	−0.026***	−0.011***	−0.008***	0.006**
东部	−0.075***	−0.027***	−0.023***	−0.022***
中部	−0.002	0.006*	−0.004*	0.012***
常数项	0.262***	0.238***	0.112***	0.122***

注：(1)“—”表示在农民工的行业分类中，不包含金融业。(2)***、**、*分别表示在 1%、5%和 10%的水平上显著。

和农民工不同，2012 年城镇流动人口的受教育程度倾向于扩大工资差距，但和 2005 年相比，其影响程度也逐渐降低。从行业内部来看，商业、商务、金融和文化卫生等行业工资水平的增长扩大了工资差距，但工业、建筑业和公共管理等行业降低了工资差距。管理人员、技术人员和商业服务人员的工资增长拉大了工资差距，而基本办事人员的工资增长则缩小了工资差距。

和条件分位数回归相比的一个显著不同是，RIF 回归不仅得到了各分位上变量对工资差距的组内影响（Within－group Effects），还得到了组间影响（Between－group Effects），这里的“组”是指那些除了所讨论的变量之外，其他特征均相同的人群（Firpo，Fortin 和 Lemitux，2009）。以农民工不同受教育程度人群的回报为例，条件分位回归时，初中教育程度人群 90 分位上的回报低于 10 分位的回报，这意味着初中教育降低了组内的工资差距，但这并不意味着，在总人群中增加初中学历的比重会降低总体的工资差距。除了组内差距，RIF 回归还得到了组间差距，在低分位上（约在 35 分位），小学教育倾向于增加组间平均工资收入，此时，组内差距和组间差距发挥作用的方向相同；超过 35 分位后，组内差距和组间差距的方向发生变化，小学教育倾向于降低工资收入。和小学教育的情形相反，大学专科在多数分位上（70 分位之前）都倾向于降低组间工资收入，组内差距和组间差距所起的作用相反；但在高分位上，大学专科开始倾向于增加组间工资收入，两种差距发挥作用的方向相同，加剧了工资不平等，如图 3－3A 和图 3－3B 所示。

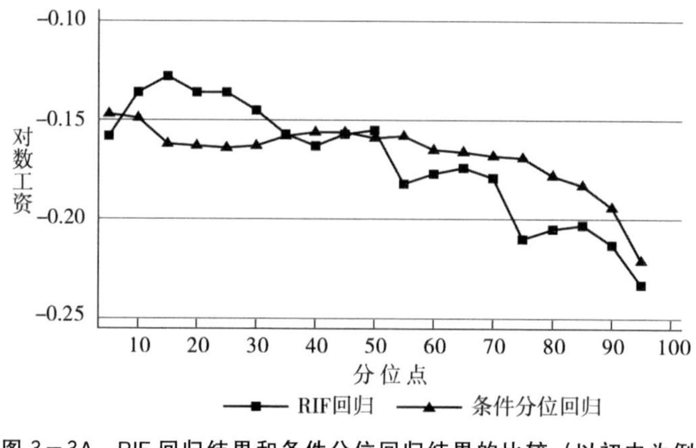

图 3－3A　RIF 回归结果和条件分位回归结果的比较（以初中为例）

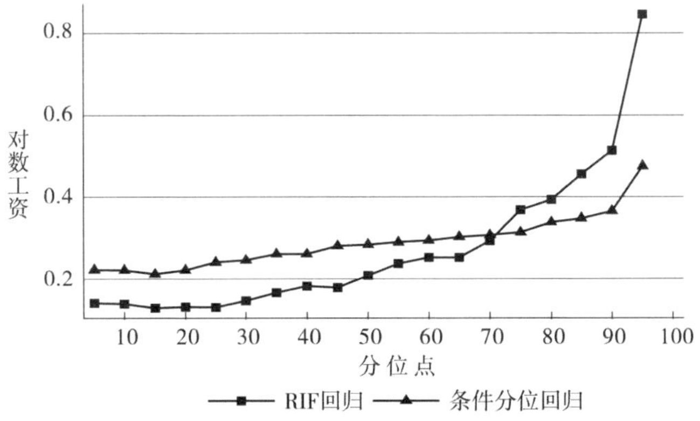

图 3－3B RIF 回归结果和条件分位回归结果的比较（以大学专科为例）

（二）分解结果

表 3－5 给出了 2005 年到 2012 年农民工工资差异的总体分解结果，表 3－6给出了 2005—2012 年城镇流动人口工资差异的总体分解结果。

表 3－5 2005 年到 2012 年农民工工资差异的分解结果

	90－10	90－50	50－10	方差	基尼系数
总差异	0.001	0.022	－0.021	－0.016	－0.09
组成效应	0.089	0.071	0.018	0.046	0.009
工资结构效应	－0.088	－0.049	－0.039	－0.062	－0.099
总差异归结到各因素上					
性别	0.003	－0.025	0.028	－0.005	0.005
受教育程度	0.115	0.095	0.02	0.048	－0.004
经验	0.062	0.005	0.057	0.037	0.016
行业	0.007	－0.002	0.009	0.004	－0.002
职业	0.01	－0.004	0.014	－0.008	－0.003
所有制性质	0.000	0.008	－0.008	－0.002	0.005
地区	0.007	－0.018	0.025	0.006	0.043
常数项	－0.204	－0.038	－0.166	－0.096	－0.15

注：(1) 参照组的选择和 RIF 回归中相同。(2) 受教育程度、行业、职业、所有制性质、地区等因素的结果经过对各虚拟变量效应的整理得到，如受教育程度的效应是表3－3中所列的 5 种受教育程度效应的总和。

表 3－6　2005 年到 2012 年城镇流动人口工资差异的分解结果

	90－10	90－50	50－10	方差	基尼系数
总差异	－0.302	－0.109	－0.193	－0.118	－0.083
组成效应	0.121	0.109	0.012	0.067	0.007
工资结构效应	－0.423	－0.218	－0.205	－0.185	－0.090
总差异归结到各因素上					
性别	0.070	－0.003	0.075	－0.005	0.007
受教育程度	－0.058	－0.083	0.025	－0.064	－0.009
经验	0.253	0.148	0.105	0.056	0.011
行业	0.104	0.090	0.015	0.027	0.005
职业	－0.005	－0.034	0.029	－0.028	0.002
所有制性质	0.128	0.076	0.052	0.073	0.018
地区	－0.019	－0.134	0.114	－0.080	0.0003
常数项	－0.777	－0.169	－0.607	－0.097	－0.116

城镇流动人口工资差异的分解结果，除了高分位人群和低分位人群的工资差距外，表中还列出了小时工资方差和基尼系数的分解结果。表 3－5 和表3－6均显示出，总的工资差异中，组成效应起到了增大工资不平等的作用，工资结构效应起到了缩小工资不平等的作用，并且工资结构效应占主要地位，如果我们控制组成效应的影响，那么总的工资差距下降的程度会更大。在所有的影响因素中，对农民工来说，受教育程度和行业、职业结构的变化在一定程度上缩小了工资差距，而性别、工作经验、企业所有制性质以及地区等因素扩大了工资差距。实际上，导致工资差距增大主要可以归结为工作经验和地区因素的影响。这其中地区因素的影响更为明显，工资分布中端的地区回报远超过分布两端的地区回报，呈现出倒“U”形的特征，如 90 分位和 50 分位上地区因素对总差距的解释度为－0.018，而 50 分位和 10 分位上的解释度为 0.025。促进工资差距缩小的因素中，行业、职业等因素仅在分布的高端起作用，这意味着对较高收入的农民工而言，行业因素和职业因素对工资水平的影响低于低收入的农民工，也就是说，低收入的农民工面临着更强的行业和职业分割。对城镇流动人口而言，企业所有制性质和工作经验以及性别、行业和地区等因素在一定程度上增大了工资差距，而受教育程度缩小了工资差距。

第四章

流动人口教育收益率的变动及其原因

描述性统计及工资增长特征

流动人口教育收益率的估计结果

对流动人口教育收益率变动的解释

在我国劳动力市场逐渐形成及发展过程中，对不同时期教育收益率的估计与分析一直是人们非常关注的问题。在传统的经济体制下，收入分配中的平均主义倾向降低了教育收益率；伴随着经济体制的市场化改革，在收入分配机制中更为强调对生产性特征的回报，教育收益率也表现出逐渐上升的特征。不过，对于教育收益率的研究，通常所关注的群体是城镇职工。对于农村而言，大多数的研究发现教育收益率通常都较低。不难理解，在大多数情形下，现有农业生产经营活动中教育的贡献似乎并不明显，而农业经营收入仍构成农村居民收入的主要来源。随着越来越多的农村劳动力向城镇地区、非农产业转移，对于农民工收入决定机制的考察也显得尤为重要。一方面，人们从城镇职工与农民工收入决定机制的差异中可以推断城镇劳动力市场的分割状况；另一方面，基于农民工与农村劳动力收入决定机制的差异可以推断劳动力从农业向非农领域的转换过程中生产要素回报特征的变化。而在这一过程中，我们也可以看到相关研究论文对农民工教育收益率的估计结果。从不同时期农民工教育收益率的估计结果中我们可以看到，相对于城镇职工或农村居民，农民工的教育收益率一直处于偏低的水平；而从不同年份农民工教育收益率的估计结果中大体上可以看到，农民工的教育收益率随着时间推移而表现出稳定偏低的特征。

第一节
描述性统计及工资增长特征

本章所使用的数据来自2005年1%人口抽样调查数据的五分之一随机样本中的流动人口部分以及2012年流动人口动态监测调查。

2005年1%人口抽样调查数据的五分之一随机样本含有2585481个个人信息，然后按上面的标准筛选得到117104条合格记录。2012年流动人口动态监测调查的全国样本量有将近16万人，筛选出71629条合格记录。

为了减弱样本的选择性偏差，也为了更好地对比相同地区不同年份的教育收益率差距，本章对调查数据进一步按地区进行了筛选，即只留下2005年不低于80条合格农民工记录、2012年不低于60条合格农民工记录的地区（地级市），得到95个合格的地区（地级市）。

表4－1 描述性统计量比较

	2005年（全部流动人口）	2005年（95个地区）	2012年（全部流动人口）	2012年（95个地区）
工资：均值（元/月）	1091.18	1118.96	2791.64	2821.71
标准差	878.1752	892.42	1652.66	1660.92
变异系数	0.8048	0.7975	0.5920	0.5886
基尼系数	0.3109	0.3089	0.2507	0.2489
泰尔指数	0.1981	0.1966	0.1216	0.1203
平均对数离差	0.1645	0.1614	0.1081	0.1062
受教育程度：小学及以下（%）	14.69	14.35	14.18	13.99
初中（%）	53.08	53.97	54.81	54.81
高中（%）	19.78	19.65	16.98	17.10

续表

	2005年（全部流动人口）	2005 年（95 个地区）	2012 年（全部流动人口）	2012 年（95 个地区）
高中以上（%）	12.45	12.03	14.11	14.03
受教育年限（年）	9.88	9.86	9.90	9.91
医保比率（%）	29.49	29.46	37.09	38.63
女性（%）	45.19	46.31	43.17	43.71
年龄（岁）	29.45	29.01	31.88	31.75
地区：东部（%）	81.66	87.26	85.75	89.69
中部（%）	10.91	6.93	6.59	4.54
西部（%）	7.42	5.81	7.66	5.77
样本数量	117104	104642	71629	56921

注：东部地区包括北京、天津、河北、辽宁、上海、江苏、浙江、福建、山东、广东、海南；中部地区包括山西、吉林、黑龙江、安徽、江西、河南、湖北、湖南、内蒙古、广西；西部地区包括重庆、四川、贵州、云南、西藏、陕西、甘肃、青海、宁夏、新疆。

从表 4－1 中可以看到，无论是 2005 年还是 2012 年，我们选择的 95 个地区（地级市）的样本与整体样本都保持了较好的一致性，所以能很好地反映全部流动人口。对比 95 个地区从 2005 年到 2012 年的统计量，能更准确地了解流动人口状况的变化，所以我们以 95 个地区的统计量为讨论对象。表中显示，在不考虑通货膨胀的情况下，流动人口的工资增长了 2.5 倍，这说明流动人口整体工资有较快的增长。变异系数、基尼系数、泰尔指数、平均对数离差几个指标都有明显的减小，说明流动人口内部的收入差距在减小。

在受教育程度方面，流动人口中，小学及以下比率有所下降，中学比率有所上升，这反映了普及九年义务教育的积极作用。应该说明的是，由于过去教育水平普遍低下，所以小学及以下所占的比率比较高，流动人口作为一个整体，新陈代谢有一个过程，所以小学及以下的比率仍有将近 14%，这并不意味着 7 年内有相当比率的小学及以下教育水平的人加入流动人口群体。高中生的比率下降超过了 2 个百分点，这可能是随着普及九年义务教育以及大学的扩招，导致高中的教育收益率下降，从而导致人们要么为上大学而读高中，要么初中毕业就去工作。高中以上的教育属于高等教育，比率上升了2个百分点，这说明7年内有大量高学历者成为流动人口，与我国21世纪初大规模实行的大学扩招是一致的。

流动人口中，女性的比率下降了2.5个百分点，但仍保持较高的水平。而平均年龄上升了将近3岁，这可能是因为大部分原有的流动人口仍为流动人口，也可能是我国流动人口的增长比率在放缓。流动的目的地仍以东部地区占绝大多数，将近90%。

通过前面的样本描述可以看到，流动人口的收入增长很快，但人口内部的收入差距却在缩小。为了解释这种现象，我们作了以下各分位点的对比（见表4—2）：

表4－2 工资增长特征（全部样本）

分位点	全部流动人口			95个地区的样本		
	2005年	2012年	增长率	2005年	2012年	增长率
1%	300	800	166.67	300	800	166.67
5%	450	1100	144.44	500	1200	140.00
10%	500	1400	180.00	580	1500	158.62
25%	700	1800	157.14	700	1900	171.43
50%	900	2400	166.67	950	2500	163.16
75%	1200	3000	150.00	1200	3000	150.00
90%	2000	4000	100.00	2000	4000	100.00
95%	3000	5000	66.67	3000	5000	66.67
99%	5000	8570	71.40	5000	9756	95.12

从表4—2中可以看到，所有收入水平的人群都经历了快速的收入上涨，但增长速度却差别较大，我们能够很容易地理解为什么近年来流动人口收入差距在缩小。50%以下的分位点中，收入增长率普遍在150%以上，其中处于1%分位点及25%分位点的人群收入增长最快，达到了170%左右。而50%分位点以上的人群中，人们的收入增长率都在150%以下，而且90%分位点以上的高收入人群中，收入增长率在200%以下。低收入者收入快速上涨，而使高收入者收入相对下降，很显然收入差距会缩小，最

高1%收入者与最低1%收入者的收入差距从17倍下降到12倍。这与李实、罗楚亮（2012）的研究结果较吻合，李和罗的研究显示，农村内部收入差距在缩小，低收入人群收入增长超过高收入人群，而流动人口的主体为农村人口。蔡昉、都阳（2011）的研究也显示2003年以来农民工工资经历了快速的增长。

为了更好地理解流动人口内部收入差距的缩小原因，我们按受教育水平、性别、地区来分别统计各类流动人口的收入增长情况。见表4—3：

表4—3　95个地区中，不同人群的工资增长特征

	全部样本			男性			女性		
	2005年	2012年	增长率	2005年	2012年	增长率	2005年	2012年	增长率
小学及以下	801.49	2358.64	194.28	896.57	2690.23	200.06	722.74	2081.54	188.01
初中	917.80	2566.01	179.58	995.94	2796.18	180.76	827.58	2249.26	171.79
高中	1209.62	2851.57	135.74	1287.27	3079.46	139.22	1101.23	2479.10	125.12
高中以上	2252.07	4238.28	88.19	2442.89	4655.30	90.57	2002.52	3754.43	87.49
	东部地区			中部地区			西部地区		
	2005年	2012年	增长率	2005年	2012年	增长率	2005年	2012年	增长率
小学及以下	817.54	2387.02	191.98	719.43	2341.21	225.43	658.82	2011.96	205.39
初中	931.69	2590.38	178.03	807.41	2499.79	209.61	752.64	2198.02	192.04
高中	1249.84	2910.87	132.90	975.98	2509.48	210.81	986.67	2294.23	132.52
高中以上	2487.60	4412.57	77.38	1492.57	2970	98.99	1565.52	2889.36	84.56

首先，从表4—3中可看到，无论是全部样本，还是分性别、分地区划分样本，受教育水平越低则收入增长越快，高中以上受教育者的工资增长率大体是小学及以下人群的45%，很显然，教育受益率在下降，且下降的幅度很大。除此之外，我们还可以看到收入的地区差距在缩小，但性别差距有所扩大。教育收益率的降低与地区差距的缩小，与蔡昉、都阳（2011）的研究是一致的，蔡和都认为刘易斯拐点的到来是导致教育收益率下降的主要因素。

流动人口教育收益率的降低与非技术工人的有限供给有很大的关系，

但联系到前面流动人口教育水平的提高，以及各教育层次收入差距的缩小，农民工收入状况的变化应该与高校扩招和社会保障制度的逐步完善也有密切关系。首先，看高校扩招和刘易斯拐点的来临对收入状况的影响：从 1999 年教育部进行的高校扩招开始，到 2008 年的招生规模趋于稳定，中国大专院校每年高考录取人数从 108 万增长到 600 万，10 年的时间增长了近 6 倍。按照经济学的供求规律，高等教育规模的急剧膨胀，导致高学历的劳动者供给成倍增加，而刘易斯拐点的到来使低学历劳动者供给减少，从而导致高等教育者收入与非高等教育者收入差距的缩小。在高等教育供给扩张的压力下，非高等教育中相对较高的教育层次对提高生产效率没有明显的帮助，所以非高等教育内部的收入差距也在缩小。在整个劳动力市场下，各学历劳动者的收入状况的变动势必影响流动人口各学历劳动者的收入状况变动，而且流动人口内部高学历者所占比率也在提高。其次，看社会保障制度对收入状况的影响：过去的时间里，我国一直在推行完善社会保障制度，特别是将社会保障逐步覆盖到非技术工人和流动人口。近年来，这些努力取得了比较大的成效，使得低学历劳动者的权益获得更好的保护，从而可能促进了低学历劳动者收入的提高。为此，本章先估计整体流动人口的教育收益率，然后分省、分地区估计各个群组的教育收益率，之后再解释人口的学历结构、刘易斯拐点的到来、社会保障制度对教育收益率变化的影响。

第二节
流动人口教育收益率的估计结果

表 4－4 的回归中，以小学、女性、中部地区为参考组，以教育等级或

受教育年限为参考变量。受教育年限是潜在受教育年限，即小学 6 年、初中 3 年、高中 3 年、大专 3 年、本科 4 年、研究生 3 年，教育对应的年限相加得到潜在年限。

表 4－4　95 个地区样本下收入函数估计结果（受教育程度）

	2005 年	2012 年	2005 年	2012 年	2005 年	2012 年	2005 年	2012 年
初中	0.1855	0.1305	0.1627	0.0923	0.1855	0.1313	0.1619	0.0930
	44.31	24.49	39.19	17.81	45.42	24.97	40.04	18.21
高中	0.4010	0.2260	0.3737	0.1771	0.4156	0.2314	0.3876	0.1824
	83.53	35.42	78.46	28.52	88.69	36.74	83.53	29.81
高中以上	0.9146	0.5361	0.8938	0.5008	0.9552	0.5428	0.9343	0.5076
	171.15	79.55	169.10	76.65	182.31	81.59	180.64	78.82
年龄	0.0414	0.0542	0.0382	0.0602	0.0425	0.0535	0.0393	0.0596
	45.38	42.26	42.42	48.51	47.80	42.29	44.77	48.70
年龄平方	−0.0005	−0.0007	−0.0005	−0.0008	−0.0005	−0.0007	−0.0005	−0.0008
	−39.37	−37.61	−38.02	−44.76	−40.28	−37.18	−38.90	−44.50
性别	否	否	0.1480	0.2144	否	否	0.1526	0.2159
			53.90	63.92			57.09	65.33
东部地区	否	否	否	否	0.2901	0.1706	0.2936	0.1792
					54.90	21.15	56.42	23.03
西部地区	否	否	否	否	−0.0189①	−0.0794	−0.0224	−0.0719
					−2.54	−7.56	−3.04	−7.09
常数项	5.8703	6.7064	5.8788	6.5472	5.5766	6.5591	5.5818	6.3904
	393.69	314.48	399.67	315.54	360.23	292.11	366.13	293.00
调整 R^2	0.2808	0.1581	0.3003	0.2145	0.3165	0.1807	0.3371	0.2379
F 统计量	8172.35	2138.74	7483.54	2591.10	6921.61	1794.83	6652.38	2221.66
样本量	104642	56921	104642	56921	104642	56921	104642	56921

注：(1) 参照组为小学及以下。(2) 回归系数下方为 t 统计量。(3) 注记①在 5% 的水平下显著，其他都在 1% 的水平下统计显著。

从表 4—4 中可看到，无论是明瑟方程中，还是将地区、性别加入的扩展明瑟方程中，2012 年的教育收益率比 2005 年有了大幅下降，这证明了前面针对统计描述得出的教育收益率都下降的推断。从表中还可以看到，初中教育收益率下降得较少，而高中以上下降得较多。加入性别做解释变量，对教育收益率的估计有很大影响，但加入地区则对估计的影响较小，这与前面统计描述显示的性别收入差距在扩大比较一致。

表 4—5　95 个地区样本下收入函数估计结果（受教育年限）

	2005 年	2012 年	2005 年	2012 年	2005 年	2012 年	2005 年	2012 年
受教育年限	0.0868	0.0508	0.0850	0.0479	0.0904	0.0516	0.0886	0.0487
	184.94	85.63	182.38	83.08	195.63	88.02	193.31	85.61
年龄	0.0442	0.0556	0.0420	0.0620	0.0457	0.0549	0.0434	0.0613
	48.55	43.30	46.52	49.62	51.23	43.33	49.18	49.82
年龄平方	−0.0006	−0.0007	−0.0005	−0.0008	−0.0006	−0.0007	−0.0005	−0.0008
	−40.10	−38.11	−39.30	−45.09	−41.13	−37.68	−40.33	−44.82
性别	否	否	0.1300	0.2026	否	否	0.1331	0.2040
			47.01	60.23			49.28	61.54
东部地区	否	否	否	否	0.2793	0.1725	0.2817	0.1813
					52.35	21.31	53.41	23.12
西部地区	否	否	否	否	−0.0034	−0.0760	−0.0053②	−0.0676
					−0.45	−7.21	−0.71	−6.62
常数项	5.2310	6.3569	5.2285	6.1878	4.9122	6.2022	4.9067	6.0233
	357.77	301.03	361.35	299.42	319.12	278.28	322.42	276.60
调整 R^2	0.2707	0.1517	0.2857	0.2025	0.3023	0.1743	0.3181	0.2258
F 统计量	12945.99	3393.53	10466.84	3614.37	9069.31	2403.57	8137.74	2767.39
样本量	104642	56921	104642	56921	104642	56921	104642	56921

注：回归系数下方为 t 统计量，除了注记②不显著外（10%以上），其他都在 1%的水平下统计显著。

表 4—5 与表 4—4 的估计一致，在明瑟方程和扩展明瑟方程中，2012 年的年教育回报系数呈大幅度下降，只有 2005 年 60%的水平。加入性别为解释变量，教育收益率有所减小，而且性别对教育收益率的影响有比较明显的扩大；加入地区为解释变量，教育收益率有所增加，而且地区对教育收益率的影响也有比较明显的缩小。所以从整体样本上看，从 2005 年到 2012 年，年教育收益率和教育等级的教育收益率都有明显的下降，且高中及高中以上学历下降得比初中更快。为了更细致地比较这两年教育收益率

的变化，我们需要分性别、地区对比教育收益率的变化。

表 4－6　分性别、地区得到的教育收益率

		受教育年限	初中	高中	高中以上
男性	2005 年	0.0876	0.1503	0.3517	0.8821
	2012 年	0.0475	0.0754	0.1542	0.4801
女性	2005 年	0.0811	0.1496	0.3788	0.8871
	2012 年	0.0453	0.0786	0.1633	0.4815
东部	2005 年	0.0927	0.1821	0.4141	0.9952
	2012 年	0.0532	0.1276	0.2321	0.5613
中部	2005 年	0.0730	0.1800	0.3303	0.7361
	2012 年	0.0297	0.1209	0.1697	0.3157
西部	2005 年	0.0850	0.2049	0.4677	0.8711
	2012 年	0.0427	0.1660	0.2362	0.4451

注：以上系数全部在 1％的水平下统计显著。

从表 4－6 中可以看到，无论如何分组，教育收益率下降的幅度都很大。无论是男性还是女性，高中的教育收益率下降得最显著，高中以上及初中下降的幅度也较大。东、中、西部教育收益率的下降也显示出相同的规律。

第三节
对流动人口教育收益率变动的解释

为了更好地理解教育收益率下降的情况，需分别求出各省和各市在两个年份的教育收益率，然后通过二维散点图了解各省市教育收益率的变化状况。在求“各省初中（高中）教育收益率的变化”时，去除了求本省初中（高中）教育收益率时不显著的省份和少量极值点。在求“各市年（初中、

高中、高中以上）教育收益率”时，不仅去除了对应年（初中、高中、高中以上）教育收益率不显著的城市和少量极值点，还去除了一些没通过 F 检验（Prob>F 的值大于 0.05）的城市。图中（见图 4－1）从原点出发的直线为 45 度线，如果某个省份或某个城市落在 45 度线上，则表明本省 2012 年的教育收益率与 2005 年相同；落在 45 度线上侧，表明 2012 年教育收益率比 2005 年上升了；落在 45 度线下侧，表明教育收益率下降了。另一条线段为拟合线，反映的是所有省份（城市）放在一起时教育收益率的整体变化。

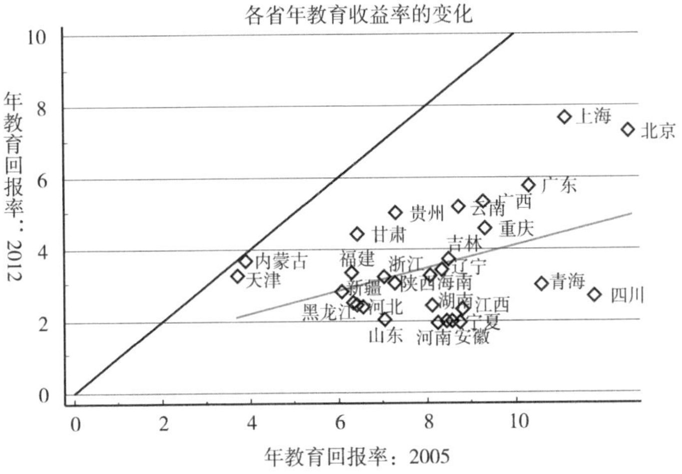

图4—1—1：教育年限收益率

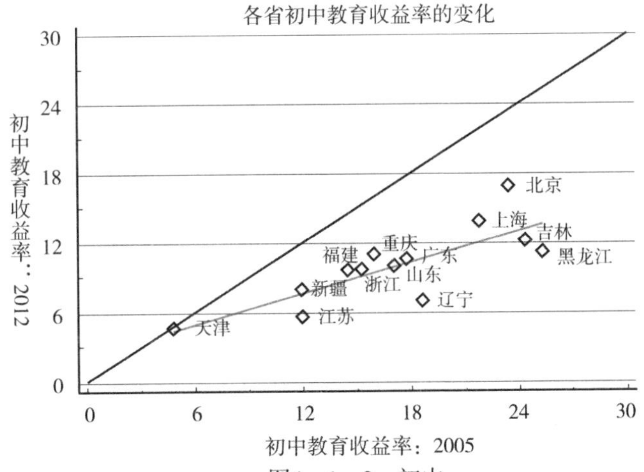

图4—1—2：初中

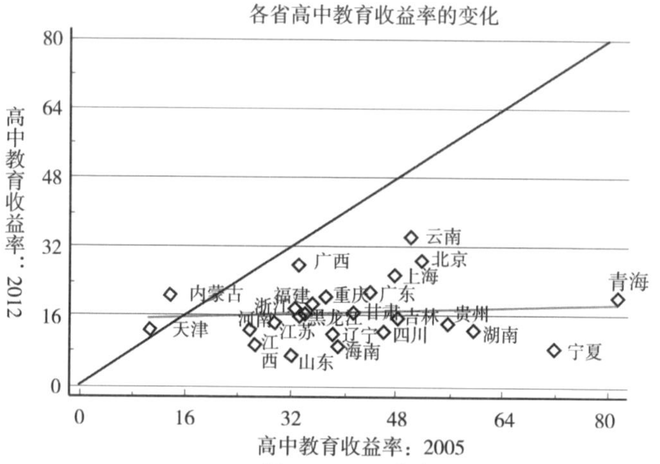

图4—1—3：高中

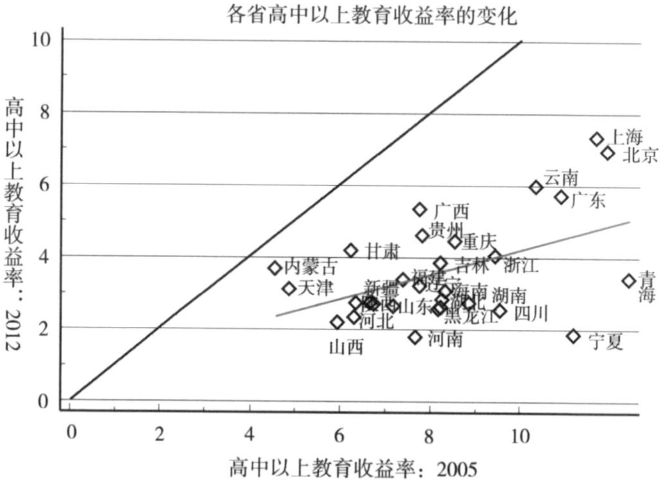

图4—1—4：高中以上

图 4－1　各省份教育收益率的变化特征

从图 4—1 中可以看出，各省无论是年教育收益率，还是各个等级的教育收益率，都落在 45 度线下侧，只有高中教育收益率的变化中，内蒙古和天津的教育收益率上升了，但这两个省（市、自治区）之所以上升，是因为 2005 年的教育收益率太低。从拟合线的位置来看，4 个类别的教育收益率整体下降了将近一半。从拟合线的斜率来看，各省（市、自治区）的年教育收益率、初中教育收益率、高中以上教育收益率虽然大幅降低了，但仍保持原有的分布情况，即 2005 年教育收益率高的省份，2012 年教育收益率同样较高，教育收益率的相对差距大体保持不变，只是绝对差距缩小了。但高中教育收益率的变化趋势却几乎是水平的，反应各省（市、自治区）的高中教育收益率有明显的趋同倾向。图 4—2 为各市的情况，能更好地反映教育收益率近年来的变化。

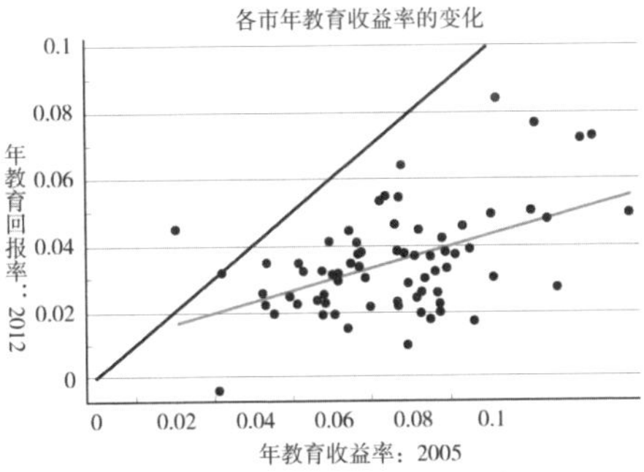

图4—2—1：教育年限收益率

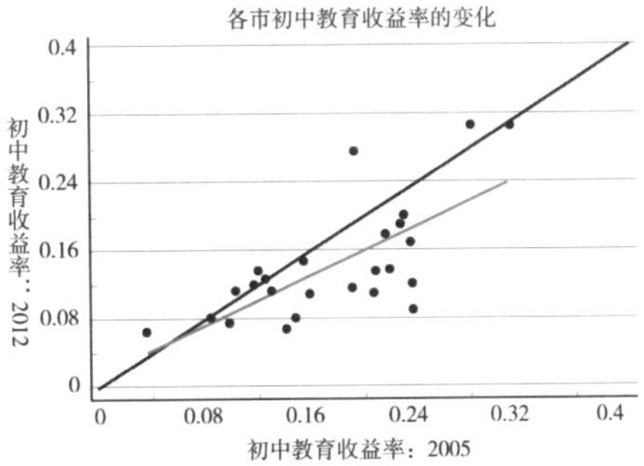

图4—2—2：初中

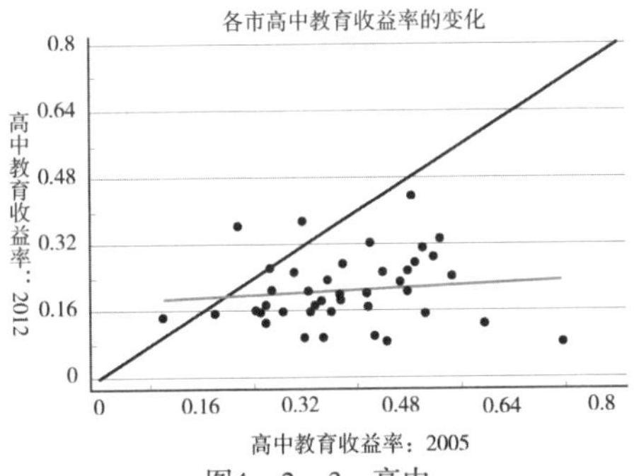

图4—2—3：高中

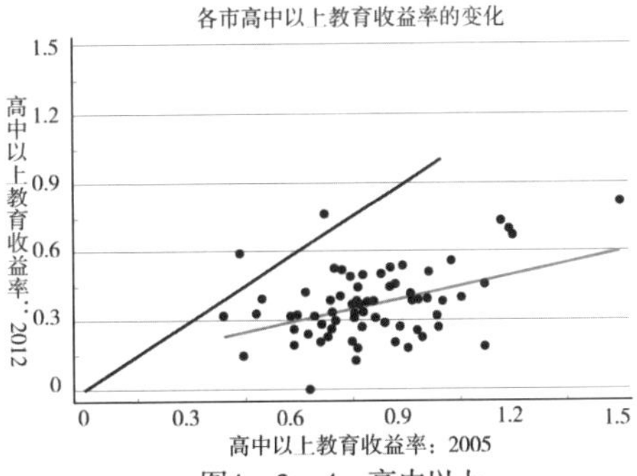

图4—2—4：高中以上

图 4—2 各城市教育收益率的变化特征

从图 4—2 中可以更明显地看到教育收益率的变化趋势，几乎所有地区的教育收益率都下降了。原来教育收益率较高的地区，现在仍然较高。只有高中教育收益率有明显的趋同倾向。

从上述图中可以看到，无论是在省份层面还是城市层面，教育收益率在所讨论的两个年份中都表现出了明显的下降倾向。为此，需要对表 4—7

和表4—8分别进行相应的解释。基本思路是，我们以两个年份之间教育收益率的变化为被解释变量。

按照数据描述部分给出的分析，解释变量包括三个方面的内容：一是教育供给，以各教育程度在全部流动人口中的比率变化来度量；二是低收入者的收入增长以及流动人口工资的普遍增长，前者采用两个年份收入分布中的低分位点（10％和25％）对应的收入增长率来度量，而后者则以当地流动人口的平均工资增长率来表示；三是社会保障制度的完善程度，由于2012年流动人口动态监测调查中只有医疗保险一项，所以以医疗保险的覆盖状况来做社会保障制度完善度的代理变量。

教育供给的变化主要是指受高等教育者在所有劳动者中所占比例的变化，一方面预期某个地区的流动人口中，高中以上者的比率增加，则教育供给增加，从而导致教育收益率的下降；另一方面，在全国教育收益率普遍下降的情况下，也可能出现相反的情况，即某个地区教育收益率下降得越少，则向该地区流入的高中以上者比率越多，从而高中以上者的比率增加得越多，从回归结果将可以看出哪种情况占主导地位。

刘易斯拐点来临的主要特征是非技术工人收入的更快增长。国内众多学者认为刘易斯拐点已经来临（蔡昉、高铁梅、卿涛等），或者即将来临（汪进、钟笑寒等），但基本都认为非技术工人已相对短缺，在流动人口内部，低收入者中往往包含更多的非技术工人，所以我们也以低收入者（10％和25％的收入分位点）的收入增长率做教育收益率变化的解释变量。

流动人口的平均工资增长率反映的是流动人口整体的收入增长情况，把流动人口的平均工资做解释变量，我们可以看到整体的收入增长情况与流动人口内部教育收益率之间的关系。

表4—7　省份教育收益率下降的解释

	教育年限收益率	初中收益率	高中收益率	高中以上收益率
劳动力中高中以上比率	0.2278***	0.5598	1.5320**	1.8892**
当地10％分位点工资增长率	0.0116	0.1040	0.1605	0.1556
当地25％分位点工资增长率	0.0094	−0.1023	0.1062	0.1027
平均工资增长率	−0.0367***	0.0947	−0.1046	−0.2276

续表

	教育年限收益率	初中收益率	高中收益率	高中以上收益率
医疗保险覆盖率	−0.1040***	−0.0226	−0.5199	−0.8834**
常数项	0.0679***	−0.1890	−0.3371	0.2109
调整 R^2	0.6138	0.1755	0.4916	0.4188
F 统计量	10.22	1.60	5.64	5.18
样本量	30	15	25	30

注：(1)***、**分别表示在1%、5%的水平上显著。(2) 由于西藏的样本量太少，筛选出95个城市后没有本自治区的记录。(3) 解释初中（高中）收益率的变化时，去除了分省求初中（高中）收益率不显著的省份。(4) 在算各省的各教育水平的人员比率时，直接按照人数计算比率，而未按权重计算。

从表4—7中可以看到，劳动力中高中以上比率、平均工资增长率、医疗保险对年教育收益率有显著的影响，其中，劳动力中高中以上比率与年教育收益率同方向变化，平均工资增长率、医疗保险与年教育收益率反方向变化。但对各教育等级的教育收益率影响不够显著。这可能是因为样本量比较少的缘故。为此，我们看城市层面的回归结果，并以此来解释教育收益率的下降。

表4—8 城市教育收益率下降的解释

	教育年限收益率	初中收益率	高中收益率	高中以上收益率
劳动力中高中以上比率	0.0643**	−0.8596	1.0849**	0.7750**
当地10%分位点工资增长率	0.0003	0.0092	0.0401**	0.0348**
当地25%分位点工资增长率	0.0172**	0.1688	0.0519	0.1373
平均收入增长率	−0.0339***	−0.1596	−0.1776	−0.2431**
医疗保险覆盖率	−0.0365**	−0.0238	−0.6218**	−0.5033**
常数项	0.0760***	−0.0745	0.6276***	0.5364***
调整 R^2	0.3524	0.2883	0.4934	0.3417
F 统计量	8.62	3.35	9.38	7.96
样本量	71	30	44	68

注：(1)***、**分别表示在1%、5%的水平上显著。(2) 解释教育年限收益率的变化时，去除了分城市求年教育收益率不显著和没通过F检验（Prob>F的值大于0.05）的城市。(3) 解释初中（高中、高中以上）收益率的变化时，去除了分城市求初中（高中、高中以上）收益率不显著和没通过F检验（Prob>F的值大于0.05）的城市。(4) 在算各城市的各教育水平的人员比率时，直接按照人数计算比率，而未按权重计算。

从表4—8中可以看到，城市层面的数据与省份层面的数据大体一致，但显著性提高了不少。具体解释如下：

首先，劳动力中高中以上教育者的比率，对年教育收益率的变化呈显著正相关关系，并且影响因子为正值，说明高等教育者所占比率上涨的地区教育受益率也会上涨。而2005年至2012年期间，教育收益率是严重下降的，这只能说明高等教育者所占比率上涨越多的地区教育收益率下降得越少，根据经济学中的供求定理，高等教育者供给的增加只会导致这个人群收入的降低，从而降低教育收益率。所以不是更多高等教育者的流入导致某个地区教育收益率下降得更少，而是某个地区教育收益率下降得较少，导致更多高等教育者流入该地区。尽管21世纪初高校大规模扩招使全国各地的教育收益率下降，但是由于劳动力需求的不同，教育收益率下降少的地方吸引了更多受教育程度更高的人。

其次，某地区的低等收入者的工资增长率与教育收益率的变化呈负相关关系。前面的收入统计数据显示，低收入者的收入增长比高收入者收入增长得更快，而低收入人群中包含更多的非技术工人，这反映了非技术工人供给的不足，即刘易斯拐点的来临。回归结果显示，非技术工人供给相对短缺越严重的地区，2005年与2012年教育收益率的差值越大，说明教育收益率下降得越厉害。刘易斯拐点的来临使流动人口内部教育收益率降低了。

再次，流动人口的平均工资增长率与教育收益率的变化呈正相关关系，即平均工资上涨越多的地区，教育收益率将上涨得越多。以往的研究发现，流动人口的教育收益率比城镇居民的低很多（刘泽云、邱牧远，2011；钱文荣、卢海阳，2012；姚先国、张海峰，2004）。本章的结果发现，流动人口整体的工资上涨将增大其内部的教育收益率，使得其与城镇居民相接近。

最后，社会保障覆盖率对教育收益率产生的是负影响，即社会保障覆盖率变高，则教育收益率下降。这很好理解，过去往往只有教育水平较高者才能享受到医疗保险，但是随着近年来医保的推广，教育程度较低者得到越来越多的保障。医保的增加不仅有利于减少医疗负担，而且反映出对非技术工人权益的日益保护，从而有利于缩小不同教育等级劳动者之间的收入差距，所以导致教育收益率的缩小。

第五章

高等教育对农民工就业与收入的影响

流动人口教育、就业、收入问题研究现状

农民工教育与就业收入问题分析和方法说明

流动人口中大学生与非大学生的收入和教育回报

差异的来源：相互隔离的劳动力市场

我国目前的流动人口规模巨大。根据国家计生委的统计，2011年年底达到2.29亿，其中，以经商、务工为主的流动人口1.56亿。国家统计局的统计结果显示，我国2012年农民工的总量达到了26261万人，其中，外出农民工为16336万人，相比2011年增加473万人，增长3.0%。外出农民工的规模达到了全国总人口的12%左右。外出务工的劳动力主要集中于实体产业部门，其中，主要分布于制造业、批发零售业、住宿餐饮业、社会服务业、建筑业等。由于外出的流动人口以农民工为主，这些群体的受教育程度比较低，2011年制造业的流动人口中仅有23.2%接受过高中/中专以上的教育。另外，他们面临的问题还包括平均周工作时间较长、平均月收入较低、签订合同比例较低等诸多问题。不过可喜的是，根据调查数据，新生代外出流动人口的教育水平有所提高，制造业中新生代流动人口的平均受教育年限和接受过高中/中专及以上教育的比例均高于平均水平。这从长远意义上对流动人口本身的收入和工作环境的改善具有积极意义。

第一节
流动人口教育、就业、收入问题研究现状

(一) 流动人口问题的来源和总体现状

中国流动人口的就业或行业分布特征与我国特有的政策背景有很大关系。中国长期实行重工业优先发展战略以及严格的户籍管理制度，人为地分离了城市和农村，使大量农村劳动力滞留在农村和农业生产上（高文书，2006）[①]。根据蔡昉（2001）[②] 估计，在20世纪50—70年代，中国农村蓄积了大约2亿的剩余劳动力。20世纪80年代以后，随着改革开放的深入，阻碍农村劳动力外流的体制性障碍逐渐减少或消除，农村劳动力开始大规模流动，尤其是向城镇流动。根据蔡昉（2003）[③] 对全国第五次人口普查数据的推算，2000年，中国大约有7600万农村劳动力进入城市打工，这些人几乎占据了城镇全部就业者的三分之一。到2005年，根据国家统计局、原劳动和社会保障部的调查推算，农村劳动力流动就业规模已经达到1.2亿人，其中，进城农村劳动力约为1亿人（刘军等，2005）[④]。2011年上半年，外出务工的农村劳动力规模达到了1.6亿人，但也出现了

---

① 高文书．进城农民工就业状况及收入影响因素分析——以北京、石家庄、沈阳、无锡和东莞为例［J］．中国农村经济（杂志），2006.01.

② 蔡昉．中国人口流动方式与途径［M］．社会科学文献出版社，2001.

③ 蔡昉，林毅夫．中国经济［M］．中国财政经济出版社，2003.

④ 刘军，陈兰．当前农民工流动就业数量、结构与特点［N］．中国劳动保障报，2005.07.

普遍的民工荒现象（蔡昉，2012）[①]。

流动人口问题变得越来越重要，也越来越复杂。由于改革开放以来对沿海制造业的重视，流动人口在各行业、各部门、各地区的分布很不均匀。再加上以户籍身份为基础的制度性歧视，农民工就业的工种、行业等受到政策的明文限制，他们大量从事本地人口不愿从事的、收入微薄的、脏险差的工作。即使有些农民工进入正规部门工作，但他们的就业身份仍然是非正规的（李强，2004）[②]。2003 年，中央政府开始重视农民工问题，并制定一系列有利于农民工的新政策。2006 年 3 月，国务院发布《关于解决农民工问题的若干意见》，明确提出解决农民工问题的原则和一系列政策，包括治理农民工的工资问题，改善和推进农民工的劳动管理、就业服务、社会保障等诸多内容，涉及城市公共服务、户籍改革、农村发展等重要方面。在这些政策的推动下，从农村到城镇的农民工的工资和社会保障权益获得了迅速提升。目前关于“流动人口”的研究，大多倾向于户籍歧视[③]、市场地位[④]、性别歧视[⑤]等方面。

（二）关于教育回报的研究

在近些年对收入差距的研究中，教育收益率一直都是学者们特别关注的问题。

赖德胜（1998）[⑥] 使用明瑟收入函数估算了我国居民的私人教育收益率，并且提出 20 世纪 90 年代以来，中国的私人教育收益率逐年提高，随

---

① 蔡昉．如何进一步转移农村剩余劳动力？[J]．中共中央党校学报，2012，V.16；No.7301：85—88.

② 李强．农民工与社会分层 [M]．北京：社会科学文献出版社，2004.

③ 王美艳、蔡昉，2008；陆益龙，2008；韦伟、傅勇，2004；张志勇，2005；田丰，2010；Solinger，1999；Alexander 和 Chan，2004；王小章，2009；蔡昉等，2001；蔡禾、王进，2007；邓曲恒，2009；等等。

④ 张展新、侯慧丽，2011；郭菲，2012；等等。

⑤ 钱文荣、姜励卿，2011；杨鹏、张广胜，2012；等等。

⑥ 赖德胜．教育、劳动力市场与收入分配 [J]．经济研究，1998.5.

着体制改革的深化特别是统一劳动力市场的建立和完善，私人教育收益率还将明显提高。同样使用明瑟收入函数，岳昌君（2004）① 通过研究发现近年来我国城镇职工的教育收益率有显著提高，并且随着受教育程度的提高，教育收益率也呈上升的趋势。王云多（2009）② 通过对 2005 年问卷调查数据的分析，参照墨菲和韦尔茨提出的人力资本收益率测量方法，对中国教育回报率的地区、行业和性别差异进行了统计性检验，并作出了解释。研究发现，行业差别是影响个人教育收益率的主要因素，垄断行业教育收益率最低，国家机关和事业单位教育收益率次之，竞争性行业教育收益率最高。就地区和性别因素而言，中西部地区教育收益率高于东部地区教育收益率，女性教育收益率高于男性教育收益率。

站在劳动力市场的角度看，李实、宋锦（2010）③ 通过研究证明劳动力市场对就业者教育的回报显著提高，成为收入不平等差距扩大的主要贡献因素。王海港、李实、刘京军（2007）④ 利用中国社会科学院经济研究所“中国城乡居民收入分配”课题组 1995 年和 2002 年的家庭抽样调查数据，使用分层线性模型重新估计了 1995 年、2002 年我国居民的教育收益率，证明我国城镇居民教育收益率的地区差异很大，差异主要来源于省内各城市之间，来源于省间的差别并不显著；此外计算了省内城市劳动力市场化程度对当地教育收益率的边际影响，发现劳动力市场的发育确实有利于提高教育收益率，而且劳动力市场化程度的差异在一定程度上为各地教

---

① 岳昌君．教育对个人收入差异的影响［J］．经济学（季刊），2004.10.

② 王云多．试析地区、行业和性别因素对人力资本收益率的影响［J］．人口与经济，2009.06.

③ 李实，宋锦．中国城镇就业收入差距的扩大及其原因［J］．经济学动态，2010.10.

④ 王海港，李实，刘京军．城镇居民教育收益率的地区差异及其解释［J］．经济研究，2007.08.

育收益率的差异提供了解释。李实、丁赛（2003）[①] 利用两套抽样调查数据对1990—1999年间我国城镇的个人教育收益率的动态变化进行了经验估计，从中发现个人教育收益率是逐年上升的，10年间上升了近3倍。同时发现教育对收入增长的影响作用在很大程度上是通过就业途径的选择来实现的，因为高学历有助于人们更容易就业于一些收入较高的部门、行业、地区和企业。估计结果还表明就整个城镇来说教育收益率并非是一致的，不同所有制单位之间存在着较为显著的差异，不同地区之间也有一定的差异。这在某种程度上反映了城镇劳动力市场的分隔性。

受限于普通最小二乘方法在估计教育收益方面的缺陷，罗楚亮（2007）[②]、邢春冰（2008）[③] 等学者基于分位数回归方法估计了中国的教育收益率，并对各种方法的估计效果进行了比较和评价。

汪三贵（2006）[④]、郭琦（2010）[⑤]、陈斌开（2009）[⑥]、张车伟（2006）[⑦]、白雪梅（2004）[⑧]、杨俊（2008）[⑨] 等研究了教育与收入分配之间的关系。基于教育对收入差异影响的传导机制，张车伟（2006）的研究发现，教育在中

---

① 李实，丁赛．中国城镇教育收益率的长期变动趋势［J］．中国社会科学，2003.06.

② 罗楚亮．城镇居民教育收益率及其分布特征［J］．经济研究，2007.06.

③ 邢春冰．分位回归、教育收益率与收入差距［J］．统计研究，2008.05.

④ 汪三贵．教育对中国农村地区收入差距的影响分析［J］．农业技术经济，2006.02.

⑤ 郭琦．城乡居民教育投资差异对城乡收入差距影响的实证分析［N］．重庆文理学院学报，2011.10.

⑥ 陈斌开，杨依山，许伟．中国城镇居民劳动收入差距演变及其原因［J］．经济研究，2009.12.

⑦ 张车伟．教育收益率变化与收入差距："马太效应"及其政策含义［J］．经济研究，2006.12.

⑧ 白雪梅．教育与收入不平等：中国的经验研究［J］．管理世界（月刊），2004.06.

⑨ 杨俊，黄潇，李晓羽．教育不平等与收入分配差距：中国的实证分析［J］．管理世界（月刊），2008.01.

国具有边际效益递增的特点，提高受教育水平不仅有助于个人收入的提高，并且有助于缩小收入差距。白雪梅（2004）通过对教育不平等与收入不平等的关系的研究，证明了在中国，教育与收入不平等之间存在着稳定的关系，并且平均受教育年限与收入不平等程度之间存在着倒“U”形关系，因此，中国教育不平等程度与收入不平等程度呈正相关关系。而杨俊（2008）基于内生增长理论研究发现，收入差异导致教育不平等，但教育不平等的改进却没能促进收入分配差异的改善，教育通过教育传导机制与收入分配之间发生关系，但不能自发形成教育平等—收入平等的良性循环，同时目前的教育投入水平、城市化进程并没有有效改进教育不平等。

（三）农民工收入和就业现状

许多学者对农民工的收入和就业问题进行了探讨。从农民工收入角度来看，谢桂华（2007）① 探讨导致农民工和城市工人之间收入差异的机制，检验了城市劳动力市场政策和农民工个人特征是如何影响到他们在城市劳动力市场上的融合的。研究发现，城市工人和农民工之间的收入差异主要来源于福利性收入，或者说，影响在职农民工在经济地位上融入城市生活的主要因素是基于工人户籍身份的城市社会保障制度。吴克明、王平杰（2010）② 研究发现近年来大学毕业生的工资逐渐降低，而农民工工资逐渐上升，二者呈现趋同现象。从劳动力供求和人力资本的角度进行了对比分析，他们认为产生这一现象的原因：一是大学毕业生供给增长大于需求增长，而农民工需求增长大于供给增长；二是大学毕业生与农民工的人力资本水平的差距缩小。万向东、孙中伟（2011）③ 通过对珠三角地区的部分相关数据和访问资料的初步分析，发现农民工工资剪刀差主要体现为四个

---

① 谢桂华．农民工与城市劳动力市场［J］．社会学研究，2007.05.

② 吴克明，王平杰．大学毕业生与农民工工资趋同的经济学分析［J］．中国人口科学，2010.03.

③ 万向东，孙中伟．农民工工资剪刀差及其影响因素的初步探索［J］．中山大学学报（社会科学版），2011.03.

方面：一是企业内部一线普工与管理、技术层的绝对工资存在巨大差距；二是农民工工资增长速度和绝对数大大低于城镇在岗职工；三是农民工工资的增长速度低于城镇居民月均消费支出并且绝对差距较大；四是农民工工资增长速度略低于最低工资标准的增长速度。

关于农民工在城市的就业问题。韩俊、崔传义、金三林（2009）[①] 的研究结果显示，新阶段农民工流动和就业具有以下一些新的特点：总体上农村劳动力仍然过剩，结构性供求矛盾开始突出；外出务工仍然是农民工就业的主要途径，流动的稳定性有所增强；农民工群体不断分层分化，不同群体的利益诉求有较大差异；制造业和建筑业仍然是农民工的主要就业领域，第三产业就业比重不断提高，农民工流向区域仍相对集中，就近就地转移加快，农民工回乡创业步伐开始加快，新型双向流动正在形成。刘玉萍、郭郡郡、李馨鸾（2011）[②] 在研究中发现，中国城市具有二元劳动力市场结构，农民工市场属于第二劳动力市场。农民工市场的均衡模型表明，供需弹性的相对大小会影响农民工市场的自动调节，进而引起农民工市场的均衡与波动。修订后的《劳动法》增加了企业的用工成本，但尚无法确定其是否会改变供需弹性的相对大小，因而也无法确定是否会引起农民工市场的波动。短期内，政府可以通过影响供需弹性的相对大小来降低城镇流动人口市场的波动，长期而言，只有采取有力措施变城市二元劳动力市场为一元劳动力市场，才能从根本上解决我国农民工市场的波动问题。

总体来说，目前农村劳动力在城镇地区的就业与本地劳动力之间存在一定的隔离，这种隔离引起了工资差异、就业环境差异和诸多社会福利的差异。整体上看，大学毕业生的就业与一般农民工之间也存在一些隔离，且有学者发现二者在收入方面的差异正在逐渐趋同。然而，正如普通城镇

---

① 韩俊，崔传义，金三林．现阶段我国农民工流动和就业的主要特点［J］．发展研究，2009.04.

② 刘玉萍，郭郡郡，李馨鸾．农村劳动力转移与中国城市农民工市场的波动——兼论新《劳动法》对农民工市场的影响［J］．当代经济管理，2011.12.

劳动力有必要区分为本地劳动力和流入劳动力一样，本地户籍的大学生与流入的大学生之间也不应等同看待。本地户籍大学毕业生往往会受到家庭、社会、网络的影响，有更多机会获取更好的工作条件和回报。而非本地的大学毕业生一般没有足够的社会网络支撑自己获得更好的工作机会，基本上必须靠自己的努力寻找工作，尤其对很多来自农村地区的大学生更是如此。这种在城镇劳动力市场上没有足够社会网络的特征与普通意义上的农民工实际上是类似的。比较和分析这两个群体之间的收入和就业特征，将更可能发现教育对改善流动人口就业环境的积极作用。当前城镇地区外来务工劳动力问题最大的挑战是“社会融合”问题，即让外来务工人员顺利融入城镇生活，其中，最主要的“融合”就是劳动力市场的融合。如果教育的确可以改善流动人口的就业回报，那么的确有必要从教育入手改善城镇内部的二元劳动力市场问题。这是一个长期的过程，也是一个根本的解决途径。现有文献较少关注流动人口中大学毕业生与其他普通农民工之间的差异，这实际上忽略了教育对流动人口就业的直接影响。

第二节 农民工教育与就业收入问题分析和方法说明

（一）问题分析

本章的基本观点是：(1) 高等教育在农民工的就业和获取回报的过程中具有非常重要的作用。也就是说，具备较高教育水平的人将获得更高的收入回报。(2)“是否接受过高等教育”这一事实将农民工划分为大学生[1]

---

① 本章的“大学生”含已经获得大专、大学本科及以上学历的人员。

（及以上）和非大学生两个群体，这两个群体虽然都处于外出就业状态，但二者在城镇所处的劳动力市场并不相同，他们之间的劳动力市场存在一定程度的分隔。（3）一部分接受过高等教育的流动人口是从农民工中逐渐分隔出来的，他们虽然在劳动力市场上与一般的流动人口存在一些差异，但由于社会关系原因，他们仍然会与一般的农村人口保持联系。

图5—1展示了农村劳动力的大体去向，其中，特别区分了接受过高等教育的劳动力与没有接受过高等教育的劳动力。农村地区获得过高等教育的人将可能有四类去处：（1）进入城镇工作，并获得城镇户籍；（2）进入城镇工作，但未获得城镇户籍；（3）回到农村工作，但获得了城镇户籍；（4）回到农村工作，仍然未获得城镇户籍。其中一个重要方面是农村大学生的户籍问题。根据1958年1月9日颁布施行的《中华人民共和国户口登记条例》[①]，被城市学校录取的农村学生，凭学校的录取通知书办理户口迁出手续，凭户口迁移证和学校的录取通知书在学校登记为城镇集体户口。大学生毕业以后，其户籍原则上会随档案进入工作单位，并获得正式的城镇户口。但随着1999年以来的大学生扩招，大学毕业生的数量增幅巨大，就业压力也随之增加。2003年公安部发布《公安部推出三十项便民利民措施》[②]，其中，在关于户籍制度的七项措施中规定，“考取普通高等学校、普通中等专业学校的学生，入学时可以自愿选择是否办理户口迁移手续”。所以，一部分农业户口的大学生可能没有迁出自己的户口。一方面，由于城镇本身的人口压力等原因，毕业生所在工作单位或就业所在地公安机关不一定能够接受他们的户籍。此时部分迁出户口的大学生将不得不将户籍迁回农村地区，成为农村地区的城镇户口或转回农业户口（即“非转农”）。另一方面，还有一些大学生可能不能顺利地在城镇地区找到正式工作，其档案和户口都可能被迁回原籍。当这些没有顺利得到城镇户籍的大学生仍然待在城镇

---

① 《中华人民共和国户口登记条例》。载 http：//www.npc.gov.cn/wxzl/wxzl/2008—12/15/content_1462091.html.

② 公安部．公安部推出三十项便民利民措施．载 http：//www.mps.gov.cn/n16/n1237/n1342/118330.html，2003—8—7.

地区工作或寻找工作的时候，就成为了农村户籍的大学生流动人口。

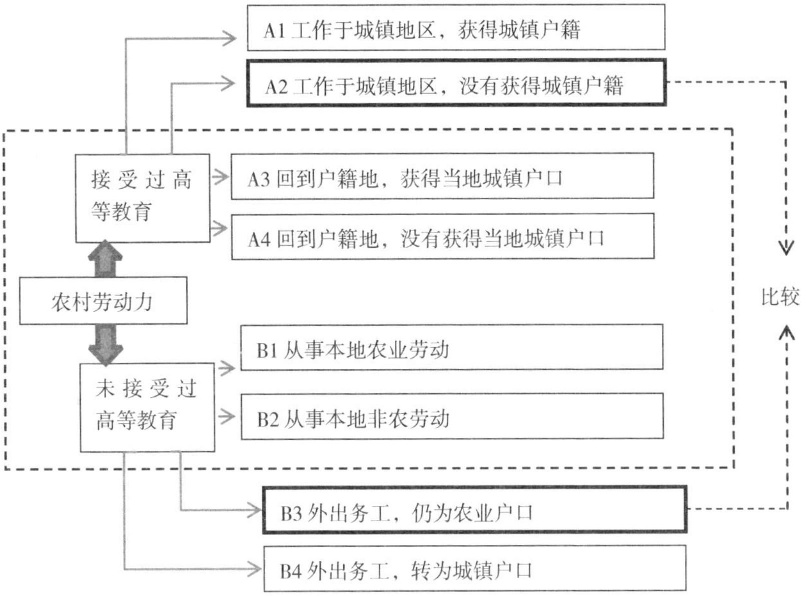

图 5－1　农村劳动力去向简图

而农村地区没有接受过高等教育的劳动力，即使进入城镇地区也很难直接获得城镇户籍。因此，他们原则上也有四类去处：（1）从事本地农业劳动；（2）从事本地非农业劳动；（3）外出务工，并仍为农业户口；（4）外出务工，但获取了城镇户口。在外务工的农民工，如果能够获取城镇户口，那么他们基本上有机会进入城镇的正规劳动力市场。目前学者关注较多的，也是问题较多的群体就是那些正在城镇地区工作，但仍然是农业户口的外来劳动力。

高等教育给劳动力带来的收益包含两个主要部分：一是由于技能水平直接带来的收益；二是由于法律和维权意识较高，可以充分地争取自己的权益，进而获得间接的额外收益。由于没有接受过高等教育的技术水平限制，农村外来劳动力很难在城镇正规劳动力市场中竞争，往往被挤入非正规的劳动场所，或者进入一些针对低技术人员的工厂。在非正规的劳动力市场中，劳动法规的执行往往是不完善、不彻底的。又由于这部分劳动力本身受教育程度较低，对法律法规的理解可能较浅，用法律保护自己的意识相对较弱，可能更容易遭受不平等的对待。国家统计局发布的农民工监测报告显示，外出受雇农民工与雇主或单位签订劳动合同的只占43.9%，这几年几乎没有多大改善。但我们注意到，这几年农民工问题得到广泛关注，他们所面临的诸多负面问题都得到了一些改善，如拖欠工资问题已由2008年的4.1%降至2012年的0.5%。但这很大程度上是在外界推动下改变的，而农民工自身法律和维权意识仍然有待提高。外界所能观察到的问题肯定是有限的，农民工自身所面对的问题更多、更复杂。由于自身意识的缺陷，农民工在劳动力市场中容易处于劣势，进而很难得到较好的回报。在这种情况下，接受过高等教育的外出务工人员保护自己的意识可能更强一些，更容易去争取自己的权益。

教育可以给外出流动人口带来收益，同时也在接受过高等教育的人群与没有接受过高等教育的人群之间形成一定程度的隔离，即二者所处的劳动力市场实际上是分隔的。这种分隔与城镇正规劳动力市场与非正规劳动力市场的分隔类似，但略微不同。不同点在于：对象都是“流动人口”，他们都没有太多本地的社会网络，也较少有本地的房屋等资产。他们的分隔体现在诸多方面，如寻找工作的途径不同、工作中能够获得的待遇不同、工作中所付出的劳动力不同、工作以后的生活条件不同、工作以后与周围人群的关系不同，等等。亚当·斯密在《国富论》[①] 中就论述了劳动力市场分隔的一些基本问题，他发现即使工人具有相同的技能水平，其所获得的收入水平可能仍然是有差异的，这种差异可能来源于不同劳动力市场之间法律法规等因素的差异。这是劳动力市场分隔的现象，其本质是不同劳动力市场之间存在流动屏障，一个劳动力市场的劳动力不能或很难进入另一个劳动力市场。作为验证的方法，一般是通过他们所获得的工作待

① 源自 Smith，A.（1910）. The Wealth of Nations［M］. London：Routledge. 转引自 Leontaridi M. Segmented labour markets：theory and evidence［J］. Journal of economic surveys，1998，12（1）：103－109.

遇、工作环境以及与此相关的一些现象来检验其是否存在分割。

相比于城镇本地人口与流动人口的分隔，流动人口中受过高等教育的人与没有受过高等教育的人之间的分隔更容易被打破。同时，流动人口中受过高等教育的人更容易进入城镇本地的劳动力市场。那么，教育就体现出它在城镇地区外来人口融合方面的作用了。教育的作用不仅仅是带来直接的收益，从总体上来说，它是解决城镇地区外来人口与本地人口之间顺利融合的根本途径之一。

在计算大学生与非大学生的教育收益率中，我们将面临一个问题：没有直接数据表明这些已经获得高等教育的人，如果没有接受过高等教育，他们将会得到怎样的收入。本章采用现有样本中最高学历为"高中毕业"的人群收入水平作为"假如这些大学生没有上大学所能获得的收入水平"。所以在样本分组的时候，大学生组的样本不仅包括"大专""大学本科"及"研究生以上"的流动人口，也包括受教育水平为"高中毕业"的流动人口。

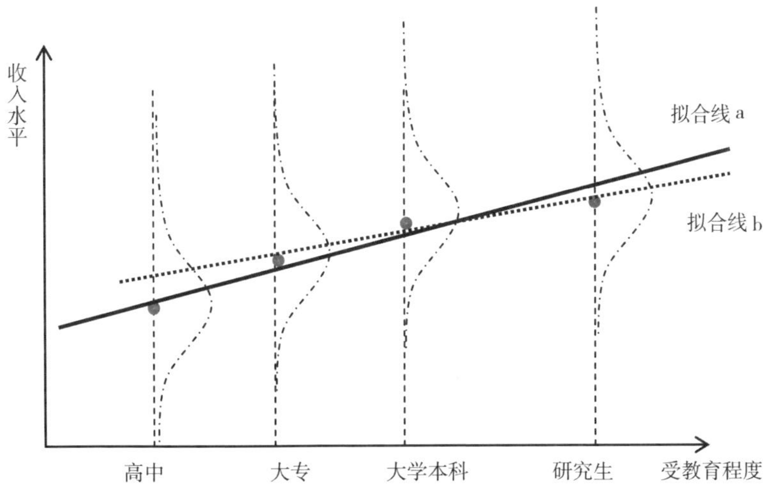

图 5－2 大学生的教育收益率估计问题分析图示

图 5－2 进一步说明了采取此种方式的合理性。假定随着受教育水平的增加，受教育年限对平均收入水平的边际影响是略微递减的。如果受教育年限对平均收入水平的影响是递增的，也可以得到下面类似的结论。在

这里，不纳入高中毕业的样本估计得到的教育收益率只是“对于已经获得高等教育的人，多接触一年高等教育所增加的平均收入”，会得到途中拟合线 b。如果纳入高中毕业，那么得到的教育收益率是“获得高等教育的人群相对于不参与高等教育的人群，每增加一年受教育年限所增加的平均收入”，会得到拟合线 a。此时拟合线 b 显然会低估高等教育带来的收益。

当然，采用最后学历为“高中”的流动人口的平均收入作为反事实的收入水平，也可能会产生误差。罗楚亮（2007）等对这个问题也进行过细致的描述。主要是因为大学生与非大学生之间可能存在能力差异，大学生群体即使不上大学，其可以获得的收入可能仍然比非大学生高①。

（二）收入差距的分解

在了解流动人口收入不平等来源的分析中，本章采用泰尔指数分别分解来自行业、地区、性别、受教育程度、婚姻状况、流动范围等因素的收入差异，比较各个指标对整体收入差异的影响，以判断行业等所引起的收入差异是否重要。

（三）劳动力市场分隔的判别方法

关于劳动力市场是否存在分隔的确定方法，有许多学者作了探索。Flatau 和 Lewis（1993）② 尝试利用不同劳动力群体的一些工作特征（job characteristics）对主要劳动力市场和次要劳动力市场进行区分。他们所使用的特征包括：工资水平、工作福利、职业培训机会和工作安全性等。而 Rosenberg（1980）③ 使用了另外四个特征：工作培训、受教育水平、工作

---

① 也不排除另一种情况，能上大学的人可能只是考试能力或技术能力强，在低技术就业市场上的竞争力可能反而不如非大学生群体。

② Flatau P R，Lewis P E T. Segmented labour markets in Australia［J］. Applied Economics，1993，25（3）：285－294.

③ Rosenberg S. Male occupational standing and the dual labor market［J］. Industrial Relations：A Journal of Economy and Society，1980，19（1）：34－49.

性质和工资水平等。Edwards，Reich 和 Gordon（1975）在分析产业之间劳动力市场分隔原因中使用了一些与产业有关的特征，如组织结构、生产需求性质、工会力量等。Osterman（1974）[①] 利用 1967 年美国经济机会调查数据（US Survey of Economic Opportunity）将劳动力分为两个部门——主要部门和次要部门，他所采用的标准是 Robert Blauner（1967）提出的四个维度：（1）从生产资料到最终产品过程中所有权的分离程度；（2）对一般管理政策的影响能力；（3）就业条件的控制能力；（4）对当前工作过程的控制能力等。另外，还有很多学者采用计量模型或统计模型的方法来确定是否存在劳动力市场分隔。例如，Osberg 等（1987）[②] 先验地设置两个分开的市场，然后用人力资本模型验证这两个市场之间是否存在分隔。不过，这种方法可能存在选择性偏差等问题，其结果不一定准确。对此，Dickens 和 Lang（1985）[③] 的一系列文章使用了转换回归（Switching Regression）的方法，利用工资分布的规律估计了不能观测的部门的工资方程。另外，Oster（1979）[④] 不先验地确定分隔的市场，而是直接利用因子分析方法将市场划分开。类似地，Flatau 和 Lewis（1993）采用聚类方法将澳大利亚的劳动力市场分为了三类。本章借鉴他们的思路，选取了一些反映流动人口就业的特征，以及与就业有关的一些生活状态或居住特征，试图以此来判断大学生与非大学生群体之间是否有分隔。理论上这些特征的差异都是由于存在分隔而造成的结果，其判别思路与其他学者是一致的。

---

① Osterman P. Empirical Study of Labor Market Segmentation, An [J]. Indus. 和 Lab. Rel. Rev., 1974, 28: 508.

② Osberg L, Apostle R, Clairmont D. Segmented labour markets and the estimation of wage functions [J]. Applied Economics, 1987, 19 (12): 1603－1624.

③ Dickens W T, Lang K. A Test of Dual Labor Market Theory [J]. The American Economic Review, 1985, 75 (4): 792－805.

④ Oster G. A factor analytic test of the theory of the dual economy [J]. The Review of Economics and Statistics, 1979, 61 (1): 33－39.

第三节
流动人口中大学生与非大学生的收入和教育回报

(一) 流动人口中受教育程度差异带来的收入差别

本章数据主要来源于2012年计生委关于流动人口的调查数据。作为比较，本章还使用了2005年1%全国抽样调查数据的20%子样本。表5－1反映了不同行业农民工的受教育程度分布。

表5－1 不同行业农民工的受教育程度（2012年）

行业		未上过学	小学	初中	高中	中专	大学专科	大学本科	研究生	合计	占总样本人数比例
人数	制造业	287	2583	10340	2263	1369	687	178	6	17713	34.24
	采掘	14	178	580	107	51	21	5	0	956	1.85
	农林牧渔	55	292	390	47	7	15	7	0	813	1.57
	建筑业	110	1229	3598	619	178	179	39	0	5952	11.50
	电煤水生产供应	7	59	192	86	32	33	12	0	421	0.81
	批发零售	41	350	2211	913	370	311	63	0	4259	8.23
	住宿餐饮	98	669	4025	1234	460	232	36	2	6756	13.06
	社会服务	83	625	3277	1161	408	306	57	2	5919	11.44
	金融保险房地产	3	31	198	177	104	175	64	0	752	1.45
	交通运输仓储通信	18	232	1485	458	140	129	29	1	2492	4.82
	卫生体育和社会福利	8	106	163	58	88	119	28	2	572	1.11
	教育文化及广播电影电视	3	28	139	84	79	139	64	3	539	1.04
	科研和技术服务	2	15	196	136	65	132	70	3	619	1.20
	党政机关和社会团体	2	9	60	33	14	26	28	1	173	0.33
	其他	75	589	2065	599	239	179	55	1	3802	7.35

续表

行业		未上过学	小学	初中	高中	中专	大学专科	大学本科	研究生	合计	占总样本人数比例
比例（占该行业人数比例）	制造业	1.62	14.58	58.38	12.78	7.73	3.88	1.00	0.03	100	
	采掘	1.46	18.62	60.67	11.19	5.33	2.20	0.52	0.00	100	
	农林牧渔	6.77	35.92	47.97	5.78	0.86	1.85	0.86	0.00	100	
	建筑业	1.85	20.65	60.45	10.40	2.99	3.01	0.66	0.00	100	
	电煤水生产供应	1.66	14.01	45.61	20.43	7.60	7.84	2.85	0.00	100	
	批发零售	0.96	8.22	51.91	21.44	8.69	7.30	1.48	0.00	100	
	住宿餐饮	1.45	9.90	59.58	18.27	6.81	3.43	0.53	0.03	100	
	社会服务	1.40	10.56	55.36	19.61	6.89	5.17	0.96	0.03	100	
	金融保险房地产	0.40	4.12	26.33	23.54	13.83	23.27	8.51	0.00	100	
	交通运输仓储通信	0.72	9.31	59.59	18.38	5.62	5.18	1.16	0.04	100	
	卫生体育和社会福利	1.40	18.53	28.50	10.14	15.38	20.80	4.90	0.35	100	
	教育文化及广播电影电视	0.56	5.19	25.79	15.58	14.66	25.79	11.87	0.56	100	
	科研和技术服务	0.32	2.42	31.66	21.97	10.50	21.32	11.31	0.48	100	
	党政机关和社会团体	1.16	5.20	34.68	19.08	8.09	15.03	16.18	0.58	100	
	其他	1.97	15.49	54.31	15.75	6.29	4.71	1.45	0.03	100	

从表 5－1 中可以看出，大多数农民工分布于制造业（34.2％）、住宿餐饮（13.1％）、建筑业（11.5％）、社会服务（11.4％）等行业。但是这些行业中接受过高等教育的人数比例都不高，反而是农民工总体分布较低的卫生体育社会福利、教育文化广播电影电视、科研技术服务等行业存在较多比例的大学生。这从侧面反映了大学生与非大学生之间可能存在一定的分隔。

与其他因素相比，教育对农民工收入的影响是否很重要呢？表 5－2 总结了根据泰尔指数计算得到的按各因素分解的收入差距。可见，在 2005 年至 2012 年，在收入差距中的相对份额还是很大的。在 2005 年，受教育程度能解释的组间差距是 11％，是所有其他参考因素中最高的。2012 年，受教育程度对收入差距的解释有所下降，但仍然相对比较高。

表 5－2　农民工收入的泰尔指数分解

		泰尔指数	组内差距	组间差距	组内比例	组间比例
2012 年	行业	0.0943	0.0879	0.0064	93.253	6.747
	地区	0.0943	0.0929	0.0014	98.519	1.481
	性别	0.0943	0.0870	0.0073	92.248	7.752
	受教育程度	0.0943	0.0889	0.0054	94.284	5.716
	婚姻状况①	0.0937	0.0926	0.0011	98.816	1.184
	流动范围	0.0943	0.0934	0.0009	98.998	1.002
2005 年	行业	0.1098	0.1053	0.0045	95.937	4.063
	地区	0.1098	0.1074	0.0024	97.851	2.149
	性别	0.1098	0.1043	0.0054	95.060	4.940
	受教育程度	0.1098	0.0985	0.0113	89.733	10.267
	婚姻状况	0.1082	0.1075	0.0007	99.343	0.657

注：①婚姻状态只考虑了“未婚”和“初婚”。

根据两个年份数据可以绘制出 2005 年和 2012 年受教育年限与收入之间的关系（图 5—3，图 5—4）。整体上两个年份的收入都是随着受教育水平的增加而上升，不过，2005 年上升的趋势更加明显一些。第一个明显的特征是，2005 年与 2012 年的结构相比，受教育程度较低的收入增长幅度高于受教育程度较高的人。在两个图中的反映为，从 2005 年到 2012 年，左侧有一定幅度上升，右侧上升不大。第二个比较明显的特征是，高等教育相对于基础教育而言，对平均收入水平的边际影响更加明显。体现在教育收益率的估计结果上，高等教育的年平均教育收益率可能更高。

（二）大学生与非大学生受教育收益率的估算结果

根据明瑟方程估计得到 2005 年和 2012 年的教育收益率，如表 5—3 和表 5—4 所示。2005 年和 2012 年全样本的教育收益率分别是 7%和 6%，7 年来略有下降。不同行业内部，接受过高等教育的收益率均高于没有接受过高等教育的收益率。

从行业内部看，大多数行业内大学生（大专以上）的教育收益率均高于非大学生的教育收益率，也就是说，对于大多数行业而言，接受大专以上的

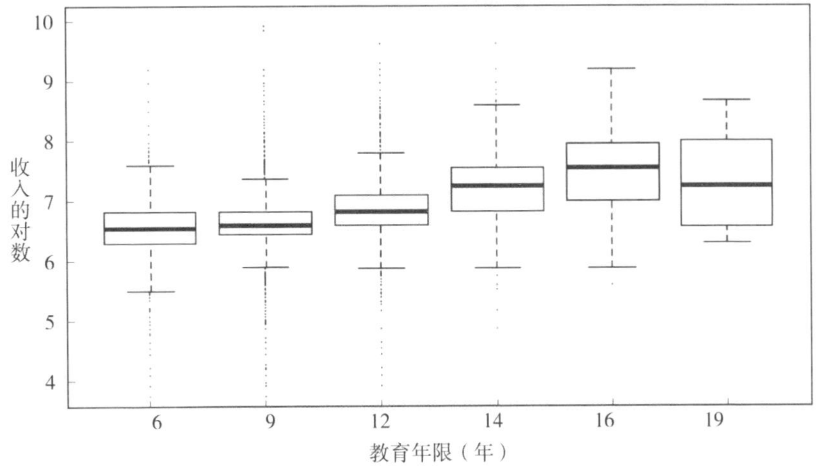

图 5－3　2005 年收入（对数）与受教育年限

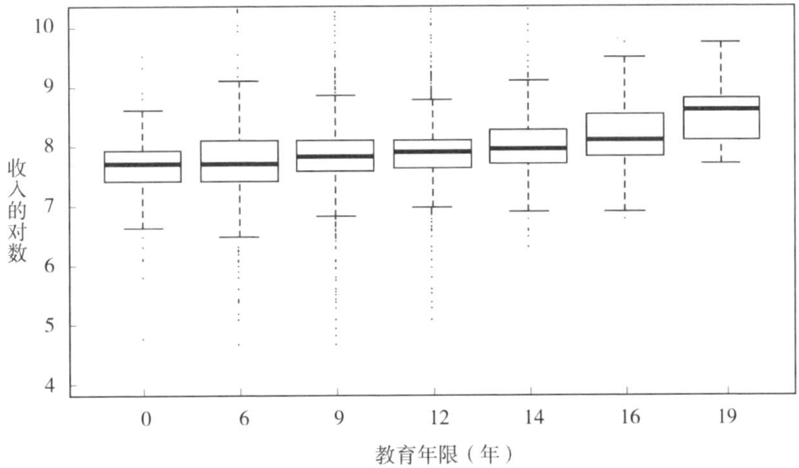

图 5－4　2012 年收入（对数）与受教育年限

高等教育对促进流动人口获得更高的收入确实有很明显的积极意义。2005 年全部样本中，大学生的教育收益率是 12.6%，而非大学生的教育收益率是 7%，绝对差距达到 5.6 个百分点，接受高等教育的收益率比不接受高等教育收益率高出 80%。2005 年大学生的教育收益率与非大学生的教育收益率绝对差距最大的几个行业是教育文化广播电影电视、制造业、金融保险房地产、农林牧渔业、交通运输仓储通信等，这些行业中大学生与非大学生的教育收益率的绝对差距都很大。数值上的绝对差异最明显的是金融保险房地产业，大专以上的教育收益率是25.7%，而大专以下的回报率是6.7%，二者相差19个百分点，前者比后者高出286%。从相对差异看，差异最大的是教育文化广播电影电视业，大学生比非大学生高出559%。系数的绝对值和显著性都较低。相对而言，在2005年高等教育作用最小的是社会服务业，大学生和非大学生的回报率分别为5.2%和4%。其中，对大学生的系数是不显著的。

表5－3　2005年各行业大学生与非大学生教育收益率

	全样本		大专以上		非大专以上		回报	
	系数	标准差	系数	标准差	系数	标准差	率之差	相对差异
党政机关和社会团体	0.128	0.009	0.183	0.021	0.096	0.012	0.087	90.46
金融保险房地产	0.108	0.011	0.257	0.043	0.067	0.013	0.190	286.04
批发零售	0.103	0.007	0.169	0.022	0.084	0.008	0.085	100.75
科研和技术服务	0.101	0.007	0.147	0.027	0.079	0.009	0.068	86.46
住宿餐饮	0.090	0.003	0.158	0.012	0.079	0.003	0.079	99.27
教育文化及广播电影电视	0.088	0.010	0.197	0.025	0.030	0.014	0.167	559.57
全国	0.073	0.003	0.126	0.025	0.070	0.004	0.056	80.17
卫生体育和社会福利	0.072	0.008	0.129	0.027	0.061	0.010	0.069	112.95
采掘	0.071	0.001	0.172	0.004	0.060	0.001	0.112	185.02
农林牧渔	0.064	0.001	0.178	0.006	0.056	0.001	0.123	220.63
其他	0.061	0.006	0.172	0.027	0.051	0.006	0.121	236.21
交通运输仓储通信	0.059	0.003	0.160	0.023	0.051	0.003	0.109	212.99
电煤水生产供应	0.058	0.005	0.135	0.032	0.053	0.005	0.082	153.92
建筑业	0.043	0.008	0.111	0.094	0.042	0.008	0.069	164.08
制造业	0.041	0.009	0.128	0.054	0.032	0.010	0.096	304.35
社会服务	0.041	0.008	0.052	0.080	0.040	0.008	0.012	29.22

数据来源：根据2005年国家统计局1%人口抽样数据的20%再抽样数据，选取其中符合要求的样本计算得到。

2012年各行业内部大学生与非大学生之间教育回报率的差异仍然很大，具体格局与2005年大体相似。从数值上看，绝对差异有所缩小。但这也可能是由于两个样本的抽样框和调查方式不同而引起的。所以，本章着重比较两个年份的结构差异，而非数值上的绝对差异。从结构上看，2012年有8个行业的绝对差值超过了5%。大学生与非大学生之间教育收益率差异最大的行业是交通运输仓储通信、教育文化广播电影电视、卫生体育社会福利、党政机关社会团体、金融保险房地产业等，这些行业内大学生的教育收益率都比非大学生高出很多。其中，交通运输仓储通信差异比较大的原因是，该行业内非大学生的教育回报几乎为0（系数不显著）；而大学生的教育收益率高达12%。其他行业虽然差异没有这么明显，但都有类似的特征，即大学生的教育收益率基本上远高于非大学生的教育收益率。比较意外的是制造业和住宿餐饮业。制造业大学生与非大学生的教育回报基本上是差不多的，都是2.8%左右。住宿餐饮业大学生的教育回报反而较低。这可能与这些行业本身的工作特征有关系。

表5-4　2012年各行业大学生与非大学生教育收益率

	全样本		大专以上		非大专以上		回报	
	系数	标准差	系数	标准差	系数	标准差	率之差	相对差异
金融保险房地产	0.073	0.009	0.105	0.016	0.038	0.013	0.068	180.44
卫生体育和社会福利	0.072	0.009	0.118	0.020	0.048	0.011	0.070	146.76
科研和技术服务	0.072	0.016	0.119	0.038	0.061	0.022	0.058	95.88
教育文化及广播电影电视	0.069	0.009	0.118	0.015	0.024	0.014	0.094	399.36
全国	0.061	0.008	0.065	0.014	0.054	0.012	0.011	19.51
社会服务	0.042	0.003	0.079	0.009	0.033	0.004	0.046	137.10
党政机关和社会团体	0.039	0.003	0.095	0.012	0.026	0.004	0.069	269.39
批发零售	0.036	0.003	0.063	0.010	0.030	0.003	0.034	113.66
农林牧渔	0.035	0.001	0.083	0.003	0.025	0.001	0.058	235.78
电煤水生产供应	0.033	0.002	0.064	0.010	0.028	0.002	0.036	126.14
制造业	0.029	0.009	0.028	0.027	0.028	0.011	0.000	−0.52
建筑业	0.029	0.003	0.087	0.014	0.021	0.003	0.065	305.50
采掘	0.028	0.001	0.067	0.005	0.021	0.001	0.045	212.44
其他	0.023	0.004	0.053	0.014	0.015	0.005	0.037	241.41

续表

	全样本		大专以上		非大专以上		回报	
	系数	标准差	系数	标准差	系数	标准差	率之差	相对差异
住宿餐饮	−0.003	0.007	−0.044	0.039	0.001	0.007	−0.045	−7887.97
交通运输仓储通信	−0.003	0.008	0.121	0.050	−0.010	0.008	0.131	−1313.07

数据来源：根据 2012 年国家计生委流动人口调查数据，选取其中符合要求的样本计算得到。

从行业之间比较来看，不同行业教育收益率数值上的差异体现了在这些行业中教育的重要性；而大学生教育收益率与非大学生教育收益率之间的差别主要体现的是“高等教育”对收入的影响在各行业之间的差异。从全样本的教育收益率看，2005 年高等教育对收入的影响最明显的行业是党政机关社会团体、金融保险房地产、批发零售、科研和技术服务、住宿餐饮等行业，这些行业内全样本的教育收益率较高，而制造业、社会服务业等的教育收益率相对较低。2012 年的格局大体类似，全样本教育收益率最高的五个行业分别是金融保险房地产、卫生体育和社会福利、科研和技术服务、教育文化广播电影电视、社会服务等。以技术密集型为主的行业的教育收益率仍然相对较高，以劳动密集型为主的行业教育回报率变化较大。这可能是因为劳动密集型为主的行业更容易受外界经济环境的影响。

2008 年发生的金融危机对以沿海地区就业为主的农民工造成了一定的冲击。随后，国家为应对金融危机并促进内需，先是宣布 4 万亿救市计划，又相继颁布了各重点产业振兴规划。“十大产业调整计划”的对象包括：汽车、钢铁、纺织、装备制造、船舶工业、电子信息、轻工、石化、有色金属产业和物流业。其中很多产业都涉及制造业、采掘等行业，进而有力促进了这些行业的发展。其中一个直接作用是普遍提高了这些行业员工的待遇，即使技术水平较低的人，也可能获得较好的回报。所以，在 2005 年至 2012 年间，制造业、采掘等行业全样本和非大学生的教育收益率都有所下降，这可能是外界刺激的结果。

第四节
差异的来源：相互隔离的劳动力市场

借鉴前人思路，并考虑到数据的可得性，本章从两个主要的维度判别大学生与非大学生之间是否存在劳动力市场分隔：（1）工作本身的维度：工资收入、每周工作天数、每天工作小时数、是否享有城镇职工医疗保险；（2）与工作有关的周边维度：住房类型、业余时间的交际圈、是否愿意在本地定居等。前者反映两个群体由于可能的分隔而遭受的工作待遇差异；后者反映与工作相关的一些生活特征，实际上是对“是否存在分隔”的侧面印证。如果两个群体之间的确存在分隔，那么不仅仅是他们从工作中所付出的和得到的回报有差异，他们所处的与工作有关的生活状态也是有差异的。

为了从统计学意义上判断差异是否显著，我们在每一个子维度上都采用了相应的统计检验方法来进行判断。其中，针对连续型的数据（如收入），我们分别采用参数检验和非参数检验的方法，互相印证。参数检验的方法是两样本位置的 T 检验。参数检验的结果依赖于数据分布形态与理论 T 分布形态是否一致。如果实际的分布形态扭曲比较严重，参数检验的结果可能有误差。对此，非参数检验方法不依赖于数据的分布形态，而是按照它们的“秩”进行判断，也就是按照每组数据的位置顺序来判断是否有差异。这里，非参数方法采用两样本 Wilcoxon 检验，也即 Mann—Whitney 检验。对于分类变量，如“是否享有城镇职工医疗保险”这个指标，前述的检验效果比较差，这里采用针对列联表的卡方检验来判断。卡方检验是一种非参数检验方法，一般常用于判断两个分类变量之间是否有相关性。根据计算得到表 5—5 的结果。

表 5－5　是否存在分隔的参数检验和非参数检验

	大学生		非大学生		参数检验		非参数检验	
	均值/比例	样本量	均值/比例	样本量	T统计量	P值	非参统计量	P值
收入	3188.15	3439	2512.13	48299	20.69	0.0000	103732977.50	0.0000
平均每周工作天数	5.63	3439	6.10	48299	－34.03	0.0000	52889057.50	0.0000
平均每天工作小时数	8.43	3439	9.12	48299	－31.37	0.0000	60541996.50	0.0000
是否享有城镇职工医疗保险								
不清楚	2.36	81	3.55	1713	—	—	1370.43	0.0000
否	41.44	1425	69.78	33701	—	—	—	—
是	56.21	1933	26.68	12885	—	—	—	—
住房性质								
单位雇主提供免费住房	18.67	642	17.55	8476	—	—	332.53	0.0000
借住房	2.59	89	1.55	747	—	—	—	—
就业场所	1.02	35	2.17	1047	—	—	—	—
其他非正规居所	0.26	9	0.49	237	—	—	—	—
政府提供廉租房	0.17	6	0.31	148	—	—	—	—
自购房	14.66	504	7.19	3475	—	—	—	—
自建房	0.52	18	1.06	511	—	—	—	—
租住单位雇主房	8.55	294	7.60	3672	—	—	—	—
租住私房	53.56	1842	62.08	29986	—	—	—	—
业余时间在本地和谁来往最多								
很少与人来往	7.36	253	8.77	4230	—	—	567.61	0.0000
其他本地人	34.89	1200	22.08	10649	—	—	—	—
其他外地人	18.23	627	12.24	5902	—	—	—	—
同乡（户口不在本地）	27.30	939	45.40	21894	—	—	—	—
同乡（户口在本地）	12.21	420	11.50	5548	—	—	—	—
是否愿意在本地定居								
不打算	9.77	336	14.21	6864	—	—	87.43	0.0000
打算	63.45	2182	55.96	27029	—	—	—	—
没想好	26.78	921	29.83	14406	—	—	—	—

注：(1)“均值/比例”列内，如果指标是连续性数值，那么报告的结果是均值；如果指标是分类变量，则报告各类别相对于该列的比例。(2) 这里的参数检验方法是两样本的T检验。(3) 这里的非参数方法有两种，针对连续型数据的两样本Wilcoxon检验，也即Mann—Whitney检验；针对分类型数据，采用针对列联表的卡方检验。(4) 本表所涉及统计检验的原假设都是“没有差别”，相应的P值如果小于0.05，则可以在5%的显著性水平下拒绝这个原假设，即认为在统计上有差别。

根据运算结果，结论是显而易见的。大学生与非大学生在各项指标上都存在显著差异，说明他们之间存在一定程度的分隔。这些差异具体表现在：(1) 工作维度方面，大学生流动人口收入更高、付出的时间更少、半数以上可以享受城镇职工医疗保险。与此对应的是，非大学生流动人口的平均收入只是大学生平均收入的80%左右，但他们每周的平均工作时间超过了6天，每天的平均工作时间超过了9个小时，付出更多，但回报相对较少。而且，近70%的非大学生流动人口没有能够享受城镇职工医疗保险。两个群体之间的差异是很明显的。(2) 与工作有关的周边维度方面也存在一些差异。大学生流动人口主要与“其他本地人”来往较多（35%），其次是“其他外地人”（18%），而与同乡来往相对较少。非大学生流动人口大多数与同乡来往（57%），尤其是户口不在本地的同乡（45%）。从生活圈子上看，大学生流动人口和非大学生流动人口之间的差别是很明显的。另外，大学生流动人口选择“自购房”的比例较高，有14.66%，而非大学生流动人口中只有7.19%居住于自购房。62%的非大学生流动人口租住于私房，而大学生的这一比例是54%，二者存在一定差异。较多的大学生流动人口愿意在本地定居，但这一比例在非大学生流动人口中较少。这从数据上表明，大学生流动人口与非大学生流动人口之间是存在差异和分隔的。

第六章

教育收益率的地区差异对农民工流动的影响

农民工群体是推进我国城镇化的一支重要力量。他们在决定是否迁移的同时，还需要决定迁移的目的地。在一系列影响劳动力区位选择的因素中，（预期的）工资水平是一个非常重要的因素。如果各地区的教育收益率不同，就意味着不同受教育水平劳动力的相对工资水平存在差异，而这个差异会影响到劳动力迁移的模式。给定相同的平均收入，回报率高的地区会吸引更多高教育水平的劳动力；而低教育水平的劳动力则更倾向于迁往低回报率的地区。可见，教育收益率的地区差异将对我国的城镇化进程产生重要的影响。而通过考察教育收益率地区差异的变化，我们可以推断劳动力市场对地区差异反应和调整的过程。

第一节
农民工规模及教育现状介绍

近年来，农民工群体的收入和福利状况备受关注，对其教育收益率的研究也逐渐增多。一些研究以来自某个地区的农民工为样本考察其教育收益率。例如，罗忠勇（2010）利用2008年珠三角地区农民工数据估计的教育收益率为4.4%；张世伟等（2009）利用2005年吉林省进城务工人员抽样调查数据和2006年吉林省农村抽样调查数据估计的农民工教育收益率为4.55%。还有一些研究使用了更大范围的样本。例如，张泓骏、施晓霞（2006）利用1999年农业部在河北、陕西、安徽、湖南、四川、浙江六个省农村地区的住户调查数据，估计得到外出打工人口的教育收益率为5.36%；戎建（2008）利用2004年复旦大学中国社会主义市场经济研究中心的来自22个省份的农村调查数据，得到迁移者的教育收益率为4.77%。对农民工教育收益率的估计还出现在一些其他研究中。比如，人们在考察农民工与城镇职工的收入差距时，Oaxaca分解的第一步是估计两类人群的工资方程，教育收益率是不可或缺的内容。多数的研究结果表明，农民工的教育收益率低于城镇职工（相关的研究见Meng，Zhang，2001；邢春冰，2008；Maurer-Fazio，Dinh，2004；邓曲恒，2007）。

总结上述研究，农民工在我国城镇劳动力市场中的教育收益率相对较低，不同时间和不同地区的教育收益率存在显著差异。但是，由于数据缺乏可比性，要从已有的研究中得到教育收益率的地区分布和跨期变化规律非常困难。一些研究在使用多个地区的数据时，又往往只估计一个总体教育收益率——这实际上是假设不同地区的教育收益率相同。

如果我们关注一个随机抽取的农民工在某个城镇劳动力市场上所面对的教育收益率，OLS 回归往往给出的是有偏差的结果，这是一个典型的样本选择问题。但由于农民工面临多个地区选项，问题处理并不像两个选项的样本选择问题那么简单（Heckman，1979）。[①] 在较早的研究中，Lee（1983）假设当劳动力面临多个选择时，真正起作用的选项是最优的也是其实际作出的选择，这使样本选择纠正变得简单。但是 Lee（1983）选取的方法属于参数模型，对扰动项的实际分布比较敏感。Ahn 和 Powell（1993）提出一个半参数方法，通过控制个体选择概率的未知函数来纠正样本选择偏差。Dahl（2002）借鉴上述研究提出一套简单易行的修正方法，研究了美国教育收益率的州际差异。他利用非参数方法估计人们选择不同的州的概率，并通过控制少数几个概率（如选择其实际迁移的州的概率以及选择留在出生地的概率）的多项式函数来修正样本选择偏差。他发现自我选择对各州的教育收益率有显著影响。本章在进行样本选择修正时将主要借鉴 Dahl（2002）的研究。

涉及农民工的流动，以往的研究更多强调地区间平均工资水平差异的影响（如 Lin 等，2004）。而教育收益率的地区差异则反映出工资水平的地区差异将因劳动力的受教育水平不同而不同，进而对于理解不同教育水平农民工的流动模式具有重要意义。

与已有研究相比，本章的贡献体现在如下三个方面：首先，我们的数据覆盖范围广，包含全国 31 个省、自治区和直辖市的 300 多个城市，数据（特别是 2005 年的人口抽样调查数据）的代表性也比较好。其次，我们放松了不同地区农民工教育收益率相等的假设，并考虑了样本选择问题。最后，我们使用了 2005 年和 2011 年两个年份的数据，既能反映农民工教育收益率的变化趋势，又具有较强的时效性。

---

① 一些研究使用了 Heckman 的两步法来处理样本选择问题（如张泓骏、施晓霞，2006），但这只是处理了有工作和没工作的样本间的选择问题。本章则假定农民工在迁移之前已经找好工作，重点考察他们在地区间的选择。

第二节
数据介绍及描述统计

我们使用的第一套数据是2005年1%人口抽样调查数据的20%随机样本。该数据涵盖了全国31个省、自治区和直辖市的2585481个个人信息。数据中包含了农业和非农户籍人口，并调查了他们的性别、年龄和受教育水平等个人特征信息以及就业身份、职业、行业、工作时间和收入等与就业有关的信息。对于流动人口，还调查了他们的户口所在地、离开户口所在地的时间和迁移目的等信息。第二套数据是国家人口计生委的2011年流动人口动态监测调查数据。

在个人层面，我们保留了两个年份里户主的相关信息，包括性别、年龄、受教育程度、户口性质、户口登记地情况、流动范围、离开户口所在地时间（2005）或本次来本市时间（2011）、行业、职业、就业身份、上月收入和每周工作时间等。由于本章主要关注农民工的教育收益率，我们将样本限制在有工资收入的跨县级及县级以上的地区流动、流动时间在半年及以上的农业户籍人口。按照通常的做法，我们在样本中排除了雇主、自营劳动者、退休者、学生以及家庭帮工（Coleman，1993；Mwabu和Schultz，1996）。考虑到我国的相关规定（如最低工作年龄要求和退休年龄要求），样本年龄被限定在16—59周岁。此外，我们根据数据中的月平均工资和每月工作小时数计算得到小时工资，利用年龄和受教育年限计算得到潜在经验：年龄－受教育年限－6。

在进行上述限定并删除缺失信息的样本后，2005年的最终有效样本量为30176人，其中，男性22702人，女性7474人；2011年的有效样本量为

38609人，其中，男性22743人，女性15866人。2005年，男性和女性的平均年龄分别为31.87岁和26.28岁；2011年则分别为32.78岁和30.34岁。

表6－1对两个年份的样本做了更加细致的描述。从受教育水平的统计结果可以看出，具有初中以下学历的样本在两个年份里分别占79％和74％，其中，初中学历的样本在两个年份里的比例都是最高的。两年间，高中及以上学历的农民工相对数量显著上升，从2005年的21％上升到2011年的26％。这在一定程度上表明，20世纪90年代末以来的高等教育扩招对提高农业户籍人口的受教育水平发挥了积极作用。

表6－1还描述了农民工的行业和职业分布，与流动人口的低教育水平相对应，两个年份的样本中从事对能力要求比较高的产业如科学研究、技术服务和地质勘察业的比例相对较低，样本主要集中在制造业和建筑业。总体来说，2011年流动人口职业和行业的分布与2005年相比更为分散。从表中我们可以看出2011年从事制造业和生产的流动人口比例明显下降，而从事服务行业和其他行业以及商业服务的流动人口比例明显增多。

表6－1 数据描述

	2005年		2011年	
	人数	占比（％）	人数	占比（％）
性别				
男性	22702	75.23	22743	58.91
受教育水平				
文盲	488	1.62	611	1.58
小学	4822	15.98	5671	14.69
初中	18433	61.08	22126	57.31
高中	5570	18.46	8132	21.06
大专	722	2.39	1641	4.25
大学及以上	141	0.46	428	1.10
行业				
农林牧渔业	516	1.71	728	1.88
采矿业	622	2.06	900	2.33

续表

	2005 年		2011 年	
	人数	占比（%）	人数	占比（%）
制造业	17107	56.69	13988	36.23
电力燃气及水的生产和供应业	144	0.48	292	0.76
建筑业	3134	10.39	4987	12.92
交通运输、仓储和邮政业	1340	4.44	1849	4.79
批发和零售业	2544	8.43	2646	6.85
住宿和餐饮业	1680	5.57	4385	11.36
金融保险房地产	444	1.47	485	1.26
科学研究、技术服务和地质勘察业	86	0.28	361	0.93
居民服务和其他行业、社会服务	1150	3.81	4542	11.76
卫生社会保障社会福利业	131	0.43	404	1.05
教育/文化及广播电影电视	435	1.44	329	0.85
公共管理和社会组织	187	0.62	119	0.31
其他	656	2.17	2594	6.72
职业				
机关、党群组织、企事业单位负责人	374	1.24	1480	3.83
专业技术人员	1001	3.32	4069	10.54
办事人员和有关人员	1571	5.20	1484	3.84
商业服务业人员	6587	21.83	13097	33.92
农、林、牧、渔、水利业生产人员	536	1.77	523	1.35
生产、运输设备操作人员及有关人员	20107	66.63	16848	43.64
无固定职业	0	0	1108	2.87
样本量	30176		38609	

第三节
教育收益率估计基本模型及计量分析结果

我们采用经典的明瑟工资方程来估计教育收益。

表 6—2 给出了总体的和分区域的教育收益率估计结果。从中可以看出，不管是 2005 年还是 2011 年，流动人口教育收益率的地区差异都十分明显，其中，东部和发达城市的教育收益率明显高于其他地区。随着时间的变化，所有地区的教育收益率均有所下降。不过在表 6—2 的回归中，我们没有控制大区域内部的省份虚拟变量。因此，教育收益率的大小可能反映了地区内部不同省份间的教育和工资水平的差异。

表 6—2　总体和分区域的教育收益率

区域	2005 年				2011 年			
	系数	标准差	调整 R^2	样本量	系数	标准差	调整 R^2	样本量
北京和上海	0.0722	(0.0030)	0.1250	5976	0.0699	(0.0038)	0.1876	2762
东部	0.0814	(0.0017)	0.1373	20111	0.0480	(0.0015)	0.1369	18390
中部	0.0423	(0.0055)	0.1085	2067	0.0416	(0.0026)	0.1556	8602
西部	0.0558	(0.0047)	0.1118	2022	0.0397	(0.0023)	0.1223	8855
整体	0.0751	(0.0014)	0.1248	30176	0.0466	(0.0011)	0.1245	38609

注：(1) 西部包括重庆市、四川省、云南省、贵州省、西藏自治区、陕西省、甘肃省、青海省、宁夏回族自治区、新疆维吾尔自治区；东部包括天津市、河北省、辽宁省、江苏省、浙江省、福建省、广东省、海南省、山东省；中部包括山西省、内蒙古自治区、吉林省、黑龙江省、安徽省、江西省、河南省、湖北省、湖南省、广西壮族自治区。(2) 回归方程中还控制了经验、经验平方和性别虚拟变量。(3) 所有系数均在 1%的水平上显著。

表 6—3 给出了分省的估计结果。从 1—4 列可以看出，不同省份农民工的教育收益率存在巨大的差异。2005 年，教育收益率最高的省份为广

东，基本上达到10%，最低的省份为吉林，其教育收益率甚至为负（不显著）。总体来看，东部省份的教育收益率相对较高。到2011年，不同省份的教育收益率差异仍然十分显著，其中，北京的教育收益率最高，为8.3%（标准差为0.006）；黑龙江的教育收益率为－0.2%。总体上仍然是东部地区的教育收益率高于中西部地区。

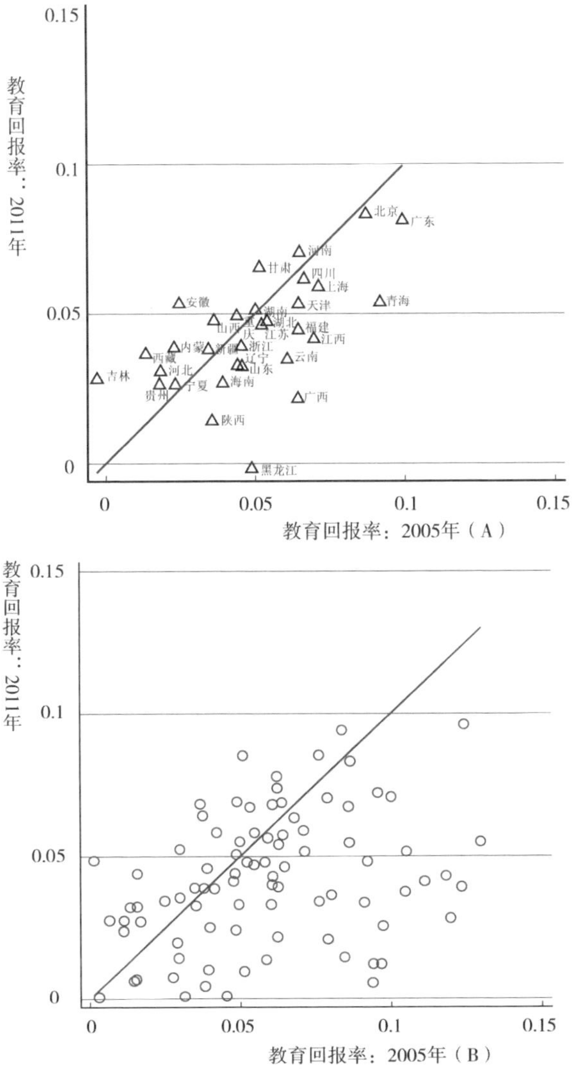

图6－1 省级层面（A）和城市层面（B）的教育收益率（2005年和2011年）

比较 2005 年和 2011 年的结果可以看出，教育收益率的地区差异有所降低。所有省份教育收益率的标准差由 2005 年的 0.024 下降到 2011 年的 0.019。图6—1A则更形象地说明了教育收益率地区差异的变化模式。图中的实线为 45 度线，横轴和纵轴则分别代表 2005 年和 2011 年的教育收益率。可以看出，两个年份中不同省份的教育收益率之间存在显著的正相关关系，大部分省份教育收益率的相对位置变化不大。而大部分省份位于 45 度线的下方则意味着总体教育收益率有所下降。同时，一些 2005 年教育收益率很低的省份的教育收益率到 2011 年有所上升，这说明，在总体教育收益率下降的同时，不同地区的技能价格有一个向均值回归的过程。反映到两个年份教育收益率的回归中，2005 年教育收益率的系数明显为正，但小于 2011 年教育收益率。

表 6－3　样本修正前后各省的教育收益率

省份	2005 年		2011 年		2005 年					
	未进行样本选择修正				未进行样本选择修正		经过样本选择修正			
	(1)	(2)	(3)	(4)	(5)	(6)	(7)	(8)	(9)	(10)
北京	0.087	(0.007)	0.083	(0.006)	0.077	(0.007)	0.088	(0.007)	0.077	(0.007)
天津	0.065	(0.007)	0.053	(0.006)	0.054	(0.007)	0.067	(0.007)	0.057	(0.007)
河北	0.018	(0.020)	0.031	(0.006)	0.016	(0.020)	0.042	(0.022)	0.037	(0.023)
山西	0.036	(0.016)	0.048	(0.010)	0.032	(0.016)	0.036	(0.016)	0.031	(0.016)
内蒙古	0.023	(0.012)	0.039	(0.007)	0.019	(0.012)	0.021	(0.012)	0.017	(0.012)
辽宁	0.044	(0.014)	0.033	(0.005)	0.032	(0.014)	0.038	(0.014)	0.027	(0.014)
吉林	−0.003	(0.021)	0.028	(0.012)	−0.023	(0.022)	0.004	(0.024)	−0.013	(0.025)
黑龙江	0.049	(0.014)	−0.002	(0.007)	0.047	(0.014)	0.053	(0.014)	0.051	(0.014)
上海	0.071	(0.003)	0.059	(0.005)	0.058	(0.003)	0.064	(0.003)	0.053	(0.003)
江苏	0.052	(0.005)	0.046	(0.004)	0.041	(0.005)	0.051	(0.005)	0.040	(0.005)
浙江	0.045	(0.004)	0.039	(0.003)	0.038	(0.004)	0.043	(0.004)	0.036	(0.004)
安徽	0.025	(0.019)	0.053	(0.008)	0.003	(0.018)	0.009	(0.020)	−0.004	(0.019)
福建	0.065	(0.006)	0.045	(0.004)	0.056	(0.006)	0.065	(0.006)	0.057	(0.006)
江西	0.070	(0.021)	0.042	(0.007)	0.064	(0.022)	0.069	(0.022)	0.067	(0.023)

续表

省份	2005 年		2011 年		2005 年					
	未进行样本选择修正				未进行样本选择修正		经过样本选择修正			
	(1)	(2)	(3)	(4)	(5)	(6)	(7)	(8)	(9)	(10)
山东	0.046	(0.009)	0.032	(0.006)	0.028	(0.009)	0.046	(0.009)	0.028	(0.009)
河南	0.065	(0.027)	0.070	(0.006)	0.048	(0.026)	0.071	(0.031)	0.051	(0.029)
湖北	0.054	(0.016)	0.047	(0.011)	0.043	(0.016)	0.079	(0.019)	0.068	(0.019)
湖南	0.050	(0.019)	0.051	(0.009)	0.035	(0.018)	0.050	(0.022)	0.032	(0.021)
广东	0.099	(0.002)	0.081	(0.003)	0.081	(0.002)	0.101	(0.002)	0.083	(0.002)
广西壮族自治区	0.064	(0.020)	0.022	(0.008)	0.050	(0.022)	0.065	(0.021)	0.050	(0.022)
海南	0.039	(0.017)	0.027	(0.007)	0.033	(0.017)	0.053	(0.019)	0.047	(0.019)
重庆	0.044	(0.019)	0.049	(0.006)	0.034	(0.019)	0.027	(0.023)	0.012	(0.023)
四川	0.066	(0.020)	0.062	(0.007)	0.042	(0.021)	0.072	(0.024)	0.049	(0.025)
贵州	0.018	(0.016)	0.026	(0.009)	0.017	(0.016)	0.012	(0.017)	0.011	(0.017)
云南	0.061	(0.008)	0.035	(0.007)	0.054	(0.008)	0.049	(0.009)	0.042	(0.010)
西藏	0.013	(0.109)	0.037	(0.009)	0.079	(0.139)	0.071	(0.099)	0.088	(0.132)
陕西	0.036	(0.013)	0.014	(0.007)	0.028	(0.014)	0.030	(0.014)	0.021	(0.015)
甘肃	0.052	(0.019)	0.065	(0.008)	0.044	(0.019)	0.050	(0.019)	0.043	(0.020)
青海	0.092	(0.026)	0.054	(0.012)	0.078	(0.027)	0.093	(0.027)	0.081	(0.028)
宁夏回族自治区	0.023	(0.020)	0.026	(0.012)	0.005	(0.022)	0.023	(0.021)	0.002	(0.023)
宁夏回族自治区	0.034	(0.011)	0.038	(0.007)	0.029	(0.011)	0.033	(0.011)	0.027	(0.011)
福利和迁移时间	不控制		不控制		控制		不控制	控制		
标准差	0.024			0.019						

注：(1) 回归方程中还控制了经验、经验平方、性别虚拟变量和常数项。(2) 括号中为标准差。

最后，我们还估计了市级层面的教育收益率。但是由于很多城市的农民工样本较小，导致教育收益率的估计不准确。图 6－1B 是利用两年教育收益率均为正且剔除异常值之后的 87 个市的数据画出的散点图，其中，横轴和纵轴分别代表 2005 年和 2011 年的教育收益率，图中的直线是 45 度线。图 6－1B 表现出的规律与图 6－1A 基本一致。我们可以看出教育收益率有一个趋同的趋势：2005 年教育收益率比较低的城市到 2011 年教育收益率下降程度相对较小，甚至有一部分城市的教育收益率有所上升；而 2005 年教育收益率较高的城市到 2011 年教育收益率下降幅度相对较大。两方面的原因可能导致了教育收益率的上述变化。一方面，技能价格（教育收益率）的地区差异激励高技能人口流动到回报率比较高的地方，劳动力供给结构的变化使低回报地区的教育收益率相对上升，高回报地区的教育收益率相对降低；另一方面，也可能是地方政府教育政策的相应调整使得本地劳动力市场的供给结构发生变化，进而使农民工的教育收益率发生不同程度的变化。[①] 在后面的分析中，我们将对第一个假设进行验证。不过在此之前，我们首先考察所得到的教育收益率地区差异是否稳健，以及它是否受到样本选择偏差的影响。

---

① 由于来自不同的调查，将 2005 年和 2011 年各地区的教育收益率进行比较多少有些令人担忧。因此，我们同时利用相同来源（国家计生委）的两个年份的数据考察了地区间教育收益率趋同的特征。结果显示，尽管是两个相邻年份（2011 年和 2012 年）的数据，地区间的教育收益率仍然表现出趋同的趋势。两年间，教育收益率出现下降的主要是 2011 年教育收益率偏高的省份，而那些上升的省份则主要是教育收益率偏低的省份。如果拿 2012 年的教育收益率对 2011 年的数据做回归，后者的回归系数为 0.43，说明在较短的时间里，流动人口教育收益率的地区差异明显下降。尽管如此，到 2012 年，流动人口教育收益率的地区差异仍然十分明显。一些沿海省份的教育收益率仍然接近 7%，而一些内陆省份的教育收益率则仅为 3%。需要指出的是，由于数据代表性的问题，这里教育收益率均没有进行样本选择修正。

第四节 教育收益率估计稳健性检验和样本选择修正

如果上节中教育收益率的地区差异是对人力资本价格的真实反映，它将对不同技能水平劳动力的区域选择产生重要影响。不过，这种差异可能只是个人或工作特征的地区差异的反映，或者是劳动力自选择的结果。在这种情况下，观测到的教育收益率地区差异不会为劳动力的跨区流动提供激励。

(一) 控制福利状况和迁移时间

首先，我们考察社会福利状况的地区差异可能对结果造成的影响。假设两个城市 A、B 中，低技能的农民工收入和福利状况相同。对于高技能的劳动力而言，A 地区提供的工资高但是社会福利较差，B 地区的工资低但是社会福利较好。那么在均衡的时候，我们完全可能观测到 A 地区的教育收益率高于 B 地区。为了考察这种可能性，我们在工资方程中加入了反映农民工参加社会保险状况的控制变量，包括是否参加失业保险、是否参加养老保险和是否参加基本医疗保险（三者均为虚拟变量）。

图 6－2A 和图 6－2B 分别给出了 2005 年和 2011 年控制这些变量之后的估计结果。横轴代表未加入这些控制变量时的教育收益率，纵轴则代表加入了不同的控制变量之后的教育收益率。图中大部分省份在控制了社会保险状况后的教育收益率都低于 45 度线（图中的实线），这说明高教育水平农民工的福利状况要高于低教育水平的农民工，这使控制福利状况后的教育收益率下降。但是，2005 年各省教育收益率下降的幅度没有明显的差异；2011 年高教育收益率地区的教育回报下降幅度略高于低回报地区，但

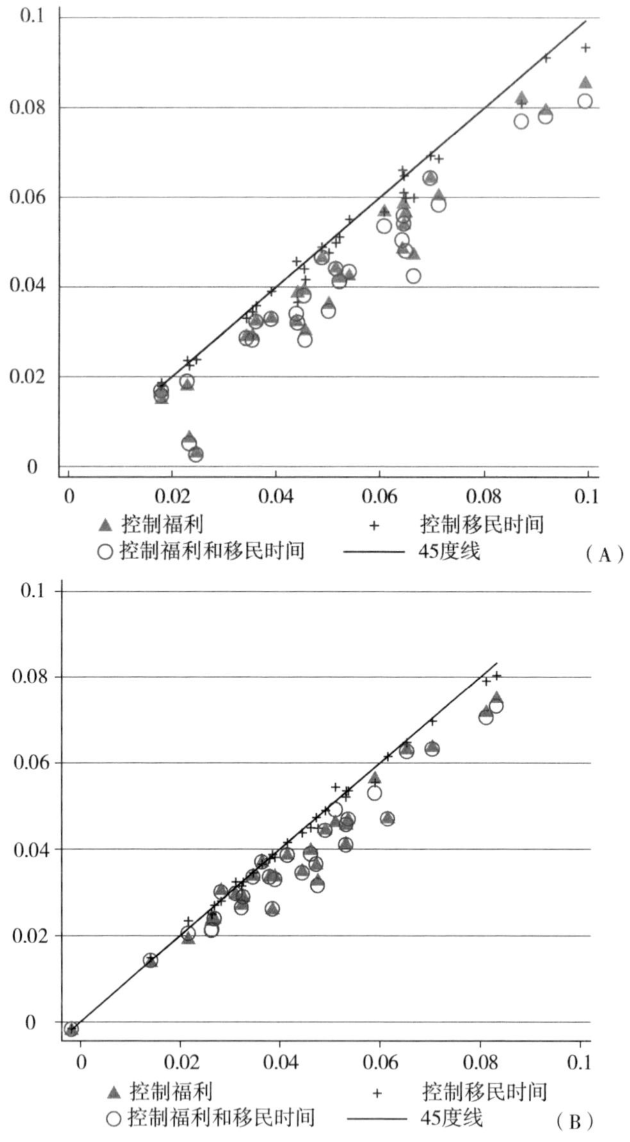

图 6－2　控制变量对教育回报的影响

这没有显著降低教育收益率的地区差异，也基本未改变不同地区在教育收益率上的排序。

其次，我们考察劳动力流动时间差异可能带来的影响。同样考虑 A 和

B两个城市，并假设两个城市中低技能的农民工收入和迁移时间相同。[①]如果A城市高技能劳动力的迁移时间较长（如经济发展较早），而同类型的劳动力只是近期才迁移到B城市，我们就可能观察到A城市的教育收益率高于B城市——因为在城市地区生活的时间越长，劳动力对城市环境越熟悉，越可能赚更高的工资。为了排除这种可能，我们在工资方程回归中控制了相关的因素。对于2005年的数据，我们控制了劳动力离开户口所在地的时间；而对于2011年的数据，我们控制了农民工来“本市”的时间。无论是2005年还是2011年，控制移民时间后的各省教育收益率都在45度线附近，表明这对各省教育收益率的估计基本没有影响。因此，也不难想象，当我们同时控制社会福利和迁移时间因素后，估计结果与单独控制社会福利时的结果相差不大。

（二）修正样本选择偏差

以上我们使用迁移到各地区的流动人口样本通过OLS方法得到各地区的教育收益率。由于劳动力往往根据自身的比较优势选择地区，这可能导致OLS估计结果有偏差。我们参考Dahl（2002）的方法，利用2005年的数据分别对省和市层面的估计进行样本选择修正。[②]

表6－3给出了2005年样本选择修正前后各省的教育收益率，其中1、7两列是没有控制福利状况和迁移时间的结果。在对每个省份的样本进行样本修正之后，有些省份的教育收益率有所上升，如河北、海南和西藏；有些省份的教育收益率则有所下降，如安徽和重庆。然而，大多数省份在进行样本选择修正之后教育收益率的变化很小。此外，教育收益率在样本选择修正前后的变化也没有系统性的规律。5、9两列反映了控制福利状况

---

① 我们也可以假设迁移时间对于低技能劳动力的人力资本及其收入没有影响。

② 之所以没有对2011年样本数据进行修正分析是因为2011年的样本数据是对全国31个省份采用的PPS抽样，在修正过程中计算迁移概率时，会与人口流动的真实情况存在较大偏差。

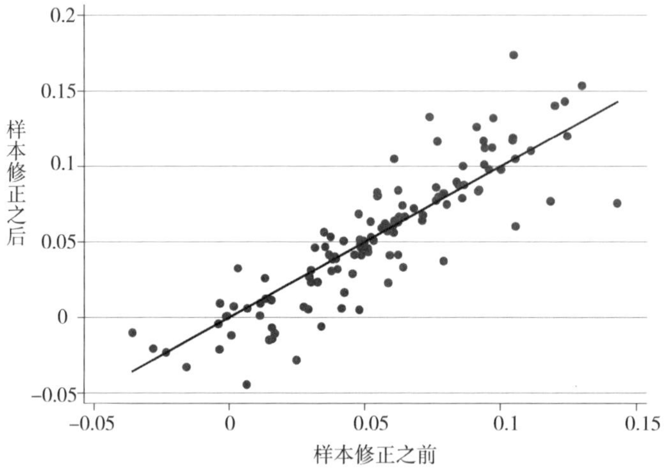

图 6－3　样本修正前后各市的教育收益率（2005）

和迁移时间后的估计结果，总体来看，样本选择修正的影响也比较小。

图 6－3 利用市级层面的数据给出了样本选择修正前后的结果。该图为 2005 年 120 个（剔除了异常值）样本城市修正前后流动人口教育收益率的散点图，图中的直线为 45 度线。我们可以通过数据点偏离 45 度线的模式来考察样本修正前后教育收益率的变化。图 6－3 中的大部分城市主要分布在 45 度线附近，只有少数城市偏离 45 度线的程度较大。总体来看，不同城市的农民工教育收益率仍然存在显著差异，而且大部分城市教育收益率大小的排序变化不大。

第七章

低工资流动人口特征及最低工资政策对工资不平等的影响

最低工资制度是国家立法机关通过立法程序制定的对经济活动进行的宏观控制与调节，保障劳动者及其家庭成员的最低生活水平的一项制度。目前世界上绝大部分国家都以立法形式确立并实行了最低工资制度。通过最低工资制度来保障低收入者的合法权益，已经是世界通行的做法。我国关于最低工资制度的讨论一直存在，有关最低工资制度效率的研究和讨论越来越多，这表明收入分配问题、低收入劳动者的劳动报酬权益越来越引起社会各界的重视。充分认识最低工资制度的经济效应，发挥其积极作用，尽量减弱其消极影响，对我国社会主义市场经济的健康发展至关重要。

第一节
最低工资政策及影响文献回顾

尽管最低工资制度实施非常普遍，但是关于是否真正达到了提高实际工资、消除贫困的最初目的，以及最低工资水平的提高对就业、收入差距等方面的影响，一直存在争议。这也引起了很多学者的浓厚兴趣，近年来，相关理论和实证文献不断出现，观点分歧较多，实证结论也有不同。Neumark 和 Wascher（2008）认为，经济理论对于指导关于最低工资的实证研究是有价值的，但通常对最低工资影响的方向或程度没有明确和一致的预测，因此，对最低工资制度的评价应该主要通过实证研究的方法加以解决。国内外学者针对最低工资的各种效应进行了大量的研究。

研究表明，最低工资提升会在工资分布的最低工资点处产生截断效应，即对于那些工资水平低于新的最低工资标准但就业并未受到影响的个体而言，最低工资的提高无疑会提高他们的工资水平。然而，最低工资对工资的影响并不仅仅限于工资水平低于最低工资标准的劳动力，最低工资标准的提高也会对工资水平高于最低工资标准的劳动力工资产生影响，这种影响被称为“溢出效应”。考察溢出效应的研究一般有两种方法，一种是分析工资分布在最低工资点以上的多个分位点处的工资变化情况。Card 和 Krueger（1995b）指出最低工资对于工资分布较高位置的工资水平没有明显影响，但却不能排除最低工资对工资分布较低点（高于最低工资）可能发生的溢出效应。另一种研究方法是考察最低工资的提高对于工资分布不同点之间差异的影响。Dickens 和 Manning（2004a，2004b）针对英国的研究发现溢出效应从整体上并不大，而且在一些行业（如居民保健业）

几乎不存在溢出效应。一些针对发展中国家的研究如 Lemos 等（2004）发现，最低工资对于工资分布较高位置的工资水平有较明显的溢出效应。国内学者罗小兰和丛树海（2009）构建了一个包含攀比效应的均衡模型，根据中国省际面板数据进行了实证分析。研究表明，我国最低工资标准提升对部分高工资行业的工资增长具有显著的推动作用，但对低工资行业工资增长的推动作用具有非常明显的滞后性。同时，这种最低工资的影响也因地域和时间有明显不同。

基于最低工资在工资分布上的截断效应以及溢出效应，经济学家很自然地开始研究最低工资对工资不平等的影响。Angel-Urdinola（2008）与 Bosch 和 Manacorda（2010）强调了最低工资对工资不平等的贡献，但也有部分研究如 Autor 等（2006）和 Autor 等（2010）则认为最低工资对于工资不平等的影响被夸大了。他们认为最低工资与一些宏观经济冲击相关，而这些冲击导致了工资不平等的上升。尽管最低工资占比下降是我国城镇劳动力市场的一个重要特点，但这一制度性的因素在现有的研究我国工资不平等增长的文献中却一直被忽略。国内学者王弟海（2008）分析了最低工资对工资不平等的影响，他认为，最低工资对工资不平等的影响取决于不同的劳动力市场假设。

第二节
数据说明和描述统计

（一）数据说明

本章主要使用 2012 年国家人口和计划生育委员会的“流动人口动态监测调查”数据，在模拟部分还用到了 2010 年下半年及 2011 年人口计生委流动人口动态监测数据。

本章还使用了各地的最低工资标准数据。我国的最低工资政策为全国不统一的最低工资政策，即各省市均根据本地经济状况设定适合自己地区的最低工资标准，同时根据全日制及非全日制工作者还分别设有月最低工资标准及小时最低工资标准。因此，本章所使用的数据为截至 2012 年 5 月，各城市的劳动与社会保障部门网站所提供的月最低工资标准及小时最低工资标准数据。

（二）描述统计

1. 雇员工资水平

由于全日制工作者和非全日制工作者分别适用于月最低工资标准和小时最低工资标准，因此，在本章所使用的 76029 个样本中，根据样本每日工作时间是否低于 8 小时，分为全日制工作（日工作时间大于、等于 8 小时）和非全日制工作者（日工作时间小于 8 小时）分别讨论。

为了更清楚地看出各地平均工资与最低工资标准之间的高低关系，我们进而将这两类工作者的工资收入分别与法定月最低工资标准（以下文中“月标准”指最低月工资标准）及小时最低工资标准（以下文中“小时标准”指最低小时工资标准）进行对比，得到表 7—1。

表 7—1 将雇员分为非全日制工作者和全日制工作者，并对这两组人群分别根据小时工资和月工资给出了各省流动人口的平均工资水平，最低工资标准水平，工资收入小于最低工资标准的人数及该人数占该省就业人数的比例。可以看出，无论是小时工资还是月工资，平均工资最高的均为上海，其平均小时工资为 34.72 元/小时，平均月工资为 3427.30 元/月；其次为北京，其平均小时工资为 28.15 元/小时，平均月工资为 3359.31 元/月；最低为河南省，其平均小时工资为 14.64 元/小时，平均月工资为 2032.94 元/月。综合来看，大部分省份的流动人口平均月工资处在 2000—2500 元。

表 7—1 中用 A2 代表非全日制工作者中小时工资收入低于小时最低工

资标准的人数，A2/A1 表示小时工资收入低于小时最低工资的人占该省非全日制工作者的比例；B2 代表全日制工作者中月工资收入低于月最低工资标准的人数，B2/B1 表示月工资收入低于月最低工资的人占该省全日制工作者的比例。比较 A2/A1 及 B2/B1 的值，很明显前者比例高于后者，说明小时工资低于小时标准的雇员比例较大，也从侧面反映出了小时最低工资政策贯彻不严格。

从表 7－1 中我们也看出非全日制工作者人数较少，其占各省总就业人数的比例均不超过 10%，即全日制工作者人数占该省总就业量在 90%以上。因此，虽然小时工资低于小时标准的人占该省非全日制工作者的比例在 20%左右，而月工资低于月标准的人占该省全日制工作者的比例最高不超过 6%，但由于非全日制工作者本身人数较少，因此，小时工资低于小时标准的人数仍然少于月工资低于月标准的人数，分别为 733 人和 1909 人。

表 7－1　雇员平均工资与最低工资标准

省份	非全日制工作者						全日制工作者				
	总雇员数	雇员数（A1）	平均小时工资	小时最低工资标准	A2	A2/A1	雇员数（B1）	平均月工资	月最低工资标准	B2	B2/B1
北京	3219	196	28.15	14.00	73	37.24%	3023	3359.31	1260.00	111	3.67%
天津	2238	93	17.54	7.50	13	13.98%	2145	2703.03	1310.00	122	5.69%
河北	2334	60	18.11	10.01	12	20.00%	2274	2690.98	1009.21	47	2.07%
山西	1280	73	25.08	10.86	28	38.36%	1207	2797.18	995.54	47	3.89%
内蒙古自治区	1631	128	21.91	8.42	26	20.31%	1503	3081.43	1004.16	81	5.39%
辽宁	2478	68	21.00	9.83	11	16.18%	2410	2563.15	1003.66	39	1.62%
吉林	1664	74	17.37	6.82	8	10.81%	1590	2417.77	893.35	22	1.38%
黑龙江	1437	72	15.42	6.18	11	15.28%	1365	2253.74	725.14	16	1.17%
上海	8877	358	34.72	12.50	84	23.46%	8519	3427.30	1450.00	307	3.60%
江苏	5306	125	17.35	8.47	15	12.00%	5181	2803.53	1076.63	78	1.51%
浙江	6911	192	23.01	9.84	16	8.33%	6719	2741.67	1199.28	138	2.05%
安徽	1315	101	21.95	8.24	24	23.76%	1214	2544.70	791.97	33	2.72%
福建	2456	108	21.26	10.01	13	12.04%	2348	2678.10	927.19	23	0.98%
江西	1892	125	15.83	7.56	23	18.40%	1767	2249.68	738.36	10	0.57%

续表

省份	非全日制工作者						全日制工作者				
	总雇员数	雇员数（A1）	平均小时工资	小时最低工资标准	A2	A2/A1	雇员数（B1）	平均月工资	月最低工资标准	B2	B2/B1
山东	1992	71	16.21	11.78	35	49.30%	1921	2457.11	1153.24	84	4.37%
河南	1860	101	14.64	10.07	35	34.65%	1759	2032.94	1060.02	102	5.80%
湖北	1106	74	16.02	8.64	21	28.38%	1032	2188.12	916.50	20	1.94%
湖南	1534	67	15.18	9.01	18	26.87%	1467	2306.21	905.47	25	1.70%
广东	7302	190	23.29	12.13	44	23.16%	7112	2779.39	1264.82	142	2.00%
广西壮族自治区	1859	185	15.80	6.90	17	9.19%	1674	2184.50	812.47	35	2.09%
海南	1709	125	19.57	6.93	6	4.80%	1584	2556.93	807.09	15	0.95%
重庆	2174	121	15.62	7.94	19	15.70%	2053	2327.86	798.62	32	1.56%
四川	2117	94	21.65	9.65	19	20.21%	2023	2223.16	937.44	70	3.46%
贵州	1287	114	16.91	9.00	32	28.07%	1173	2382.57	832.36	24	2.05%
云南	1455	90	14.95	7.78	21	23.33%	1365	2143.12	826.09	75	5.49%
西藏自治区	1722	159	20.70	8.35	26	16.35%	1563	3017.71	919.10	32	2.05%
陕西	1541	52	17.63	9.23	9	17.31%	1489	2523.76	901.72	40	2.69%
甘肃	1497	96	16.53	10.00	32	33.33%	1401	2293.49	942.50	49	3.50%
青海	1117	79	20.73	9.15	11	13.92%	1038	2601.32	907.98	32	3.08%
宁夏回族自治区	1305	67	22.32	10.36	19	28.36%	1238	2571.27	1049.44	38	3.07%
新疆维吾尔自治区	1414	61	16.58	9.37	12	19.67%	1353	2451.28	737.13	20	1.48%
总人数	76029	3519			733		72510			1909	

注：（1）A2为非全日制工作者中小时工资收入低于小时最低工资标准的人数。（2）A2/A1为小时工资收入低于小时最低工资标准的人占该省非全日制工作者的比例。（3）B2为全日制工作者中月工资收入低于月最低工资标准的人数。（4）B2/B1为月工资收入低于月最低工资的标准人占本省全日制工作者的比例。

2. 最低工资标准与平均工资比较

王弟海（2011）提出，绝大多数国家的最低工资标准一般占平均工资的40%，世界发达国家最低工资与当年职工平均工资的比值约为0.448，部分国家比值可参见表7－2。

表 7－2 国外部分国家最低工资与社会平均工资的比较

国家	最低工资与社会平均工资的比值		工资处于最低工资及其附近的比例
法国	0.50（1993 年）	0.52（1997 年）	0.11（1992 年）
卢森堡	0.56（1992 年）	0.55（1997 年）	0.11（1992 年）
荷兰	0.55（1993 年）	0.45（1997 年）	0.03（1993 年）
葡萄牙	0.45（1993 年）	0.45（1997 年）	0.08（1993 年）
西班牙	0.32（1994 年）	0.35（1997 年）	0.07（1994 年）
美国	0.39（1993 年）	0.39（1997 年）	0.04（1993 年）
比利时		0.43（1997 年）	
加拿大		0.41（1997 年）	
英国		0.41（1997 年）	
希腊		0.52（1997 年）	

数据来源：《劳动工资与社会保障》，经济科学出版社。

而我国绝大部分省份的最低工资占平均工资的比重不足 35%，有的甚至不足 20%。这表现在最低工资占平均工资的水平比率过低和最低工资的调整过低。表 7—3 显示了截至 2009 年 12 月四大一线城市最低工资与职工月工资的比值。其中，职工月工资数据来源于《2010 年中国城市统计年鉴》，最低工资数据来源于对应城市的劳动与社会保障部门网站。

表 7－3 四大一线城市最低工资与职工月工资的比值

城市	最低工资标准（元/月）	最低工资与职工月平均工资比例关系	
		职工月平均工资（元/月）	比例系数
北京	800	4845	0.17
上海	960	3566	0.27
广州	860	4127	0.21
深圳	1000	3894	0.26

可以看到，北京、上海、广州和深圳最低工资标准与当地平均工资之比的比例分别为 17%、27%、21%、26%，其中，最高为上海，最低为北京。如果参照 40%—60%的国际标准比例，2009 年四个城市的最低工资标准和职工月平均工资的比例都远远未能达标。

根据人口计生委2010年上半年（5月）及2012年上半年（5月）流动人口数据，2010年中国城市统计年鉴中城镇平均工资数据，以及各省分别截至2010年5月及2012年5月的月最低工资标准水平，表7—4给出了这几项数据的相关比例，由于各省均有多个最低工资标准，因此，将各省的多个最低工资标准取平均值计为本省月最低工资标准。

表7-4 最低工资与流动人口平均工资和城镇平均工资的比值

省份	最低月工资标准（2010年5月）	月最低工资标准/流动人口平均月工资（2010年5月）	月最低工资标准/城镇平均月工资（2010年5月）	小时最低工资标准/流动人口平均小时工资（2012年5月）	月最低工资标准/流动人口平均月工资（2012年5月）
北京	800.00	38.53%	14.62%	49.73%	37.51%
天津	920.00	52.67%	20.84%	42.76%	48.46%
河北	635.76	39.35%	23.74%	55.27%	37.50%
山西	738.64	42.39%	27.05%	43.30%	35.59%
内蒙古自治区	557.50	30.49%	18.99%	38.43%	32.59%
辽宁	561.19	34.63%	19.26%	46.81%	39.16%
吉林	715.56	48.54%	28.69%	39.26%	36.95%
黑龙江	522.31	34.06%	21.04%	40.08%	32.17%
上海	1120.00	50.88%	18.70%	36.00%	42.31%
江苏	805.38	42.27%	23.86%	48.82%	38.40%
浙江	959.55	51.39%	27.73%	42.76%	43.74%
安徽	456.62	24.26%	15.98%	37.54%	31.12%
福建	716.67	36.31%	26.43%	47.08%	34.62%
江西	485.30	29.52%	22.01%	47.76%	32.82%
山东	741.18	43.73%	26.54%	72.67%	46.93%
河南	533.33	36.57%	24.07%	68.78%	52.14%
湖北	696.27	41.83%	29.45%	53.93%	41.89%
湖南	567.68	30.21%	22.85%	59.35%	39.26%
广东	776.67	40.15%	22.86%	52.08%	45.51%
广西壮族自治区	530.71	33.23%	20.21%	43.67%	37.19%
海南	588.33	34.52%	20.72%	35.41%	31.56%
重庆	580.00	34.99%	19.68%	50.83%	34.31%

续表

省份	最低月工资标准（2010年5月）	月最低工资标准/流动人口平均月工资（2010年5月）	月最低工资标准/城镇平均月工资（2010年5月）	小时最低工资标准/流动人口平均小时工资（2012年5月）	月最低工资标准/流动人口平均月工资（2012年5月）
四川	497.62	30.18%	18.67%	44.57%	42.17%
贵州	597.22	40.89%	22.58%	53.22%	34.94%
云南	570.33	32.90%	22.54%	52.04%	38.55%
陕西	531.30	31.46%	18.69%	52.35%	35.73%
甘肃	550.00	38.52%	21.46%	60.50%	41.09%
青海	591.25	35.85%	22.02%	44.14%	34.90%
宁夏回族自治区	648.00	33.74%	21.06%	46.42%	40.81%
新疆维吾尔自治区	480.33	29.57%	14.36%	56.51%	30.07%

以上数据用折线图7—1能够更为清晰地展现其大小及变化趋势。我们可以看出，小时最低工资标准/流动人口小时平均工资这一比例在四个结果中是最高的，同时波动也是最大的，这一方面说明小时最低工资标准更加接近“最低工资标准与当地平均工资之比为40%—60%”的国际标准，另一方面也说明了小时最低工资标准在我国各地标准差距较大，设定较不均衡。另外我们看到，月最低工资标准/流动人口月平均工资在2010年5月及2012年5月的两个时间的比值有一定的相似性，说明尽管近两年最低工资标准在不断提高，但最低工资标准对于流动人口的工资来说，所占的比例并没有明显的变化，且这一比例基本处在30%—40%，说明最低工资标准水平仍然较低。而通过观察2010年5月最低工资标准/城镇月平均工资这一比值，我们看到月最低工资标准仅占城镇平均月工资的20%—30%，这一水平更加表明我国最低工资标准与一般城镇收入相比所处水平较低，与国际标准相差较大。另外，这一比值也比同期即2010年5月的月最低工资标准与流动人口平均月工资比值更低，也就是说，城镇平均月工资水平明显比流动人口平均月工资高，即流动人口的工资处于相对较低的水平。

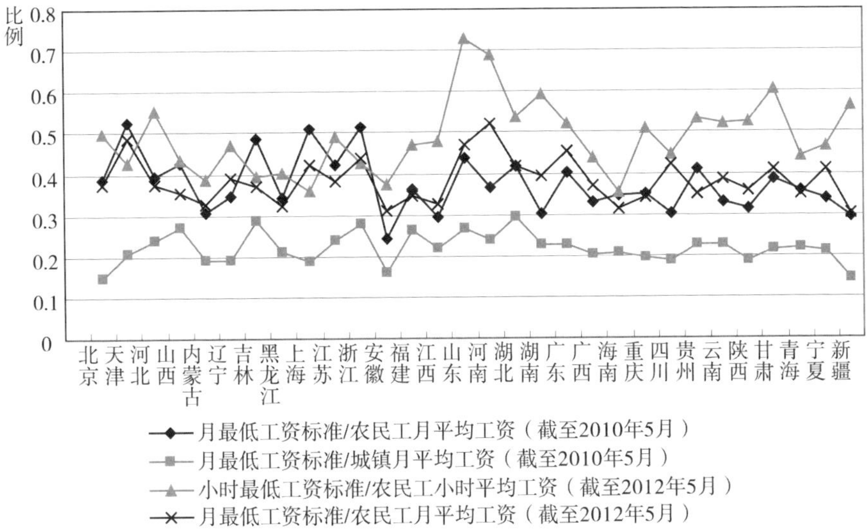

图 7－1 最低工资与农民工平均工资和城镇平均工资的比值

由于最低工资标准主要是保障劳动者及其家庭成员的最低生活水平的一项制度，因此，也正是因为流动人口的工资处于相对较低的水平，才使最低工资标准的实施对这一群体的影响比城镇职工的影响更大。因此，研究最低工资对流动人口的工资收入的影响也就更有意义。

3. **低工资流动人口特征**

国际上对低收入（工资）人群的定义一般采取两个标准：一是设定一个工资额，低于该工资额的人群就是低工资人群，这是一个绝对标准；二是根据工资分布，制定出一个相对标准。本章是以现行最低工资标准作为低工资人群的阈值，通过描述性统计及实证分析来考察该定义标准下的低工资人群特征。

此处将全日制工作者低于月最低工资标准及非全日制工作者低于小时最低工资标准的雇员均归为工资收入低于最低工资标准的雇员，共 2642 人，占就业雇员总数的 3.5％。表 7－5 和表 7－6 给出了流动人口的一些描述性统计量。为方便比较，表中分别列出了各特征组在全部雇员中的比例，在工资不低于最低工资标准的雇员中的比例，以及在工资低于最低工资标准的雇员（即本章定义的低工资人群）中的比例。其中，表7—5是不同个人特征人群组，表7—6是不同就业特征人群组。由表7—5可以看出，不同个人特征的人在全部雇员、工资不低于最低工资标准雇员及低于最低工资标准雇员人群中所占的比例，同时，最后一列给出了每一人群组的失业率。

首先来看不同年龄组的情况，从表7—5最后一列可以看到，相对其他年龄组，25岁以下及51岁以上的年龄组均有较高的失业率。从工资低于最低工资标准组及不低于最低工资标准组的雇员比例来看，结合图7—2可以看出，工资不低于最低工资标准的雇员（D组）中年龄分布为，21—25岁、26—30岁、31—35岁和36—40岁年龄组所占比例较高，基本达到15%及以上。也就是说，21—40岁的青壮年构成了这组人群的主体。而在低于最低工资标准雇员（E组）中，则可以看到21—40岁之间的几个年龄组在E组中所占比例明显比在D组中比例小，并且小于等于20岁及大于40岁之后的各组人群所占的比例明显超过了这两类人群在D组中所占的比例。也就是说，在较高工资的群体（D组）和较低工资的群体（E组）中，前者青壮年比例较后者青壮年比例更高，而后者则是少年及老年所占比例较前者更高。

从表7—5还可以看到，D组和E组的两组人群的男女性别差异是明显的，在工资不低于最低工资标准的人群（D组）中，男性占到59.22%，女性占40.78%，前者比后者高出近20个百分点；而在低于最低工资标准的人群（E组）中，男性与女性所占的比例则几乎相反，男性为34.37%，女性为65.63%。这与劳动力市场中女性处于劣势地位是吻合的。由此也不难理解女性的失业率比男性更高。从婚姻状况在各组中的比例来看，是否已婚在是否低于最低工资标准的人群中比例差别并不明显。而未婚（包括离异）人员的失业率比已婚人员更高，这也许是因为未婚身份是与青年人的待业状态密切相关的。从受教育程度方面来看，该数据并没有表现出失业率在不同受教育程度之间有明显的差别，其部分原因是流动人口样本中受教育程度较低的人员数量较大。虽然失业率与受教育程度之间没有表现出负相关关系，但我们仍然可以看到，受教育程度不同的各组别在 D 组和 E 组中的分布情况。其中，小学及以下、初中教育程度组别在前者中的比例低于在后者中的比例，高中及以上教育程度的组别则均是在前者中的比例高于在后者中的比例。这说明在较低收入人群组（D 组）中，受教育水平低的群体所占比例相对较高。而在较高收入人群组（E 组）中，受教育水平高的群体所占比例相对较高。从第一次流动至今的时间方面来看，时间长短分布在 D、E 两组中比例差异并不明显。

表 7-5 雇员的描述性统计量：不同个人特征人群

特征	类别	占全部雇员比例%（C）	工资不低于标准%（D）	工资低于标准%（E）	失业率
年龄组	≤20	8.08	7.87	13.82	2.01%
	21-25	21.46	21.58	18.17	1.80%
	26-30	20.52	20.76	13.70	1.51%
	31-35	15.25	15.37	11.92	1.48%
	36-40	14.24	14.26	13.82	1.22%
	41-45	11.49	11.37	14.88	1.18%
	46-50	6.35	6.25	9.20	1.34%
	51-55	1.70	1.66	2.69	1.68%
	≥56	0.91	0.88	1.82	2.17%
性别	男	58.36	59.22	34.37	1.13%
	女	41.64	40.78	65.63	1.98%
婚姻状况	已婚	64.96	64.93	65.75	1.37%
	未婚或其他	35.04	35.07	34.25	1.79%
受教育程度	小学及以下	12.67	12.25	24.22	1.19%
	初中	49.72	49.63	52.46	1.44%
	高中及中专	23.66	23.90	17.07	1.70%
	大专	8.74	8.88	4.81	1.62%
	本科及以上	5.20	5.34	1.44	1.58%
第一次流动至今时间	5 年及以下	52.22	52.32	49.32	1.47%
	6-10 年	24.17	24.20	23.35	1.46%
	11-15 年	14.82	14.78	15.82	1.60%
	16-20 年	5.68	5.62	7.19	1.23%
	21 年及以上	3.12	3.08	4.31	1.60%

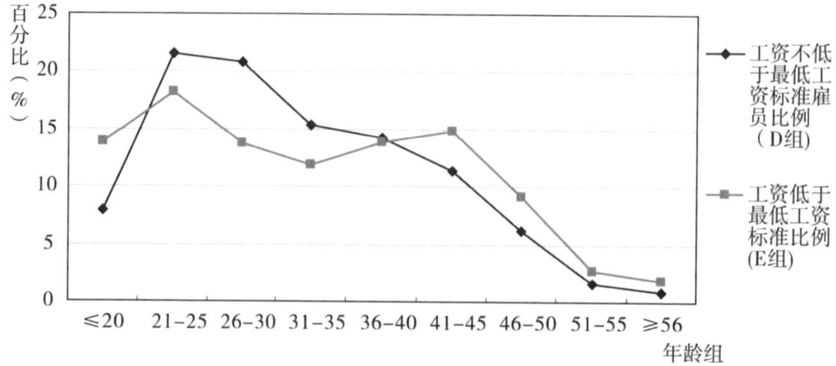

图 7－2 雇员的年龄构成

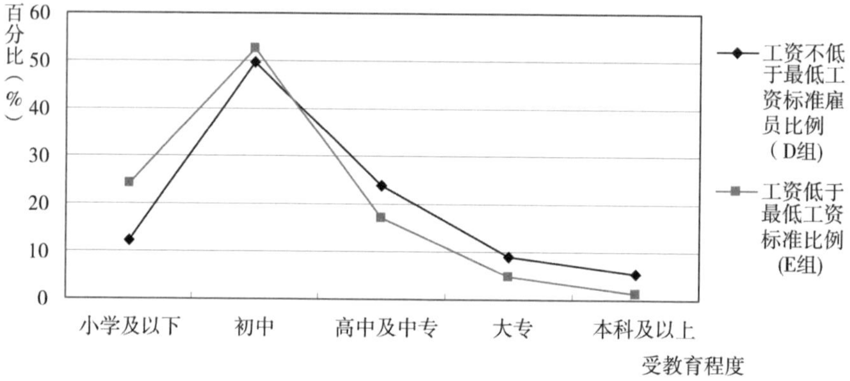

图 7－3 雇员的文化程度结构

表 7－6 显示，工资不低于最低工资标准（F 组）和工资低于最低工资标准（G 组）的两个群体在不同职业种类的人员分布上有一定的相似性，生产运输设备操作人员、商业服务业人员均占有较大的比例，这两类职业的雇员总和在这两组群体（F 组和 G 组）中的比例几乎都达到了 80%。这两组群体在不同单位所有制企业的分布也没有明显的差异，且都在所有制性质为个体/私营企业的组别占有相当大的比例，而在其他所有制单位中比例则小得多。从工作单位所在行业来看，雇员在制造业、建筑业、批发零售、住宿餐饮、社会服务这几组行业中比例较大，而这几类行业是大家普遍认同工资较低的行业。

表 7-6 雇员的描述性统计量：不同就业特征人群（%）

特征	类别	占全部雇员比例	工资不低于标准（F）	工资低于标准（G）
职业种类	生产运输设备操作人员	40.72	41.38	22.33
	机关、企事业单位负责人	0.64	0.65	0.30
	技术人员	10.99	11.20	5.30
	办事	2.37	2.42	1.02
	私营、个体户主	3.11	3.07	4.20
	商业服务业人员	37.58	36.87	57.23
	农林牧渔生产人员	1.31	1.20	4.35
	无固定职业	1.57	1.52	2.91
	其他	1.72	1.70	2.35
工作单位所有制性质	个体/私营企业	70.56	70.56	70.55
	机关事业单位	3.15	3.03	6.40
	国有及国有控股企业	7.71	7.73	7.12
	集体企业	3.42	3.41	3.63
	土地承包者	0.91	0.91	0.91
	中外合资/外资/港澳台企业	9.76	9.97	3.71
	其他	0.94	0.92	1.74
	无单位	3.56	3.47	5.94
工作单位所在行业	制造业	32.95	33.44	19.08
	采掘	1.88	1.91	1.14
	农林牧渔	1.38	1.28	4.20
	建筑业	11.55	11.78	5.22
	电煤水生产供应	0.98	0.99	0.57
	批发零售	8.28	8.19	10.71
	住宿餐饮	12.46	12.40	13.97
	社会服务	10.93	10.49	23.32
	金融/保险/房地产	2.08	2.11	1.36
	交通运输、仓储和邮电通信	4.59	4.69	1.85
	其他	12.92	12.71	18.58

从上述结果中我们可以得出这样一个结论，具有这些个人特征，如年龄较小或较年老、女性、受教育程度低的人群，接受低于最低工资标准的低水平工资的可能性越大。同时，职业与行业对于低工资人群的相关性也比较明显，在制造业、建筑业、社会服务等这样一些需要技能水平较低的行业或者相关职业中工作的人所获得相对低的工资水平的可能性更高。这一部分原因是行业职业本身的原因，另一部分原因是这些行业本身更容易吸收诸如受教育程度低、未接受培训等人力资本水平较差的人群。另外，在年龄较小或较年老，女性，受教育程度较低的人群中，失业率也相对更高。

以上是低工资流动人口的特征分析，也就是说，具有这样一些特征的人群将是最低工资标准政策最可能影响到的人群。为了验证上述结论，同时也是出于一些模拟分析的需要，我们使用 Probit 模型来估计是什么因素影响到流动人口获得的工资是否低于最低工资标准。

第三节
低工资流动人口特征实证分析

为验证上述结论，本章使用 Probit 模型对工资低于相应地区最低工资标准的雇员的特征进行了估计。由于全日制工作者和非全日制工作者所适用的最低工资标准不同，因此对于非全日制工作者和全日制工作者，分别用 Probit 模型给予估计。对于非全日制工作者，模型中的被解释变量是以小时工资为判断标准的二项选择变量，即如果样本的小时工资低于所在地区小时最低工资标准，被解释变量取值为 1；如果样本小时工资不低于所在地区小时最低工资标准，被解释变量取值为 0。对于全日制工作者，模型中的被解释变量是以月工资为判断标准的二项选择变量，即如果样本的月工资低于所在地区月最低工资标准，被解释变量取值为1；如果样本月工资不低于所在地区月最低工资标准，被解释变量取值为0。无论是全日制工作者还是非全日制工作者的Probit模型中的解释变量都包括年龄、年龄平方项、性别、户口、民族、婚姻状况、受教育程度、第一次流动至今时间长、行业种类、职业种类、单位所有制、地区（东、中、西部）。表7－8和表7－9分别给出了全日制和非全日制工作者Probit模型的估计结果，包括解释变量的系数估计值以及解释变量的边际效应。在模型估计中，男性、农业户口、汉族、已婚、小学及以下教育程度、所在行业为制造业、职业为生产运输设备操作人员、单位所有制为个体或私营企业这些个人和就业特征被处理为省略变量。

如表7－8所示，对于全日制工作者来说，随着年龄的增加，月工资收入低于最低工资标准的可能性先减小后增大。这与之前描述性统计的结论一致，即年龄较小或较年老的雇员工资低于最低工资标准的可能性较大。从Probit模型估计结果我们看到，在达到拐点前，年龄每增加一岁，月工资收入低于最低月工资标准的可能概率减少0.58个百分点。性别同样对工资收入低于最低工资标准的可能性有影响，女性比男性工资低于最低工资标准的可能性高2.15个百分点，这与人们的直觉相一致。这一方面可能体现了劳动力市场对男女职工需求上的差异，另一方面可能来自用工单位对女性职工的歧视。与我们预期有差异的是，是否为农业户口及民族是否为少数民族这些个人特征对工资收入是否低于最低工资标准可能性的影响并不显著。

教育无疑会提高人们的认知水平和学习能力，使人们在劳动力市场上处于更为有利的地位。相对于小学及以下受教育水平，初中、高中及中专、大专、本科及以上受教育水平的劳动者工资收入低于月标准的可能性均更低。其中，初中受教育水平人员工资低于最低工资标准的可能性比小学及以下受教育水平人员工资低于最低工资标准的可能性低1.42个百分点，高中及中专受教育水平、大专受教育水平、本科受教育水平这三组人员得到工资低于最低工资标准的可能性相对于小学及以下受教育水平人员更低，其可能性分别低 2.66、3.33 和 4.40 个百分点。除此之外，第一次流动距今时间越长，即第一次流动时间越早的劳动者的工资收入低于标准的可能性越大，第一次流动时间每早一年，工资低于标准的可能性就会增加 0.04 个百分点。我们考虑这是因为第一次流动时间越早的人，其年轻时所处的年代教育发展水平越差，因此，其受教育水平越差，使其得到低工资水平的可能性越大。通过以受教育水平为因变量，第一次流动至今时间长为自变量作粗略的回归分析，得到两者之间存在较明显的负相关关系，该结果证实我们的猜测有一定的准确性。

人们就业所在行业与工资是否低于最低工资标准也有一定的相关性。以制造业为基准，在建筑业、住宿餐饮行业工作的劳动者的工资更不可能低于标准，而在社会服务行业及除表中所列的各行业之外的其他行业中工作的劳动者的工资更可能低于标准。其中，建筑业、住宿餐饮行业比制造业工资低于标准的可能性分别低 0.64 和 0.55 个百分点，社会服务行业和“其他”行业比制造业工资低于标准的可能性分别高 1.53 和 1.33 个百分点。就业者的职业种类与工资是否低于标准的相关性更加明显，相对于生产运输设备操作人员，办事人员工资低于标准的可能性要低 1.25 个百分点，而私营/个体户主、商业服务业人员、农林牧渔生产人员、无固定职业人员等工资低于标准的可能性都更高，分别比生产运输设备操作人员工资低于标准的可能性高 1.99、1.23、3.21、1.31 个百分点。所有制性质对就业者工资是否低于标准的可能性也有一定影响。机关事业单位、国有及国有控股企业、无单位的人员工资低于标准的可能性分别比个体/私营企业人员工资低于标准的可能性高 1.37、0.76、0.90 个百分点，中外合资/外资/港澳台企业比个体/私营企业人员工资低于标准的可能性低 1.30 个百分点。

除以上个人及就业特征之外，地区差异也影响着工资差异。西部地区比东部地区人员工资低于最低工资标准的可能性低 0.38 个百分点，这可能是因为东部地区的最低工资标准更高，如表 7－7 所示，工资低于最低工资标准的可能性更大。

表 7-7 最低工资标准的地区差异

	月最低工资标准平均值	月最低工资标准最小值	月最低工资标准最大值
东部	1186.93	683.33	1500
中部	883.3211	620	1060
西部	893.3457	620	1060

因此，具有诸如“年龄较小或较年老，女性，第一次流动时间较早，受教育程度较低，所在行业为社会服务业，从事职业为私营/个体户主、商业服务业人员、农林牧渔生产人员或无固定职业人员，处于东部地区”这些特征的人所得到的工资更有可能低于最低工资标准，这个结论与之前描述性数据分析所得到的结论基本是一致的。具有这些特征越多的全日制工作人员，得到的月工资低于月最低工资标准的可能性也越大。

表 7-8 全日制工作者低工资者特征的 Probit 模型

		系数估计值	边际效应（百分点）			系数估计值	边际效应（百分点）
性别	年龄	-0.1030***	-0.58%	职业种类	生产运输设备操作人员		
	年龄平方	0.0014***	0.01%		机关、企事业单位负责人	-0.1554	-0.88%
	男性				技术人员	0.0366	0.21%
	女性	0.3808***	2.15%		办事	-0.2210**	-1.25%
户口	农业				私营、个体户主	0.3518***	1.99%
	非农业	-0.0334	-0.19%		商业服务业人员	0.2171***	1.23%
民族	汉族						
	少数民族	-0.0178	-0.10%				
婚姻状况	已婚						
	未婚及其他	-0.0485	-0.27%				

续表

		系数估计值	边际效应（百分点）
受教育程度	小学及以下		
	初中	−0.2514***	−1.42%
	高中及中专	−0.4705***	−2.66%
	大专	−0.5889***	−3.33%
	本科及以上	−0.7788***	−4.40%
	第一次流动至今时间	0.0073***	0.04%
行业种类	制造业		
	采掘	0.1276	0.72%
	农林牧渔	0.2147	1.21%
	建筑业	−0.1132**	−0.64%
	电煤水生产供应	−0.1357	−0.77%
	批发零售	−0.0621	−0.35%
	住宿餐饮	−0.0967**	−0.55%
	社会服务	0.2701***	1.53%
	金融/保险/房地产	0.0092	0.05%
	交通运输、仓储和邮电通信	−0.0589	−0.33%
	其他	0.2360***	1.33%

		系数估计值	边际效应（百分点）
职业种类	农林牧渔生产人员	0.5691***	3.21%
	无固定职业	0.2319***	1.31%
	其他	0.2475***	1.40%
单位所有制	个体/私营企业		
	机关事业单位	0.2424***	1.37%
	国有及国有控股企业	0.1341***	0.76%
	集体企业	0.0015	0.01%
	土地承包者	−0.1021	−0.58%
	中外合资/外资/港澳台企业	−0.2304***	−1.30%
	其他	0.1700*	0.96%
	无单位	0.1587***	0.90%
	东部		
	中部	−0.0366	−0.21%
	西部	−0.0669**	−0.38%
	常数项	−0.3207**	

注：***、**、*分别表示在1%、5%、10%的水平上显著。

参照表7—9，我们可以看到非全日制工作者中具有哪些特征的人更容易得到工资低于小时最低工资标准。与全日制工作者相似，随着年龄增加，小时工资收入低于最低小时工资标准的可能性先减小后增大，在达到拐点之前，年龄每增加一岁，小时工资低于最低小时工资标准的概率减少

1.94 个百分点。在性别方面，女性比男性工资低于最低工资标准的可能性高 2.15 个百分点。教育对于非全日工作者的工资同样也起到重要的作用，且影响的百分比较全日制工作者更大。相对于小学及以下教育水平，初中教育水平人员工资低于最低工资标准的可能性比小学及以下教育水平人员工资低于最低工资标准的可能性低 4.84 个百分点，高中及中专教育水平、大专教育水平、本科教育水平这三组人员得到工资低于最低工资标准的可能性则分别低 11.69、16.60 和 28.10 个百分点。

在行业种类方面，建筑业、住宿餐饮业及交通运输、仓储和邮电通信行业比制造业更不容易低于最低工资标准，而社会服务类行业的工资则与制造业相比更容易低于最低工资标准。就业者的职业种类中，商业服务业人员、农林牧渔生产人员工资低于标准的可能性分别比生产运输设备操作人员工资低于标准的可能性高 9.64 和 16.08 个百分点。所有制性质中，机关事业单位工资低于标准的可能性比个体/私营企业人员工资低于标准的可能性高 13.30 个百分点。

因此，总结非全日制工作者的估计结果，则是具有诸如“年龄较大、女性、受教育程度较低，所在行业社会服务业，从事商业服务业、农林牧渔生产”这些特征的人所得到的工资更有可能低于最低工资标准。

表 7－9　非全日制工作者低工资就业者特征的 Probit 模型

		系数估计值	边际效应（百分点）			系数估计值	边际效应（百分点）
性别	年龄	−0.0792***	−1.94%	职业种类	生产运输设备操作人员		
	年龄平方	0.0011***	0.03%		机关、企事业单位负责人	−0.0208	−0.51%
	男性				技术人员	0.0679	1.66%
	女性	0.5698***	13.93%		办事	−0.1692	−4.14%
户口	农业				私营、个体户主	0.2458	6.01%
	非农业	−0.0619	−1.51%				
民族	汉族						
	少数民族	0.0926	2.26%				

续表

		系数估计值	边际效应（百分点）
婚姻状况	已婚		
	未婚及其他	-0.0516	-1.26%
受教育程度	小学及以下		
	初中	-0.1982***	-4.84%
	高中及中专	-0.4782***	-11.69%
	大专	-0.6792***	-16.60%
	本科及以上	-1.1496***	-28.10%
	第一次流动至今时间	-0.0011	-0.03%
行业种类	制造业		
	采掘	-0.4473	-10.93%
	农林牧渔	-0.3951	-9.66%
	建筑业	-0.3040**	-7.43%
	电煤水生产供应	0.0644	1.57%
	批发零售	0.1019	2.49%
	住宿餐饮	0.2220*	5.43%
	社会服务	0.2608**	6.37%
	金融/保险/房地产	-0.1343	-3.28%
	交通运输、仓储和邮电通信	-0.4516**	-11.04%
	其他	0.0893	2.18%
职业种类	商业服务业人员	0.3945***	9.64%
	农林牧渔生产人员	0.6580**	16.08%
	无固定职业	0.3180	7.77%
	其他	-0.0507	-1.24%
单位所有制	个体/私营企业		
	机关事业单位	0.5441***	13.30%
	国有及国有控股企业	0.1415	3.46%
	集体企业	0.0045	0.11%
	土地承包者	-0.6079*	-14.86%
	中外合资/外资/港澳台企业	-0.1903	-4.65%
	其他	0.3637*	8.89%
	无单位	-0.0685	-1.67%
	东部	0.1072	2.62%
	中部	0.0309	0.75%
	西部	0.0907	-0.51%
	常数项	-0.0208	

第四节
最低工资政策实施影响模拟分析

前文分析了工资低于最低工资标准的雇员的特征，具有这些特征越多的雇员，也是更容易受到最低工资政策影响的人群。那么，最低工资政策的实施将会产生多大的影响，对于流动人口的工资不平等又将产生怎样的影响呢？本章将对最低工资政策的实施情况及可能产生的影响进行几种情况的模拟假设，根据流动人口工资的基尼系数的变化来进一步考察最低工资政策将带来的影响。

（一）未实施最低工资【假设工资降低，失业不变】

最低工资政策的实施将使社会中一部分原来工资低于最低工资标准的雇员的工资增长到最低工资标准水平或之上，那么，若最低工资政策没有实施，还原这部分雇员的低工资水平，流动人口的工资不平等将是怎样的呢？本部分将对这种情况给予模拟分析。

本部分的模拟方法如图 7－4 所示，先用 Probit 模型估计每个人的工资低于最低工资标准的概率，并求得该概率的均值，对于个人概率大于均值的人群，我们假设其为无最低工资政策实施时工资低于最低工资标准的人群，这组人群中现有一些人因为受到最低工资政策的覆盖而使得工资等于或高于最低工资标准，同时有一些人因未被政策覆盖而工资仍低于标准，因此，我们将后者的平均工资赋予前者，来模拟当无最低工资政策实施时，前者所可能达到的工资水平。

具体实施过程如下：先利用 Probit 模型估计个人的工资低于最低工资标准的概率。被解释变量为所得工资是否低于最低工资标准，即若非全日

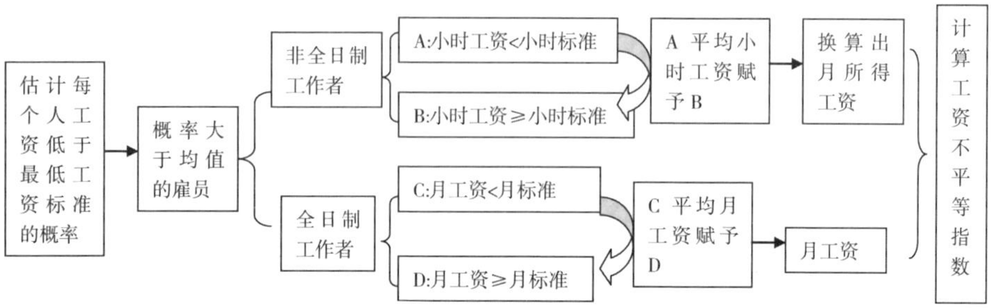

图 7－4 模拟流程图

制工作者的小时工资低于小时最低工资标准或全日制工作者的月工资低于月最低工资标准则被解释变量赋值为 1，表示低于最低工资标准，否则都赋值为 0。解释变量分别为年龄、年龄平方、性别、户口、民族、婚姻状况、受教育程度、第一次流动距今时间、工作行业、职业种类、单位所有制、地区。所得概率分布见表 7－10：

表 7－10 雇员工资低于最低工资标准的概率分布

雇员数	平均值	标准差	最小值	最大值
76029	0.03474	0.03575	0.0002998	0.5524

概率的平均值近似取为 0.0347，概率大于均值的分为非全日制工作者和全日制工作者，分别用小时工资和月工资作判断。非全日制工作者中，取小时工资低于小时标准的雇员的平均小时工资，将所得平均工资值赋值给小时工资不低于小时标准的雇员。在赋值后的基础上计算月所得工资。全日制工作者中，取月工资低于月标准的雇员的平均月工资，将所得平均工资值赋值给月工资不低于月标准的雇员。至此，所有概率大于均值且工资大于最低工资标准的雇员均被赋予新的工资水平，即我们假定的当在无最低工资政策实施情况时，这部分人群所本应得到的工资水平。在这个模拟之后，计算所有雇员月所得工资的基尼系数为 0.355。

（二）未实施最低工资【假设工资降低，失业增加】

第一部分是讨论若最低工资政策没有实施，则将一部分现在高工资的雇员还原为政策实施前应得到的低工资水平，同时不引起失业率变化的情况。然而，若雇员的工资水平变化，理论上失业率也应该有所变化，因此，本部分进一步讨论在上述工资变化的基础上，失业率也随之发生变化的情况。

传统的经济理论认为，地区的高失业率与高工资水平联系在一起，因为工资水平越高，雇主能够雇佣的劳动者越少，导致失业率越高，而工资水平越低，失业率则越低。然而，近年来大量实证研究却表明，失业率与工资水平往往呈反向相关的关系（Lutz Bellman 和 Uwe Blien，2001）。这一结果被表示为工资曲线（Wage Curve）：

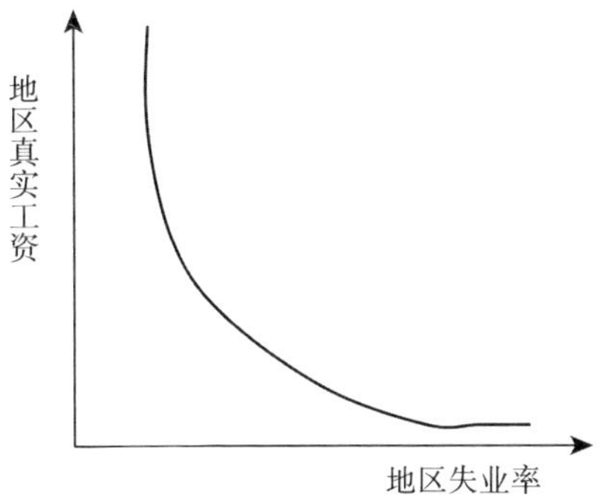

图 7－5　工资曲线：工资水平与地区失业率之间的关系

效率工资理论如此解释工资曲线：位于存在着大量失业的区域性劳动力市场中的企业，不必提供高工资率以阻止工作者偷懒或消极怠工，高失业率会使工作者不偷懒。相比之下，位于几乎不存在失业的区域性劳动力市场中的企业，必须支付高工资以激励工作者避免消极怠工。

本部分根据人口计生委流动人口动态监测数据在 2010 年下半年、2011 年及 2012 年共三次调查的数据，得到我国 31 个省区流动人口三年的失业率和平均工资水平（以 2010 年为基期，经过 CPI 调整），有效观察对象为 93 个。在正式的计量估计之前，我们用散点图观察了各年度地区工资水平和失业率之间的直观联系，可发现它们之间的确表现出工资曲线所揭示的负向关系。

利用 OLS 回归，以流动人口失业率的对数作为被解释变量，以流动

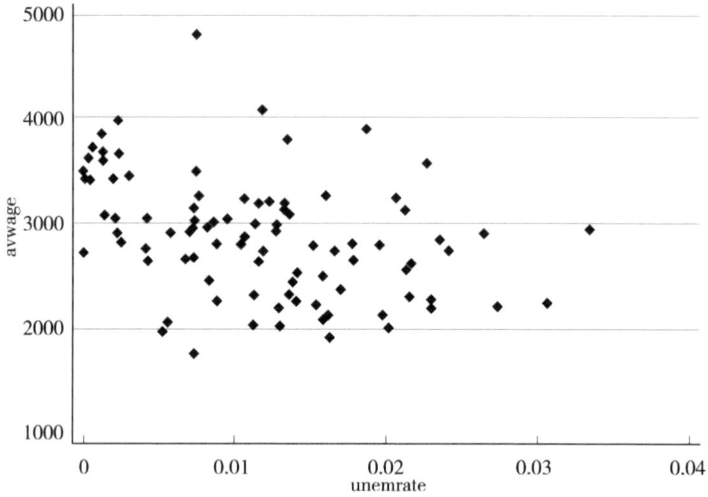

图 7—6　地区工资水平和失业率的散点图

人口平均工资对数作为解释变量，将各省区流动人口人力资本平均水平和所处经济地带东、中、西部列为控制变量，得到地区失业率和平均工资水平之间的关系。结果如表 7—11 所示：

表 7—11　工资曲线估计结果 [被解释变量：ln（失业率）]

解释变量	估计系数	标准差	95%置信区间	复判定系数（R—squared）	调整的复判定系数（Adj R—squared）
ln（平均工资）	—2.1213***	0.4334	[—2.9829，1.2597]	0.2274	0.2004

注：*** 表示在 1%水平上显著。

根据回归结果，我国流动人口地区平均工资和失业率存在显著的负向关系，地区流动人口平均工资下降 1%，地区失业率将上升 2.12%。

得到该结果后，在上一部分的基础上，雇员的工资均被还原为最低工资政策实施前的水平，因此，平均工资由原始数据计算得到的 2693 元/月降低为上一节模拟后得到的 2273 元/月，降低了 15.61%，因此，失业率将上升约 33.08%。原失业率为 1.45%，上升后的失业率为 1.94%，因此，失业人数将增加经济活动人口的 0.49%。原就业者及失业者共 132195

人，因此失业者将增加约 648 人。

此时再次利用 Probit 模型估计得到的每个样本的失业概率大小，并假设在此种情况下增加的失业者为现在就业者中失业概率最大的 648 人。将这部分人假设为失业者之后，计算所余就业雇员的月所得工资收入的基尼系数为 0.355，这较上一节的结果有细微的减小。

（三）未完全实施最低工资【真实数据】

以上两部分均是假设最低工资政策未实施，试图还原政策实施前的工资水平及失业状况，此部分则是计算最低工资政策实施的真实情况下的雇员的工资不平等情况，即 2012 年流动人口动态监测的真实数据所呈现的雇员月所得工资收入的不平等情况，经计算得到基尼系数为 0.265。

（四）严格实施最低工资【无人再失业】

在真实的情况下，最低工资政策并没有得到完全严格的实施，若该政策得到严格实施之后，则应该所有人所得工资均应不低于最低工资标准。非全日制工作者的小时工资不应低于小时标准，全日制工作者的月工资不应低于月标准。

本部分假设最低工资政策得到严格的实施之后，数据中所有低于最低工资标准的雇员的工资水平均提高到标准的水平，即小时工资低于最低小时工资标准的非全日制工作者的小时工资等于最低小时最低工资标准，月工资低于最低月工资标准的全日制工作者的月工资等于最低月工资标准，并暂且假设这一工资水平的提高并未引起失业率的变化。那么，此种情况下雇员月所得工资收入的基尼系数为 0.26244。

（五）严格实施最低工资【失业增加】

继假设所有人工资都达到最低工资的标准之后，本节在此工资水平基础上进一步加以考虑这种工资变动情况下失业率的变化。

在上部分中，所有工资低于最低工资标准的雇员的工资都赋值为最低工资标准值，则平均工资由 2693 元/月增长到 2703 元/月，涨幅为 0.37%，根据之前得到的弹性，失业率将下降 0.79%。原失业率为 1.45%，因此改后失业率应为0.66%。就业及失业总人数为132195人，因此若失业率为0.66%，则现在失业人数应为872人，比原失业人数1923人少了1051人。

根据上一部分中通过Probit模型计算得到的每个人的失业概率，取失业人群中失业概率最低的1051人转为就业，并赋予所在地区的最低工资值，此时再计算雇员月所得工资收入的基尼系数为0.26175。

（六）加入失业人群

此部分将所有失业人员都假设为雇员，但将其月收入假设为0，其余样本收入及就业状态不变，则此时雇员月所得工资收入的基尼系数为0.28334。

（七）六种模拟情况总结

将以上六种模拟情况分别所得基尼系数绘制为折线图如图7－7所示，我们看到，在（一）和（二）中假设的两种未实施最低工资政策时的情况，无论是否考虑失业率的变化，其基尼系数都是在六种情况中最高的。而（四）和（五）中假设的两种严格实施最低工资政策的情况，也是无论是否考虑实施该政策对失业率所造成的影响，基尼系数都比在（三）节的真实情况下的基尼系数更小一些，可见：虽然最低工资政策在是否影响劳动力市场的失业率问题上仍然备受争议，但从本章的结果来看，严格实施最低工资政策还是能在一定程度上缓解流动人口的雇员之间的工资收入不平等，尽管本章所显示的缓解幅度并不是很明显。

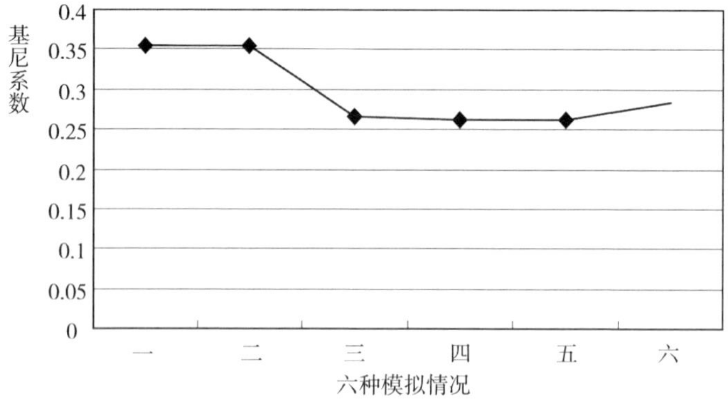

图7－7 六种模拟情况下基尼系数的变化趋势

第八章

农民工培训效果分析

随着我国经济的快速发展，大量的农村剩余劳动力纷纷进城务工，农民工已经并将进一步成为我国产业大军的重要组成部分。但是，他们的文化水平普遍较低、专业技能普遍较差，这不仅影响了农民工的就业和收入，影响了企业的技术进步，也影响了我国产业结构的优化升级和经济发展模式的转变。近年来，不少企业存在“招工难”的问题，与此同时，很多农民工也存在“找工作难”“找好工作更难”的问题。这“两难”问题的并存，更加凸显了增加农民工人力资本投资、提高农民工素质的紧迫性和重要性。农民工培训，作为提高农民工人力资本投资的一种重要形式，越来越受到人们的关注。

第一节
农民工培训相关理论和分析方法

在劳动经济学中，培训可以分为“一般培训”（General Training）和“特殊培训”（Specific Training）两种。“一般培训”指的是培训内容不仅适用于本企业、本行业还适用于其他企业、其他行业，而“特殊培训”则指培训内容具有本企业的专用性[①]。

图 8—1A 描述的是“一般培训”的情形。假设培训的费用是由企业负担，图中的 W_u 和 MRP_u 分别代表未参加培训的工人对应的工资率和边际产品收益，W_t 和 MRP_t 分别代表参加培训的工人在培训期间所对应的工资率和边际产品收益，而 W_p 和 MRP_p 则分别表示工人参加培训之后所对应的工资率和边际产品收益。MRP_t 之所以低于未参加培训的工人的 MRP_u，是因为在培训期间，工人把时间和精力从生产转移到了学习上。由于参加的是一般培训，培训后工人对应的边际产品收益 MRP_p 适用于所有企业，因此，其他企业将愿意以不低于 MRP_p 的工资水平雇佣他们。这对于负担培训的企业来说，如果支付给受过培训工人低于 MRP_p 的工资，工人将会跳槽到其他企业就业，那么其培训收益将会流失；如果按照他们的 MRP_p 支付工资，工人将获得培训收益，企业却无从获利。在这种情况下，企业也就没有动力为工人负担一般培训的费用。

图 8—1B 描述的是“特殊培训”的情形。W_u 和 MRP_u 分别代表未参

---

① 坎贝尔·R·麦克南等．当代劳动经济学（第七版）［M］．北京：人民邮电出版社，2006.

加培训的工人对应的工资率和边际产品收益，MRP_t 和 MRP_p 分别代表参加培训的工人在培训期间和培训后所对应的边际产品收益。由于特殊培训的内容不适用于其他企业，因此，在完全竞争的劳动力市场上，工人不能因曾参加过培训而使自己的工资率有所提高，所以工人将拒绝承担培训的费用，不接受培训期间的低工资。因此，在培训期间，工人的工资率将维持在 W_u 的水平上。这意味着企业必须通过支付给工人超过其边际产品收益（MRP_t）的工资率（W_u）。然而，由于特殊培训的内容不适用于其他企业并不能给其他企业带来好处，所以，在培训期之后，企业将不需要支付给工人比 W_u 高的工资（为了防止受到培训的工人跳槽，企业通常会支付工资 W_p）。对于企业来说，特殊培训在培训期间给它带来了成本流（W_u 高于 MRP_t），但是在培训期之后给它带来了收益流（MRP_t 高于 W_u），如果培训收益大于培训成本，那么为工人提供特殊培训是有利可图的。因此，企业大多愿意提供特殊培训。

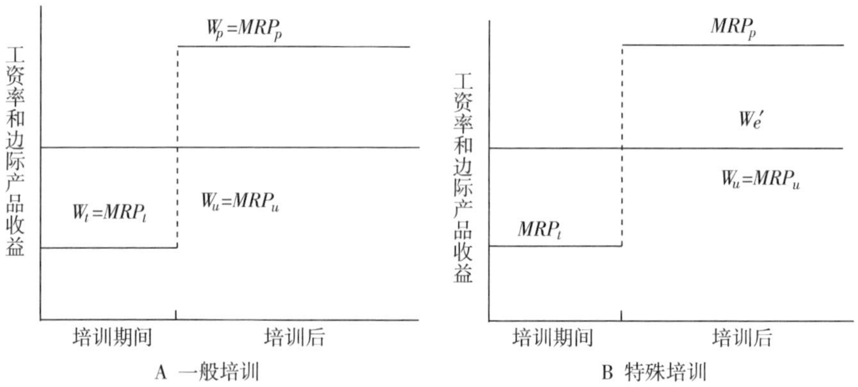

图 8－1　一般培训和特殊培训

测量培训效果主要是指培训对农民工工资的影响程度。对此，本章用了两种方法，一是 OLS 回归分析方法，二是倾向得分匹配法（Propensity Score Matching，PSM）。

我们用 OLS 方法时，被解释变量是农民工的月工资对数，“是否接受过培训”作为一个二元虚拟的解释变量加入回归方程中，同时还引入了一些控制变量，其中，回归结果中的“培训”变量的系数估计值大致反映了培训所带来的工资增长效应。但是，这种方法面临一个“自选择问题”，而这个问题会带来选择性偏差。此方法是建立在零条件均值假定的基础上的，即一部分农民工之所以参加培训、另一部分农民工之所以没有参加培训，完全是随机决定的，培训的实施有些类似准自然实验。但是，如果农民工“参加培训”不是随机决定的，而是自选择的结果，那么用 OLS 方法所估计出的培训效应会是有偏差的。

为了解决“自选择问题”，本章尝试地使用了倾向得分匹配法来估算农民工培训的工资效应。该方法与 OLS 回归分析法的关系可以说明如下：令 Y 代表农民工工资；D 为二元虚拟变量，其中 $D=1$ 代表“参加培训”，$D=0$ 代表“未参加培训”；那么 Y_1 代表参加过培训的农民工的工资，Y_0 代表未参加过培训的农民工的工资；令 X 代表性别、年龄等控制变量。采用 OLS 方法所估计出的结果实际是 $E(Y_1/X,D=1)-E(Y_0/X,D=0)$，而此算式又可以分成两部分：

$$E(Y_1/X,D=1)-E_0(Y/X,D=0)$$
$$=\underbrace{[E(Y_1/X,D=1)-E(Y_0/X,D=1)]}_{\text{ATT}}+\underbrace{E_0(Y/X,D=1)-E_0(Y/X,D=0)}_{\text{选择性偏差}} \quad \text{式}(1)$$

其中，分项 ATT 是指那些“参加过培训”的农民工的实际工资与其假如没有“参加过培训”的工资的差异。它反映了培训对工资的单纯影响，也正是我们希望得到的无偏估计结果。分项“选择性偏差”是指那些“参加过培训”的农民工假如其没有“参加过培训”所能获得的工资［$E(Y_0/X,D=1)$］与那些实际没有“参加过培训”的农民工的工资［$E(Y_0/X,D=0)$］的差异。

从式（1）我们可以看出，用 OLS 方法所估计出的培训效果不仅包含 ATT，还包含选择性偏差。选择性偏差的存在导致了 OLS 方法估算结果的偏差。

如果能同时知道（$E(Y_1/X,D=1)$）和（$E(Y_0/X,D=0)$）的具体取

值，我们就能准确得出分项 ATT[①]。可现实中，我们仅能观察到参加过培训的农民工参加培训后的工资（$E(Y_1/X,D=1)$），却观察不到同一时间点上这些农民工假如不参加培训时的工资（$E(Y_0/X,D=1)$）。因此，我们采用倾向得分匹配法来构造这一反事实工资。

倾向得分匹配法的基本思路是：先利用 Logit 模型估计出每个农民工参加培训的概率（即倾向性得分 $P(D=1/X)$）；再将实验组（参加过培训的农民工）和控制组（未参加过培训的农民工）中倾向性得分相同或相近的农民工样本进行匹配，二者的工资之差就是 ATT（Bryson 等[②]；Caliendo 和 Kopeinig[③]）。

---

① 理论上，培训效果应包含三种类型：ATE（Average Treatment Effect）、ATT（Average Treatment Effect on the Treated）和 ATU（Average Treatment Effect on the Untreated）。ATE 指的是对于“所有的农民工”（包括已参加过培训的农民工和未参加过培训的农民工）来说，在控制其他因素不变的情况下，单单“培训”这一行为能使他们的月均工资提高多少；ATU 指的是对于那些“没有参加过培训的农民工”来说，在控制其他因素不变的情况下，如果他们参加培训，培训能使他们的月均工资提高多少。在本章中，我们只关注 ATT，这是因为估算 ATT 比估算 ATE 所需要的假设相对弱一些，对数据的要求也相对少一些。ATE 所需要的假设是：1）Y_1，$Y_0 \perp D/X$；2）$0<P(D=1/X)<1$；ATT 所需要的假设是：1)$Y_0 \perp D/X$；2)$<P(D=1/X)<1$。

② Bryson，Alex，Richard Dorsett，Susan Purdon. The Use of Propensity Score Matching in the Evaluation of Active Labor Market Policies [J] . Policy Studies Institute and National Centre for Social Research，Working Paper Number 4，2002.

③ Caliendo，Marco，Sabine Kopeinig. Some Practical Guidance for the Implementation of Propensity Score Matching [J] . IZA，Discussion Paper No. 1588，2005.

第二节
数据介绍与基本描述统计

本章所采用的是 2007 年的 CHIP（Chinese Household Income Project）数据和 2010 年的流动人口动态监测数据。本章将研究对象限定为年龄在 16—60 岁且有工作和工资的农民工（这里仅考虑从事工资性收入的农民工，不包含从事自我经营的农民工①），进一步剔除掉那些遗漏个人特征、就业和收入信息的样本，最后剩下 5370 人，其中男性 3133 人，占 58.34%，女性 2237 人，占 41.66%。

图 8—2A 和图 8—2B 反映了 2007 年和 2010 年农民工培训的普及情况。总体而言，农民工参加培训②的比例偏低，2007 年仅有 27.39%的农民工参加了培训，而到 2010 年，即金融危机后，农民工参加培训的比例下降到 12.9%。接下来，我们具体看一下不同类别农民工的参训情况。图 8—2A和图 8—2B 显示，女性农民工参加培训的比例低于男性，已婚者参加培训的比例明显低于未婚者，30 岁以上的农民工参加培训的比例明显低于 30 岁以下的农民工；随着受教育程度的提高，农民工参加培训的比例呈逐渐上升的趋势。

---

① 由于从事自我经营的农民工很难分清自己的收入哪些属于工资性收入，哪些属于其他类型的收入，即他们所上报的收入可能不仅仅包含工资性收入，还包含其他类型的收入。因此，本章在作具体分析时，仅考虑了从事“工资性收入”的农民工样本，而将从事“自我经营”的那部分农民工样本剔除掉了。

② 本章所提到的培训所指的都是非农培训。

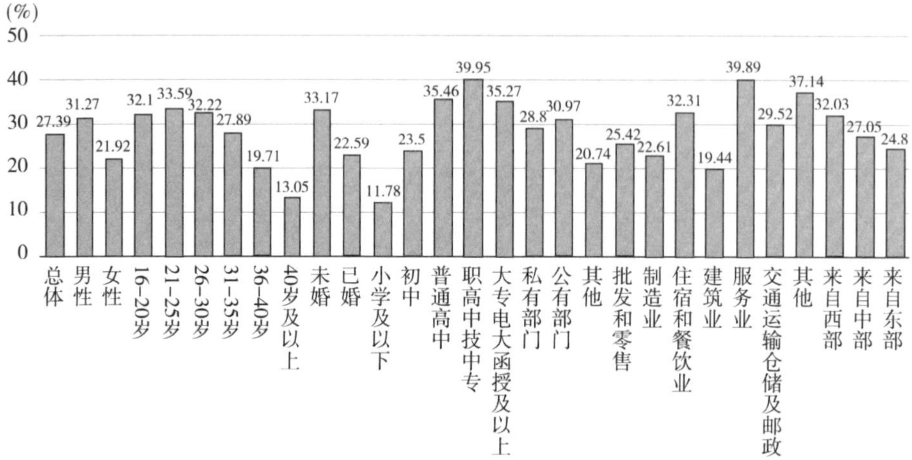

图 8－2A　2007 年农民工参加培训的比例

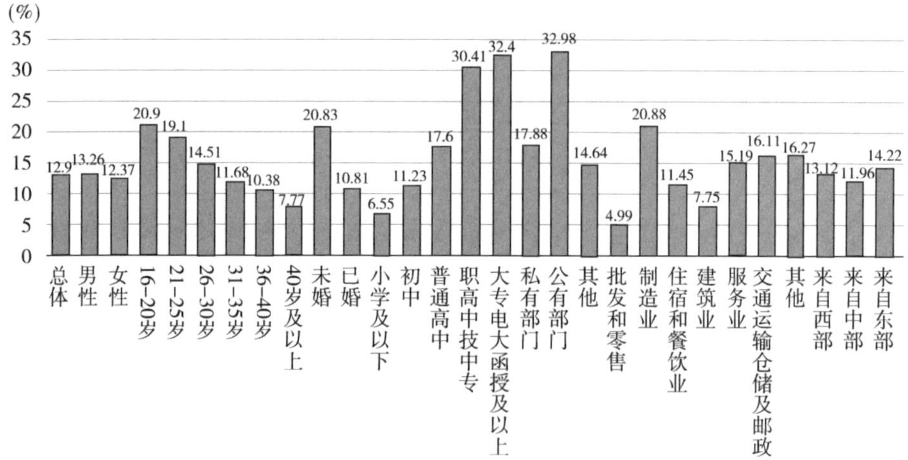

图 8－2B　2010 年农民工参加培训的比例

就单位所有制而言，2007 年工作于私有部门的农民工参加培训的比例与工作于公有部门的农民工参加培训的比例差别不大，前者为 28.8％，后者为 30.97％；但是到了 2010 年，工作于私有部门的农民工参加培训的比例出现了较大幅度的下降，下降到 17.88％，而公有部门相应的比例则变化不大。这也在情理之中，2008 年金融危机，受冲击最大的是中小私营企业，减少对农民工的培训也是它们降低运营成本、维持生存的一个无奈之举。此外，国际金融危机发生后，中国政府加大了对基础设施建设的投入，增加了对农民工的需求，农民工的工资水平出现了较快速度的增长，这无疑增加了他们参与培训的机会成本，也会影响到他们参与培训的积极性。

就行业而言，除了制造业之外，其他行业的农民工参加培训的比例在2008年金融危机之后都出现了较大幅度的下降。

农民工参加培训的积极性低，我们不能认为其不理性，这其实也是他们在各种因素制约下的无奈之举。一是，农民工大多集中在制造业、建筑业、批发和零售等技术含量不高的劳动密集型行业，并且工作稳定性差，这使他们觉得没有太大的必要去参加培训；二是，即便农民工意识到培训的重要性，但由于缺乏培训信息（如“到哪里参加培训”“参加什么样的培训”等）、较长的劳动时间（如每天工作10小时以上、每周工作6天以上）、较低的收入水平、较高的生活压力等，这都使得农民工无力将参加培训的主观意愿转化为参加培训的客观需求；三是，农民工是否参加培训也取决于培训成本和预期收益的比较，农民工参加培训需要承担两种成本，直接成本（学费、书本费等）和机会成本（因参加培训而放弃的就业收入），很多农民工因为觉得参加培训的成本过高、参加培训的收益过低（参加培训学不到知识或不能保证找到更好的工作或不能使收入提高）而放弃参加培训。

在决定是否提供在职培训时，企业也会权衡培训所产生的预期收益和提供培训的成本。由于企业和农民工之间普遍不存在长期稳定的合约关系，企业更看重的是短期的成本和收益，农民工培训不仅会提高企业的现期成本、降低企业的现期收益，农民工的高流动性也会导致培训收益的外溢。因此，大多数企业对农民工“重用轻养”，不愿为他们提供培训。

第三节 农民工培训的总体效果

表 8－1 培训对农民工月均工资的影响效果——OLS 回归结果

	2007 年 CHIP 数据结果	2010 年计生委数据结果
培训	0.058***	0.059***
	(0.012)	(0.007)
其他控制变量	略	略
R^2	0.287	0.0934
调整 R^2	0.283	0.0929
F 值	75.195	194.130
Prob＞F	0	0
样本量	4878	86758

注：*** 表示在 1％的水平上显著。(2) 控制变量具体包含：性别、年龄、婚姻状况、受教育程度、从事当前工作的年数及其平方、以前外出务工的年数及其平方、工作所在省份、来源地。

从表 8－1 中我们可以看出，在控制了性别、年龄、受教育程度等因素的情况下，在 2007 年培训能使农民工的月均工资提高 5.8％，在 2010 年培训能使农民工的月均工资提高 5.9％，并且都在 1％的水平上显著。这也说明，2008 年金融危机后，虽然农民工培训的普及率有大幅的下降，但农民工培训的效果则没有发生太大的变化。另外，前文提到，农民工接受培训的平均天数为 36 天，也就是说，农民工平均接受 36 天的培训后，能使其工资提高 5.8％；依次类推，若农民工接受为期一年（大约 10 个 36 天）的培训的话，农民工的培训年收益率约为 58％（5.8％×10＝58％）。这仅是粗略估计，因为年收益率还存在递减的问题。若不考虑年收益率的递减问题，对农民工群体而言，其培训年收益率（58％）远远大于其教育年收益率（大约为 10％）。因此，从 OLS 的回归结果看，培训对提高农民工工资的影响还是比较明显的。

第四节
农民工培训类型有效性比较

根据培训内容的不同，2007 年的数据将培训分为“与工作相关的技能培训”“与工作无关的一般技能培训”“一般性培训”三类。图 8－3A 显示，农民工参加的主要是“与工作相关的技能培训”，占到 89%，其他两类仅占 9%和 2%。根据培训提供方的不同，2007 年的数据将培训分为“企业提供的培训”“社会提供的培训”两类，图 8－3B 显示，“企业提供的培训”占到 71%，“社会提供的培训”占到 29%。可见，农民工所接受的培训以企业内部提供的培训为主。同样是根据培训提供方的不同，2010 年的数据将培训分析“单位提供的培训”“户籍地政府提供的培训”“户籍地以外政府提供的培训”“培训机构提供的培训”四类，图 8－3C 显示，“单位提供的培训”占到 71%，“户籍地政府提供的培训”占到 18%，而“户籍地以外政府提供的培训”和“培训机构提供的培训”分别仅占 6%和 5%。

表 8－2 进一步显示，在企业提供的所有培训中，96.29%的培训都是“与工作相关的技能培训”；而在社会提供的所有培训中，70%的培训是“与工作相关的技能培训”，25.92%的培训是“与工作无关的一般技能培训”，仅有 4.16%的培训是“一般性培训”。由此看出，无论是企业还是社会，都是以提供“与工作相关的技能培训”为主。

表 8－3 显示，在农民工所参加的“与工作相关的技能培训”中，77.5%是由企业提供的，22.5%是由社会提供的；在农民工所参加的“与

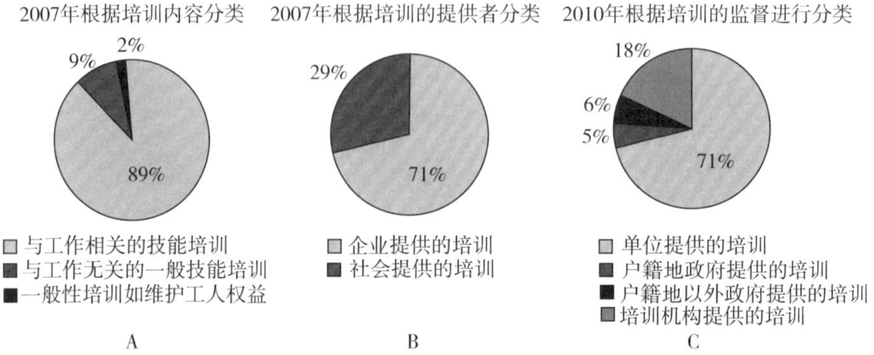

图 8－3A　2007 年三类　　图 8－3B　2007 年两类　　图 8－3C　2007 年三类

工作无关的一般技能培训”中，19.7％是由企业提供的，80.3％是由社会提供的。由此可以看出，“与工作相关的技能培训”以“企业”提供的为主，而“与工作无关的一般技能培训”以“社会”提供的为主。

如果我们将“与工作相关的技能培训”视为“特殊培训”，将“与工作无关的一般技能培训”视为“一般培训”，表 8－2 的数据结果与前文第三部分提到的劳动经济学中关于“一般培训和特殊培训”的理论论述是一致的。由于“一般培训”的培训内容不仅适用于本企业还适用于其他企业，企业很难从“一般培训”中获得收益，因此用工单位往往不愿意提供这种培训。由于“特殊培训”的培训内容只适用于本企业而不适用于其他企业，培训的收益只能在本企业才能实现，所以企业可以通过支付给工人低于其劳动生产率的工资来收回提供培训的成本并获得更多的收益，因此，企业大多愿意提供这种类型的培训。但是企业提供特殊培训的其中一个前提条件是，企业可以与工人达成一个稳定的、长期的、预期收益比较明确的契约关系。但是具体到我国农民工而言，由于他们的高流动性造成的培训收益的外溢性，企业往往也不太愿意为他们提供特殊培训。这也是导致我国农民工培训普及率较低的一个原因。

表 8－2 培训类型——两种分类法——样本分布情况（%）

a

	与工作相关的技能培训	与工作无关的一般技能培训	一般性培训	总计
企业内部的非农培训	96.29	2.54	1.17	100
社会上的非农培训	70	25.92	4.16	100
总计	88.76	9.22	2.03	100

b

	与工作相关的技能培训	与工作无关的一般技能培训	一般性培训	总计
企业内部的非农培训	77.5	19.7	41.38	71.44
社会上的非农培训	22.5	80.3	58.62	28.56
总计	100	100	100	100

注：(1) 此表数据是利用 2007 年的 CHIP 数据计算所得。(2) 2010 年的计生委数据无相关信息。

我们利用 OLS 方法估算了每种培训类型的培训效果，即每种培训类型对农民工月均工资的提高程度，如表 8－3 所示。

表 8－3 不同培训类型的培训效果——OLS 结果

2007 年 CHIP 数据结果				2010 年计生委数据结果	
模型 a		模型 b		模型 c	
企业内部的非农培训	0.067***	与工作相关的技能培训	0.061***	单位提供的培训	0.044***
社会上的非农培训	0.034*	与工作无关的一般技能培训	0.009	户籍地政府提供的培训	0.119***
		一般性培训	0.099	户籍地以外政府提供的培训	0.025
				培训机构提供的培训	0.107***
一系列控制变量	略	一系列控制变量	略	一系列控制变量	略
样本量	4878	样本量	4876	样本量	84857
调整 R^2	0.284	调整 R^2	0.284	调整 R^2	0.0938
F 值	72.518	F 值	69.943	F 值	180.2
Prob＞F	0	Prob＞F	0	Prob＞F	0

注：***、* 分别表示在 1%、10%的水平上显著。

首先，对比一下2007年数据里根据培训的提供方不同来进行分类的两种培训类型的培训效果。如表8－3模型a所示，“企业内部的非农培训”能使农民工的月均工资提高6.7%，“社会上的非农培训”能使农民工的月均工资提高3.4%，前者几乎是后者的两倍。

其次，对比一下2007年数据里根据培训内容的不同进行分类的3类不同培训的培训效果。所得数据结果如表8－3模型b所示。从中我们可以看出，“与工作相关的技能培训”能使农民工的月均工资提高6.1%，而“与工作无关的一般技能培训”和“一般性培训”对农民工月均工资的影响不明显。

最后，对比一下2010年数据里根据培训提供方的不同进行分类的4类不同培训的培训效果。表8－3模型c显示，首先是“户籍地政府提供的培训”能使农民工的月均工资提高11.9%，效果最明显；其次是“培训机构提供的培训”能使农民工的月均工资提高10.7%，而“单位提供的培训”仅能使农民工的月均工资提高4.4%，“户籍地以外政府提供的培训”对农民工月均工资的提高则没有明显作用。“单位提供的培训”的培训效果（4.4%）远远低于“户籍地政府提供的培训”和“培训机构提供的培训”的培训效果（11.9%和10.7%），前者的效果之所以远远低于后两者，有可能是因为培训的收益大部分被企业拿走了，培训结束后，工人劳动生产率的提高并不一定表现为工人工资的提高。由于企业提供的培训在一定程度上只适用于本企业的“特殊培训”，其所培训的内容仅适用于提供培训的企业自身，而不适用于其他企业，没有普适性，因此企业通过支付给农民工低于农民工实际劳动生产率（收益）的工资从而变相地将培训成本转嫁给农民工，培训本身所带来的收益也更多地被企业通过这种方式拿走了。农民工从“企业内部培训”中“实际”所获得的收益远远低于他们所“应该”获得的收益。

综上所述，就培训的提供方而言，“企业内部的非农培训”比“社会上的非农培训”更有效；就培训内容而言，“与工作相关的技能培训”比“与工作无关的一般技能培训”、“一般性培训”更有效；“户籍地政府提供的培训”和“培训机构提供的培训”比“单位提供的培训”和“户籍地以外政府提供的培训”更有效。

第九章

农民工住房的现状、影响因素及需求规模估算

农民工住房相关问题文献综述

农民工住房的现状、影响因素实证结果分析

随着我国经济的快速发展，大量的农村剩余劳动力纷纷进城务工，农民工已经并将进一步成为城市劳动力市场上的重要组成部分。他们为我国的工业化发展和城市化建设与繁荣作出了巨大的贡献。然而，他们所得到的待遇却远远不及他们所作出的贡献。他们享受不到与城市职工同等的社会保障和公共服务，在就业机会、职业选择、工资、社会福利、住房、子女教育等方面都处于劣势或受到不同程度的歧视。近年来，其中一个非常突出而且逐渐受到越来越多人关注的问题就是农民工在城市的住房问题。

第一节
农民工住房相关问题文献综述

(一) 就影响农民工住房消费的因素而言

Wu (2004) 认为，与户籍相关联的一系列制度因素对农民工住房消费的影响要比市场对其住房消费的影响更大；刘玉婷、何深静 (2008) 指出制度约束为主、多种因素综合造成了农民工在城市的居住面积小、条件差的现状；周滔、吕萍 (2011) 进一步认为，由于农民工游离在城市社会保障之外，以保险等为主的风险分散机制对农民工的保护作用非常有限，农民工往往具有较高的储蓄倾向和较低的当期消费倾向，农民工在城市的住房消费倾向也远远低于城镇职工；董昕和张翼 (2012) 则认为，养老保险、医疗保险等社会保障因素对农民工住房消费影响显著但作用有限。

也有一些学者认为，过高的房价和过低的收入水平也是影响农民工住房选择的重要因素。雇主提供免费或廉价的住宿比农民工在市场上租房更加经济和便利（农民工城市贫困项目课题组，2008），雇主是否提供住宿是很多农民工是否去市场上选择住房的前提条件（Wu，2004）。对于那些工作单位不提供住宿的农民工来说，除了受到很多制度的限制外，过高的房价和过低的收入，使农民工很难在城市买房，从而租房也就成为很多农民工的选择。另外，由于农民工收入低，租住的也都是那些城乡结合部的农民工私房或其他价格低、条件差的房屋（《我国农民工工作“十二五”发展规划纲要研究，2010》），或者与人合租（Wang，2003）；周滔、吕萍 (2011) 认为，收入的不确定性也是导致农民工较低的住房消费倾向的原因之一；董昕、张翼 (2012) 进一步认为，农民工在流入地的收入对其住房消费的影响较大，而在老家的收入对他们的住房消费影响不大。

也有学者认为，是否打算定居城市和是否偏好城市生活也是影响农民工住房消费的重要因素。对于那些打算只是暂时在城市打工、偏好农村生活的农民工而言，他们只愿意在住房上花较少的钱且对住房条件要求很低，而对于那些打算长期留在城市且偏好城市生活的农民工而言，他们愿意将更多的钱花在住房上且对住房条件的要求相对高一些（Wu，2002、2004；Erman，1997）。

还有一些学者分析农民工的年龄、务工年限、性别、受教育程度等个人特质对农民工住房消费的影响，但是对于这些因素的影响效果，不同的学者有不同的看法。（黄卓宁，2007；张智，2010）认为年龄和务工年限都对农民工的住房选择有重要影响，而农民工城市贫困项目课题组（2008）则认为，农民工总的务工年限对其住房选择来说并不重要，但是，在目前所在城市的工作年数对其租房行为有重要影响。在性别方面，农民工城市贫困项目课题组（2008）认为性别对农民工住房选择影响不显著，而张智（2010）则认为，农民工的住房选择存在一定的性别差异。在受教育程度方面，Wu（2004）认为，受教育程度对农民工的住房条件有重要影响。

（二）就农民工的住房现状而言

从现有的国家统计局公布的数据（国家统计局农村司，2009；国家统计局，2011）和一些学者自己组织的调查（梅洪常、周莉和陈丽新，2008；马万里和陈玮，2008；黄烈佳、童心和王勇，2010；张智，2010）的数据结果看，在所有住房来源中，租房和单位提供的宿舍所占的比重最大，也就是说，到市场上租房和居住在雇主提供的宿舍是农民工解决自己住房问题的两种最主要的方式；农民工在住房方面所支出的费用占他们收入的比重不高，但是农民工普遍认为房租较贵，并且房租高已经成为农民工对居住情况不满意和城市生活不满意的主要原因；农民工人均住房面积小、条件差，且住房满意度也不高。

现有的研究和调查数据都显示，农民工的人均住房面积普遍偏小，但是不同学者利用不同的调研数据测算出的农民工人均住房面积却不尽相同，最小值为3平方米，最大值为10平方米。最小的是住房和城乡建设部专题调研组（2006）对上海、江苏等18个省市的调查结果，发现农民工人均住房建筑面积不到3平方米；而黄卓宁（2007）通过对珠江三角洲的调研结果分析，测算出农民工人均住房面积为10平方米；浮延强（2006）、李斌和王晓京（2006）所测算出的农民工人均住房面积分别是7—10平方米、3.18平方米；张志莹（2006）通过对成都市的调查发现，超过1/4的农民工的人均住房面积在5平方米以下，1/3的农民工的人均住房面积在5—10平方米。

在农民工的住房条件方面，现有的研究和调查数据的结论则完全一致，都显示农民工的住房条件普遍较差，不仅配套设施不齐全而且卫生状况“脏乱差”（黄卓宁，2007；于辉，2007；钱瑛瑛，2007；廖艳，2006；住房和城乡建设部专题调研组，2006；等等）。

（三）就农民工的住房满意度而言

现有的研究和调查数据结果显示，大部分农民工对自身的住房状况还是满意的，少部分的农民工对自身的住房状况不满意，也有的农民工表示无所谓。比如，李斌、王晓京（2006）对广东省三个城镇流动人口的调查数据显示，34.16％的农民工对目前的住房状况不满意，廖燕（2006）对重庆市农民工的调查数据显示，22.19％的农民工对目前的住房状况不满意；而梅洪常、周莉、陈丽新（2008）对重庆市农民工的调查则显示，40.6％的农民工对目前的住房条件不满意，马万里、陈玮（2008）对杭州市的农民工的调查数据显示，30％的农民工对当前的住房条件不满意。

（四）住房规模的估算

周达（2010）通过两种不同的方法估算出，我国每年新增200万—250万的城市移民，如果按照人均13平方米的廉租房住房标准为农民工提供住房，农民工的住房需求增量最少需要2600万平方米，多则达到3250万平方米。

（五）存在的缺点

目前，对农民工住房问题研究的现有文献，更多的是偏重对农民工住房现状的基本描述统计和描述性分析，并给出对造成此现状的一系列原因，进而提出相应的政策性建议。其中，一些基于数据分析的实证性文章，由于利用的是不同课题组对不同城市的调查数据，所得分析结果缺乏一定的代表性，并且在一些具体问题上，相互之间所得出的结论也不太一致。

这主要是由于目前我国关于农民工住房的数据实在匮乏，尤其是全国层面的统计数据。虽然一些学者自己组织了一些调查，但是由于受到各种因素的制约，这些非官方的、学者自己组织的调查往往规模比较小，仅局限于个别地区或城市，且持续时间也比较短。这都影响了学者们对农民工住房问题的相关研究。

第二节
农民工住房的现状、影响因素实证结果分析

本章所用到的数据，一是 2005 年全国 1%人口抽样调查数据，二是 2010 年的流动人口动态监测数据。我们拟对这两套数据进行实证分析来探究上文所列出的农民工住房方面的八个问题。

（一）农民工住房的现状（包括住房性质、住房条件、住房面积、住房费用情况）

1. 住房性质

我们先看一下 2005 年全国 1%人口抽样调查数据（以下简称 2005 年的数据）的分析结果。在 2005 年的数据中，户别类型包含家庭户和集体

户[①]两种，其中，户别类型属于“家庭户”的样本量占到68.66%，属于“集体户”的样本量占到31.34%。由于这两种户型的住房情况有很大的不同，因此在这里我们将它们分别进行了分析。从表9－1中我们可以看出，56.29%的农民工租赁的是商品房，租赁公有住房和租赁商品房者共占到66.84%，仅有不到10%的农民工有能力买房。从中可以看出，租房是农民工解决自身住房的主要方式。在这里需要注意的是，在集体户中，购房和自建房所占比重合计不到1%，几乎全为“租赁公有住房”“租赁商品住房”和“其他”。这里的“其他”指的是不属于以上几种房屋产权性质的住房类别，根据2005年全国1%人口抽样调查方案，我们推断“其他”指的应该是那些居住在工厂、工地、公司、学校、商店等单位内集体宿舍。在数据中，这部分样本对应的购建房费用和租房费用都是缺失值。

表9－1 农民工住房来源情况（%）

	2005年				2010年	
		全部农民工	来自家庭户	来自集体户		全部农民工
购房	购买商品房	6.45	9.20	0	已购商品房	6.74
	购买经济适用房	0.97	1.40	0	已购经济适用房	1.08
	购买原公有住房	2.23	3.21	0		
自建房	自建住房	4.54	6.24	0.82		
租房	租赁公有住房	10.55	10.46	11.00	租住单位雇主房	6.47
	租赁商品住房	56.29	61.98	43.83	政府提供廉租房	0.08
					租住私房	75.00
					单位雇主提供免费住房	7.56
其他	其他	18.97	7.51	44.00	其他	3.07
	总计	100	100	99.65	总计	100
	总样本量	106381	73041	33340	总样本量	215764

① 在这里，集体户是指相互之间没有家庭成员关系，集体居住在机关、团体、学校、工厂、矿山、工地、农场、公司、商店、医院、托儿所、敬老院、寺院、教堂等单位内集体宿舍及其他住所共同生活的人口，作为集体户。从事各种流动作业、集体居住的人口也作为集体户登记。集体户以居住在同一房间的人作为一个集体户进行登记。

下面我们再来看一下 2010 年的流动人口动态监测数据（以下简称 2010 年的数据）的分析结果。表 9－1 的后两列显示，75％的农民工租住的是私房，另外再加上那些租住单位雇主房和租住政府提供的廉租房的农民工，租房者共计达到 81.55％。租房仍是农民工解决自身住房问题的主要方式，仅有 7.82％的农民工已经购买了商品房或经济适用房，另外有 7.56％的农民工住在单位雇主提供的免费住房。

2. 住房条件

我们先来看一下 2005 年全体农民工的住房情况。由于表 9－2A 中给出的衡量农民工住房条件的指标较多，限于篇幅，我们仅对其中的几个指标进行分析。从表 9－2A 中，我们可以看出，7.25％的农民工的住房兼做生产经营用房，15.70％的农民工的住房内有其他合住户，8％的农民工的住房内没有饮用自来水，40％的农民工的住房内没有厨房，31.28％的农民工的住房内没有厕所，53.34％的农民工的住房内没有洗澡设施。

表 9－2A 2005 年农民工住房的基本情况（％）

		全部农民工	来自家庭户	来自集体户
住房用途	生活住房	92.07	92.16	91.88
	兼做生产经营用房	7.25	7.59	6.51
	无住房	0.68	0.25	1.61
本住房是否有其他合住户	是	15.7	10.87	26.29
	否	84.3	89.13	73.71
是否有饮用自来水	是	92	92	94.45
	否	8	9	5.55
是否有厨房	独立使用	51.48	61.27	30.02
	与其他户合用	8.93	7.65	11.73
	无	40	31.08	58.25
主要炊事燃料	燃气	69	77.61	50.15
	电	3.91	2.5	7
	煤炭	11	14.18	2.82
	柴草	2	2.73	1.26
	其他	14	2.98	38.77

续表

		全部农民工	来自家庭户	来自集体户
住房内有无厕所	独立使用抽水式	34.87	35.52	33.44
	与邻居合用抽水式	7.54	6.02	10.87
	独立使用其他式样	15.25	14.94	15.93
	与邻居合用其他式样	11.07	11.1	11
	无	31.28	32.43	28.77
住房内有无洗澡设施	统一供热水	4.18	1.08	10.99
	家庭自装热水器	28.57	32.18	20.65
	其他	13.91	11.15	19.95
	无	53.34	55.59	48.42
总样本量		106381	73041	33340

下面我们再来看一下2010年农民工的住房条件。2010年的调查问卷中，关于住房条件的问题仅有一个，即“现住房内是否有厕所”，如表9－2B所示。从表中我们可以看出，27.62%的农民工现住房内没有厕所。若仅从这一个指标来看，从2005年到2010年，随着时间的推移，农民工的住房条件似乎有所改善。

表9－2B　2010年农民工的住房条件——现住房内是否有厕所（%）

	样本量	比重
独立使用抽水式	80121	37.13
与邻居合用抽水式	24601	11.40
独立使用其他式样	23612	10.94
与邻居合用其他式样	27838	12.90
无	59592	27.62
总计	215764	100

3. 住房面积

先来看2005年的数据结果，总体来看，租房者的人均住房面积明显低于买房者。从表9－3A中可以看出，租赁公有住房、租赁商品住房的农民工的人均住房面积的平均值分别为12.06平方米和12.66平方米，中位数都为9.00平方米。若细分家庭户和集体户，居住在集体户的农民工的人均住房面积又明显低于居住在家庭户的农民工的人均住房面积，无论是平均数还是中位数都是如此。

表9－3A 2005年农民工人均住房面积的平均值和中位数（平方米）

	全部农民工		家庭户		集体户	
	平均数	中位数	平均数	中位数	平均数	中位数
自建住房	26.16	20.00	26.46	20.00	21.19	15.00
购买商品房	26.86	23.33	26.95	23.33	22.49	15.96
购买经济适用房	22.77	20.00	22.80	20.00	19.98	18.60
购买原公有住房	19.53	17.00	19.46	17.00	26.79	15.00
租赁公有住房	12.06	9.00	13.48	10.40	9.02	5.29
租赁商品住房	12.66	9.00	12.78	9.33	12.29	8.67
其他	8.57	5.00	14.29	10.00	6.43	4.00

若根据2002年联合国人居署的标准，人均住房面积低于6平方米的即被定义为“住房面积不足”，那么，2005年，28.79%的农民工的人均住房面积都在6平方米以下，都低于住房贫困标准。其中，在属于集体户的农民工中，有49.39%的人员的人均住房面积都在住房贫困标准以下，远远高于家庭户的19.39%，如表9－3B所示。

表9－3B 2005年低于住房贫困标准的农民工所占的比重（%）

全部农民工	家庭户	集体户
28.79	19.39	49.39

再来看2010年的人均住房面积和住房贫困发生率。从表9－4A我们可以看出，与2005年相似，租房者的人均住房面积明显小于买房者。其中，租住私房者的农民工的人均住房面积的平均数是12.35平方米，中位数是10.00平方米；居住在政府提供的廉租房的农民工的人均住房面积是13.76平方米，中位数是11.58平方米，略高于租住私房的农民工。而居住于单位雇主提供的免费住房的农民工的人均住房面积最小，其平均数为10.30平方米，中位数为7.50平方米。

表 9－4A　2010 年农民工人均住房面积的平均值和中位数（平方米）

	平均数	中位数
租住单位雇主房	12.59	10.00
单位雇主提供免费住房	10.30	7.50
政府提供廉租房	13.76	11.58
租住私房	12.35	10.00
已购商品房	24.97	23.33
已购经济适用房	22.25	20.00
其他	19.63	17.50
总计	13.39	10.00

若根据人均 6 平方米为住房贫困标准，总体来看，共有 18.52％的农民工的人均住房面积处在住房贫困标准以下，明显低于 2005 年的 28.79％。若单从这一数据结果来看，2010 年农民工的住房情况比 2005 年的住房情况稍有改善，但是我们很难分清，这一数据结果是由于现实中的实际情况确实如此所导致的，还是由于这两套数据的调查样本的不同和抽样方法的不同所导致的。具体从不同的住房性质来看，对于那些居住在单位雇主提供的免费住房的农民工，有 32.13％的农民工人均住房面积低于 6 平方米，即住房贫困发生率为 32.13％。在所有住房性质中，“单位雇主提供免费住房”所对应的住房贫困发生率是最高的，另外，“租住私房”对应的住房贫困发生率为 19.50％，与“租住单位雇主房”对应的 18.52％相当，但明显高于“政府提供廉租房”对应的 12.78％，如表 9－4B 所示。

表 9－4B　2010 年低于住房贫困标准的农民工所占的比重（％）

租住单位雇主房	18.52
单位雇主提供免费住房	32.13
政府提供廉租房	12.78
租住私房	19.50
已购商品房	0.91
已购经济适用房	2.49
其他	5.82
全体	18.53

4. 住房费用

由于农民工买房者所占的比重较小，因此，在这里我们仅分析租房者月租房费用的情况。总体来看，无论是 2005 年还是 2010 年，农民工的月租房费用都很低，平均值和中位数都在 500 元以下。具体而言，表 9－5A 显示，2005 年农民工租赁商品房的月租房费用的平均值是 431 元，中位数是 240 元。相应地，表 9－5B 显示，2010 年农民工租住私房的月租房费用是 348 元，中位数是 210 元。2010 年的月租房费用低于 2005 年，这一点似乎不符合我们的主观判断，毕竟这几年来各个城市地区的房价都是在逐步上涨的，租金也是水涨船高。我们猜测，这一数据结果可能是由如下几个原因导致：一是，因为这两套数据的调查样本和抽样方法不同所导致的；二是，现实中确实如此，由于随着城市内房价和租金的上涨，农民工为了减少费用支出，不得不搬到条件更差、生活成本更低的地方居住，如从城中搬到郊区的城中村等。其原因还有待进一步探究。

表 9－5A　2005 年农民工月租房费用的平均数和中位数（元）

	平均数	中位数
租赁公有住房	337	180
租赁商品住房	431	240

表 9－5B　2010 年农民工月租房费用的平均数和中位数（元）

	A 不包含费用为 0 的样本		B 包含费用为 0 的样本	
	平均数	中位数	平均数	中位数
租住单位雇主房	400	230	387	210
单位雇主提供免费住房	211	145	21	0
政府提供廉租房	211	80	185	68
租住私房	348	210	347	200
其他	261	100	78	0

结合表 9－6A 和表 9－6B 的数据，我们来看一下农民工月租房费用的分布区间。从总体来看，无论是 2005 年还是 2010 年，80％左右的农民工的月租房费用为1—500元。具体而言，2005 年，对于那些租住公有住房和

商品住房的农民工，有78.12%的人员的月租房费用为1—500元；2010年，对于那些租住私房的农民工，有82.72%的人员的月租房费用为1—500元，“租住单位雇主房”“政府提供廉租房”所对应的比重依次为74.61%、78.33%。

表9－6A 2005年农民工月租房费用的分布区间（元）

1－500	78.12
501－1000	14.64
1001及以上	7.24
总计	100.00

注：这里的租房费用仅包含“租赁公有住房”和“租赁商品住房”所对应的租房费用。

表9－6B 2010年农民工月租房费用的分布区间（元）

	租住单位雇主房	单位雇主提供免费住房	政府提供廉租房	租住私房	其他
0	3.06	82.83	12.22	0.48	62.56
1－500	74.61	8.72	78.33	82.72	23.66
501－1000	13.01	0.31	5.56	11.68	1.97
1001－1500	2.95	0.11	0.56	2.47	0.70
1501－2000	1.38	0.05	1.11	0.98	0.29
2001及以上	4.99	7.99	2.22	1.67	10.83
总计	100	100	100	100	100

（二）各因素对农民工人均住房面积的影响效果

首先，来看一下2005年的数据结果。我们运用OLS方法分析各个因素对农民工人均住房面积的影响效果。用到的回归方程是：

$$Y=\beta_0+\beta_1 X+U$$

其中，Y代表农民工的人均住房面积；X代表一系列自变量，具体包括：个人收入对数、性别、年龄、年龄平方、受教育程度、婚姻、民族、行业、职业、单位所有制、就业身份。

个人收入增长1%，会使人均住房面积增长0.086%；租房者的人均住房面积明显小于购房者的人均住房面积；男性和女性的人均住房面积差别不大；随着年龄的增长，人均住房面积先上升后下降；已婚者的人均住房面积低于未婚者的人均住房面积；随着受教育程度的提高，人均住房面积逐渐增加。

就行业而言，若以“制造业”为基准组，工作于采矿业、电力燃气及水的生产和供应业、信息传输计算机服务和软件业、金融业、租赁和商务服务业、科学研究技术服务和地质勘察业、文化体育和娱乐业的农民工的人均住房面积明显高于工作于“制造业”的农民工；而工作于建筑业、住宿和餐饮业的农民工的人均住房面积则明显低于工作于基准组“制造业”的农民工。

就职业而言，若以“商业服务业人员”为基准组，职业为“国家机关党群组织企事业单位负责人”“专业技术人员”“办事人员和有关人员”的农民工的人均住房面积明显高于职业为“商业服务业人员”的农民工；而职业为“生产运输设备操作人员及有关人员”的农民工的人均住房面积最低，则明显低于职业为“商业服务业人员”的农民工。

就单位所有制而言，若以“个体工商户”为基准组，从事个体经营的“个体工商户”的人均住房面积最高。就“就业身份”而言，若以“雇员”为基准组，“雇主”“家庭帮工”的人均住房面积明显高于“雇员”，而“自营劳动者”的人均住房面积则明显低于“雇员”的人均住房面积。

2010年，农民工的收入提高1%，农民工的人均住房面积提高0.117%；女性比男性的人均住房面积偏高；随着年龄的上升，农民工的人均住房面积先下降后上升；随着受教育程度越来越高，人均住房面积也越来越高；省内跨市、市内跨县流动的农民工的人均住房面积明显高于跨省流动的农民工的人均住房面积；随着工作经验的增加，农民工的人均住房面积先下降后上升；已婚者的人均住房面积低于未婚者的人均住房面积；非第一次流动的农民工比第一次流动的农民工的人均住房面积低；就行业而言，工作于批发零售、住宿餐饮、社会服务业的农民工比工作于制造业的农民工的人均住房面积高，而工作于建筑业的农民工与工作于制造业的农民工的人均住房面积差别不大；就职业而言，身为商业服务业人员和产业工人的农民工的人均住房面积比身为个体工商户的农民工的人均住房面积低，而身为国家与社会管理者、经理人员、私营企业主办事人员等[1]属于白领职业的农民工的人均住房面积则比身为个体工商户的农民工的人均住房面积高；就单位所有制而言，从事个体经营的个体工商户比工作于其他类型所有制的农民工的人均住房面积高；就不同的就业身份而言，身为家庭帮工和雇主的农民工比身为雇员的农民工的人均住房面积高，而身为自营劳动者的农民工与身为雇员的农民工的人均住房面积差别不大；就不同的住房来源而言，居住在政府提供的廉租房里的农民工的人均住房面积最高，其次是居住在已购商品房和已购经济适用房里的农民工，这三者的人均住房面积都远远高于租住单位雇主房和租住私房的农民工的人均住房面积，人均住房面积最低的是居住在单位雇主提供免费房里的农民工；就不同人口规模的家庭户而言，单身户的人均住房面积最高，并且随着人口规模的逐渐增加，人均住房面积呈逐渐下降趋势；户籍所在地属于平原农村、山区/半山区的农民工的人均住房面积明显低于户籍所在地属于省会城市/直辖市/其他城镇的农民工；近三年内不打算在本地居住下去和没想好的农民工的人均住房面积明显低于近三年内打算在本地居住下去的农民工。

（三）各因素对农民工“住房来源”选择的影响

在这里我们运用的是 Mlogit 方法，所用到的回归方程是：

$$Y=\beta_0+\beta_1X+U$$

其中，Y 代表不同的“住房来源”，X 代表一系列自变量，U 代表误差项。

具体而言，在分析 2005 年的数据时，Y 代表不同的“住房来源”，选取“租赁商品房”为基准组；X 所代表的自变量具体包括：收入对数、性别、年龄、婚姻、受教育程度、民族、行业、就业身份。

从表中我们可以看出，“购买商品房”与“租赁商品房”相比，受教

---

① 专业技术人员对应的系数是负值，这可能是由于身为专业技术人员的样本量较少所导致的，这一数据结果不具有代表性。

育程度较高的农民工比受教育程度较低的农民工选择“购买商品房”的概率高，已婚者比未婚者选择“购买商品房”的概率更高，雇主和自营劳动者都比雇员选择“购买商品房”的概率更高，家庭帮工与雇员选择“购买商品房”的概率相差不大。

“购买经济适用房”与“租赁商品房”相比，女性农民工比男性农民工选择“购买经济适用房”的概率更高，受教育程度较高的农民工比受教育程度较低的农民工选择“购买经济适用房”的概率更高，已婚者比未婚者选择“购买经济适用房”的概率更高，雇主、雇员、自营劳动者、家庭帮工选择“购买经济适用房”的概率差别不大。

在分析 2010 年的计生委监测数据时，Y 仍代表不同的“住房来源”，而选取“租住私房”为基准组。

“租住单位雇主房”与“租住私房”相比，女性农民工比男性农民工更倾向于租住单位雇主房；受教育程度高的更倾向于租住单位雇主房；跨省流动者比省内跨市、市内跨县者更倾向于租住单位雇主房；未婚者更倾向于租住单位雇主房；收入对农民工在这两种住房来源之间的选择的影响不大；非第一次流动者比第一次流动者更倾向于选择租住单位雇主房；工作于“制造业”的农民工比工作于其他行业的农民工更倾向于租住单位雇主房；与其他职业相比，职业为“办事人员”“商业服务业员工”“无固定职业者”更倾向于租住私房甚至租住单位雇主房；就所有制而言，工作于国有企业、事业单位、集体企业的农民工比个体工商户的农民工更倾向于租住单位雇主房，而工作于私营企业的农民工与属于个体工商户的农民工在这两种住房来源之间的选择上差别不大；从不同的就业身份来看，雇员比自营劳动者更倾向于选择租住单位雇主房，而雇主比雇员更倾向于选择租住单位雇主房。

“单位雇主提供免费住房”与“租住私房”相比，随着年龄的增长，租住“单位雇主提供免费住房”的概率先下降后上升；受教育程度越低，越倾向于租住“单位雇主提供免费住房”；跨省流动的农民工比省内跨市流动、市内跨县流动的农民工更倾向于租住“单位雇主提供免费住房”；

随着工作年限的增加，租住“单位雇主提供免费住房”的概率先下降后上升；未婚者比其他人员更倾向于租住“单位雇主提供免费住房”；收入越高的农民工也越倾向于租住“单位雇主提供免费住房”而不是“租住私房”；非第一次流动者比第一次流动者更倾向于选择“单位雇主提供免费住房”而不是“租住私房”；就行业而言，工作于“制造业的”的农民工比工作于其他行业的农民工更倾向于选择“单位雇主提供免费住房”而不是“租住私房”；就职业而言，身为个体工商户的农民工比其他职业的农民工都更倾向于选择“租住私房”而不是选择“单位雇主提供免费住房”，这也是显而易见的；就单位所有制而言，土地承包者和工作于机关事业单位的农民工都比属于个体工商户的农民工更倾向于选择“单位雇主提供免费住房”，而工作于国有企业、集体企业、私营企业的农民工则比属于个体工商户的农民工更倾向于选择“租住私房”；就不同的就业身份而言，雇员比家庭帮工、自营劳动者、雇主都更倾向于选择“单位雇主提供免费住房”而不是“租住私房”。

“政府提供廉租房”与“租住私房”相比，省内跨市流动的农民工比跨省流动、市内跨县流动的农民工租到“政府提供的廉租房”的概率高；收入较低的农民工比收入较高的农民工租到“政府提供的廉租房”的概率高；就不同的行业而言，工作于建筑业的农民工明显比工作于制造业的农民工租到“政府提供的廉租房”的概率低；就不同的职业而言，身为私营企业主、专业技术人员、商业服务业员工、无固定职业者比其他职业的农民工租到“政府提供的廉租房”的概率要高一些；就单位所有制而言，工作于不同单位所有制的农民工租到“政府提供廉租房”的概率差别不大；就不同的就业身份而言，不同就业身份的农民工租到“政府提供廉租房”的概率差别也不大。

“已购商品房”与“租住私房”相比，女性比男性“已购商品房”的概率更高；随着年龄的增长，“已购商品房”的概率先下降后上升；受教育程度越高，“已购商品房”的概率也就越高；跨省流动的农民工明显比省内跨市、市内跨县流动的农民工的“已购商品房”的概率低；随着工作年限的增加，“已购商品房”的概率先上升后下降；未婚者明显比其他人员对应的“已购商品房”的概率低；月收入越高，“已购商品房”的概率也就越高；非第一次流动者比第一次流动者对应的“已购商品房”的概率低；就不同的行业而言，批发零售业的农民工比制造业的农民工“已购商品房”的概率高；就不同的职业而言，身为经理人员、私营企业主、专业技术人员的农民工比身为个体工商户的农民工“已购商品房”的概率高，而身为产业工人的农民工则比身为个体工商户的农民工“已购商品房”的概率低；就不同的单位所有制而言，工作于国有企业、集体企业的农民工明显比身为个体工商户的农民工“已购商品房”的概率高；就不同的就业身份而言，雇主比雇员的“已购商品房”的概率高，而自营劳动者则比雇员的“已购商品房”的概率低。

“已购经济适用房”与“租住私房”相比，男性农民工与女性农民工在这两种住房来源之间的选择差别不大；随着年龄的增长，“已购经济适用房”的概率先下降后上升；不同受教育程度之间的农民工对于这两种住房来源之间的选择差别不大；跨省流动的农民工明显比省内跨市、市内跨县的农民工对应的“已购经济适用房”的概率低；随着工作年限的增加，“已购经济适用房”的概率先上升后下降；不同婚姻状况的农民工之间差别不大；月收入越高的农民工，“已购经济适用房”的概率也就越大；非第一次流动的农民工比第一次流动的农民工对应的“已购经济适用房”的概率更低；就不同的行业而言，工作于制造业的农民工比工作于其他行业的农民工购买经济适用房的概率都低；就不同的职业而言，身为个体工商户的农民工比其他职业的农民工购买经济适用房的概率都低；就不同的就业身份而言，身为自营劳动者的农民工比身为雇员的农民工购买经济适用房的概率低。

（四）农民工住房面积缺口的估算

1. 首先计算，对于目前在城市打工的农民工来说，有多大比重的农民工的人均住房面积处于贫困标准（人均 6 平方米）以下，与住房贫困标准相比，还缺多少面积。

表 9－7A　2005 年人均住房面积在贫困标准以下的人员所占的比重及与住房贫困标准相比所缺的面积

	年龄组	人均住房面积在贫困标准以下的百分比	与住房贫困标准相比所缺的住房面积（平方米）	推广到全国
			M1	M2＝M1·500
不同年龄组别	16－25 岁	38.62％	28049	14024500
	26－35 岁	25.99％	15833	7916500
	36－45 岁	23.37％	7878	3939000
	46－60 岁	14.75％	2072	1036000
总计	16－60 岁	29.16％	53832	26916000

表 9—7A 给出了利用 2005 年的数据所计算的结果。总体来看，在 16—60 岁的农民工群体中，有 29.16％的农民工的人均住房面积是低于住房贫困标准的。若让他们每人的人均住房面积都达到 6 平方米，即达到住房贫困标准，还另外需要为他们提供 53832 平方米的住房，即住房缺口达到 53832 平方米，我们现在所用的数据是 2005 年的数据中 20％的样本，因此，若将这一数据结果推广到全国的话，住房缺口达到 26916000 平方米。具体从不同的组别来看，年龄越小，住房贫困发生率越高，如在 16—25 岁的组别中，有 38.62％的农民工的人均住房面积在贫困标准以下，在 46—60 岁的组别中，这一住房贫困发生率下降到 14.75％。

表 9－7B　2010 年人均住房面积在贫困标准以下的农民工所占的比重及与住房贫困标准相比所缺的面积

年龄组	人均住房面积在贫困标准以下的百分比	与住房贫困标准相比所缺的住房面积（平方米）
16 岁以下	23.95％	16016
16－25 岁	18.34％	9914
26－35 岁	17.76％	14536
36－45 岁	17.23％	13926
46－60 岁	12.53％	3175
60 岁以上	12.34％	187
总计	18.53％	57754

表9—7B给出了利用2010年的数据所计算的结果。2010年总体的贫困发生率是18.53%，另外，与2005年相似的是，从年龄小的组别到年龄大的组别，贫困发生率是逐渐下降的，但是每个组别对应的贫困发生率都低于2005年相应组别所对应的贫困发生率（不知这是因为现实中随着时间的推移，住房贫困发生率确实在下降，还是因为两套数据不同的抽样和样本所导致的，还需要进一步探究）。若细分为不同的住房类型所对应的住房贫困发生率，如表9—7C显示，租房者的贫困发生率远远高于买房者的贫困发生率。其中，租住私房、租住单位雇主房、租住政府廉租房的贫困发生率依次是19.50%、18.52%、12.78%，而居住在单位雇主提供免费住房的农民工的贫困发生率是最高的，达到32.13%。关于住房缺口，即与住房贫困标准相比现在还缺的住房面积，由于2010年的数据调查原因，现在还没有想到一个更好的办法将数据结果推广到全国，有待进一步计算。

表9—7C 2010年人均住房面积在贫困标准以下的农民工所占的比重及与住房贫困标准相比所缺的面积

	比重（%）	所缺的面积（平方米）
租住单位雇主房	18.52	3829
单位雇主提供免费住房	32.13	8248
政府提供廉租房	12.78	32
租住私房	19.50	44944
已购商品房	0.91	150
已购经济适用房	2.49	70
其他	5.82	481
总计	18.53	57754

2. 计算对于那些目前处在住房贫困标准以下的农民工，有多大比重的农民工能够依靠自身收入的提高改善住房状况从而脱离住房贫困，又有多大比重的农民工需要依靠政府的救助才能脱离住房贫困。

表 9－8A 2005 年个人样本—人均住房面积—人均收入

	2005 年人均住房面积与人均收入之间的弹性	2005 年月人均收入	2010 年月人均收入	收入增长率	住房面积增长率
	Y0	Y1	Y2	Y3＝(Y2－Y1)/Y1	Y4＝Y0・Y3
	0.08	1034.20(元)	1724.29(元)	0.67	0.05
2005 年人均住房面积小于 6 平方米的样本所占的比重		31.46%			
5 年后模拟人均住房面积小于 6 平方米的样本所占的比重		30.74%			
需要政府救助的部分		97.71%			
市场所能解决的部分		2.29%			

表 9－8B 2010 年个人样本—人均住房面积—人均收入

	2010 年人均住房面积与人均收入之间的弹性	2005 年月人均收入	2010 年月人均收入	收入增长率	住房面积增长率
	Y0	Y1	Y2	Y3＝(Y2－Y1)/Y1	Y4＝Y0・Y3
	0.1166406	1034.20(元)	1724.29(元)	0.67	0.08
2010 年人均住房面积小于 6 平方米的样本所占的比重		16.93%			
5 年后模拟人均住房面积小于 6 平方米的样本所占的比重		16.43%			
需要政府救助的部分		97.05%			
市场所能解决的部分		2.95%			

首先看表9－8A数据结果的具体计算过程。第一步，我们利用2005年的数据计算出，有31.46%的农民工的人均住房面积在住房贫困标准6平方米以下；第二步，利用2005年的数据，计算出“人均住房面积与人均收入之间的弹性”是0.08[①]；第三步，利用2005年的数据我们可以得出，2005年农民工的月人均收入是1034.20元，利用2010年的数据计算得出，2010年农民工月人均收入是1724.29元，从而计算得出在这五年间，农民工的月人均收入增长了67%，根据“人均住房面积与人均收入的弹性”计算得出在这五年间农民工人均住房面积的增长率是5%；第四步，对于每一个个人样本，令其五年后的模拟住房面积等于2005年的实际人均住房面积的1.05倍，从而得出，仍有30.74%的农民工，其五年后的模拟人均住房面积在6平方米以下。因此，我们可以推算出，对于那些2005年人均住房面积处于住房贫困标准以下的农民工，若他们的收入按照农民工群体收入的平均增长速度增加，仅有2.29%的农民工可以依靠自身收入的增加使住房面积增加，从而脱离住房贫困，此即为市场可以解决的部分；而97.7%的处于住房贫困标准以下的农民工依然需要政府的救助才能脱离住房贫困。

表9－8B是利用2010年的数据、利用与刚才相同的分析思路得出的数据结果。此结果也显示，只有2.95%的农民工能够依靠自身收入的提高改善住房状况从而脱离住房贫困，剩下的97.05%的农民工都需要依靠政府的救助才能脱离住房贫困。

3. 计算对于目前在城市打工的农民工，若他们的配偶和孩子也随之来到城市，会新增多少面积的住房需求（按人均6平方米的住房贫困标准）。

考虑到年龄大的农民工将来回老家的可能性很大，而年龄小的新生代农民工自离开学校就开始在城市打工，没有务农经验，将来长期留在城市

---

① 计算弹性时用到的回归方程是：因变量是人均住房面积对数，$\ln X$是人均收入对数，其他控制变量Z具体包括住房来源、性别、年龄、年龄平方、婚姻、民族、教育、行业、职业、单位所有制、就业身份。回归后$\ln X$前面的系数为0.08即为我们所需要的弹性。

打工、生活以至于定居的可能性很大，因此，我们这里仅估算了16—35岁的农民工的配偶和孩子的数量以及相应的住房需求。

先看2005年数据的估算结果。2005年的数据中，户型分为集体户和家庭户两种，由于这两种户型的特点有很大的不同，我们对其分别计算。

表9－9A 2005年集体户中已婚者的个数（人）

	已婚男性	已婚女性	女性对应的孩子数	男性对应的孩子数的估算值
	Y1	Y2	Y3	Y4＝（Y3/Y2）·Y1
16－25岁	444	474	332	311
26－35岁	3331	2160	2865	4418
总计	3775	2634	3197	4729

首先是集体户。这里的集体户具体是指相互之间没有家庭成员关系，集体居住在机关、团体、学校、工厂、矿山、工地、农场、公司、商店、医院、托儿所、敬老院、寺院、教堂等单位内集体宿舍及其他住所共同生活的人口，居住在同一房间的这些人作为一个集体户进行登记。从表9－9A中我们可以看出，住在集体户中的已婚男性和已婚女性共计6409人，根据数据信息我们可以计算出这些女性所生养的孩子数共计3197人，按照表9－9A中最后一列的计算公式，我们可以推算出已婚男性对应的孩子数应该为4729人。如果我们将这些居住在集体户中的已婚农民工全部视为他们的配偶和孩子都在老家，那么这些农民工留在老家的配偶共计6409人，留在老家的孩子数共计7926人。这是估算出集体户中留在老家配偶数和孩子数的最大值。如果将目前在城市的女性农民工都视为跟随丈夫出来打工的，我们只考虑男性农民工所对应的留在老家的配偶数和孩子数，从表9－9A中可以看出，集体户中男性已婚农民工留在老家的配偶数是3775人，孩子数是4729人。这是估算出的集体户中留在老家的配偶数和孩子数的最小值。

其次是家庭户。我们分单身户、二人户、三人户、四人户、五人户、六人户、七人户等分别来计算。一是单身户，如表9－9B所示，单身户中16—35岁的已婚农民工总计为1451人，即留在老家的配偶数为1451人。

另外，根据数据信息可以计算出女性对应的孩子数为555人，平均一个女性对应的孩子数是0.97人，从而推算出男性对应的孩子数为853人，进而得出单身户对应的孩子数共计为1408人。二是二人户，根据“与户主关系”的信息，我们可以分辨出哪些是夫妻，哪些不是，从而计算出已婚但未与配偶住在一起的农民工个数，然后计算出他们对应的孩子的个数，其中，“孩子的个数＝未与配偶住在一起的已婚者的个数·0.94”[①]。其他三人户、四人户、六人户等的分析思路与此类似。

表9－9B　2005年家庭户对应的留在老家的配偶数和孩子数（人）

	配偶数	孩子数
单身户	1451	1408
二人户	1771	4506
三人户	1640	3994
四人户	875	1876
五人户	381	610
六人户	205	276
七人户	122	137
八人户	64	78
九人户	40	44
十人户	21	24
十一人户	5	6
十二人户	9	10
十三人户及以上	人数太少，忽略不计	
总计	6584	12969

另外，从表9—9C的数据信息中我们可以识别出，目前在城市居住的属于农民工家庭且户主为16—35岁的，孩子的数量为5198人。因此，我们估算出的留在老家的孩子数为15697人。进而估算出留在老家的配偶数和孩子数共计28690个，若按照人均6平方米为他们提供住房，共需住房

① 在这里，我们根据数据可以算出平均一个女性对应的孩子数为0.94人。

面积 172140 平方米，若推广到全国，则会新增住房需求 86070000 平方米。

表 9－9C 2005 年家庭户和集体户共计留在老家的配偶数和孩子数（人）

	家庭户	集体户	共计
配偶数	6584	6409	12993
孩子数	12969	7926	20895
已经在城市的属于农民工家庭且户主为 16—35 岁的孩子数			5198
留在老家的孩子数			15697

因此，留在老家的配偶数和孩子数共计为 28690 人，若人均面积为 6 平方米，则对应的住房面积为 172140 平方米，若推广到全国，共需住房面积 86070000 平方米。

因此，对于目前在城市打工的农民工，若他们的配偶和孩子也随之来到城市，若按照人均 6 平方米的住房贫困标准为他们提供住房，会新增住房需求 86070000 平方米。

下面再来看一下利用 2010 年的数据计算出的结果。由于 2010 年的数据有这方面的详细信息，我们能从数据中直接计算出留在老家的配偶数和孩子数，具体结果如表 9－10 所示。

表 9－10 2010 年 16—35 岁的农民工留在老家的配偶和孩子的个数（人）

	留在老家的配偶数	留在老家的孩子数	生养的总孩子数	留在老家的孩子数占总孩子数的比重
单身户	5297	4013	4961	80.89%
二人户	399	6397	7187	89.01%
三人户	129	1176	14960	7.86%
四人户	59	201	7206	2.79%
五人户	13	22	1212	1.82%
六人户	2	17	310	5.48%
七人户	2	1	45	2.22%
八人户	1	2	13	15.38%
共计	5902	11829	35894	32.96%
留在老家的配偶和孩子数共计 17731 人 若按照人均 6 平方米为他们提供住房，共需住房面积为 106386 平方米				

从中我们可以看出，单身户和二人户的农民工家庭的孩子大部分都留

在老家，具体而言，那些单身户的家庭，80.89%的孩子是留在老家的，对于那些二人户家庭，89.01%的孩子是留在老家的。三人及以上户将孩子留在老家的现象不太严重。表9—10显示，留在老家的配偶和孩子共计为17731人，若按人均6平方米为他们提供住房，会新增住房需求106386平方米。

4. 计算一下，假如政府提供足够多的廉租房，最多会吸引多少潜在的农村劳动力到城市打工；若以最低的住房贫困标准面积为他们提供住房，会新增多少面积的住房需求。

表9－11　年龄在16—25岁的农业户口人员的分布情况

			样本数	比重	比重
现住在农村和乡镇	离开户口登记地	群体1	14628	6.9%	7.6%
	未离开户口登记地	群体2	145339	68.7%	75.6%
现住在城市	离开户口登记地	群体3	32178	15.3%	16.8%
	未离开户口登记地	群体4	19267	9.1%	
总计			211412	100%	100%

首先，我们利用2005年的数据，看一下年龄在16—25岁的农业户口非在校人员的分布情况，所得结果如表9－11所示。我们将表9－11中的群体3视为外出打工的农民工，即现在居住在城市但已离开户口登记地且为农业户口的人员。我们将群体1和群体2视为潜在的外出打工者。关于群体4，我们初步判定这部分人为城郊村的农民，我们具体看了一下他们的住房情况，数据结果显示，属于群体4的那些农民工，来自家庭户者占到96.50%，自建住房占到83.53%，并且，仅有2.95%的人员人均住房面积在住房贫困标准以下。所以，在以下分析中，我们不将这部分人作为政府救助住房的潜在对象。

我们将群体1和群体2视为有可能到城市打工的潜在对象，将群体3视为目前已在城市打工的农民工，然后用Probit方法估算群体1和群体2到城市外打工的概率，回归方程如下：

$$Y=\beta_0+\beta_1 X+U$$

其中，Y 是一个衡量是否外出务工的二元虚拟变量，群体 3 对应的 Y 取值为 1，群体 1 和群体 2 对应的 Y 取值为 0；X 代表一系列自变量，具体包括：性别、年龄、年龄平方、教育、婚姻、民族、兄弟姐妹的个数、身体健康状况。所得结果显示，群体 1 和群体 2 中的 40%的人员有可能外出到城市打工，具体人数为 63998 人，若推广到全国，这部分人数为 31999000 人。若按人均 6 平方米为他们提供住房，则需要的住房面积为 191994000 平方米。

5. 计算一下，对于每年新增的农村劳动力（如 15 岁或 16 岁的人员），有多少留在农村，有多少到城市打工；对于到城市打工的这部分新增农村劳动力来说，若按人均 6 平方米的住房贫困标准为他们提供住房，会新增多少面积的住房需求。

仍然使用 2005 年的 1%抽样调查数据。首先，我们计算出，2005 年居住在农村且是农业户口而且年龄是 15 岁的农业户口人数为 37365 人，年龄是 16 岁的人数为 32648 人；然后估算出，当时 20 岁的农业户口且居住在农村的人员中，11%的人员外出打工①。假如我们认为，这些 15 岁的农业人口人员中将来也有 11%的人员外出到城市打工，那么，五年后有可能外出打工的人数为 4110 人。类似地，那些 16 岁的农业人口人员中，五年后有可能外出打工的人数为 3591 人。

因此，对于每年新增的农村劳动力（如 15 岁或 16 岁的人员），89%的人员有可能留在农村，而 11%的人员有可能外出打工，若每年农村新增劳动力有 32648—37365 人，则其中外出打工的人数为 3591—4110 人，若推广到全国则为 1795500—2055000 人，若仍按照人均 6 平方米为他们提供住房，则会新增住房需求为 1000 万至 1200 万平方米的住房面积。

---

① 对于 20 岁的农业户口人员（包含在校学生）：群体 3/（群体 1＋2＋3）＝11.35%。

对于 20 岁的农业户口人员（不包含在校学生）：群体 3/（群体 1＋2＋3）＝10.68%。

第十章

农民工就业支持网络与经济地位差异

农民工就业支持网络相关文献评述与假设

变量描述性统计与估计方法

就业支持影响效果的实证分析

当前对进城农民工而言，能否找到一个更高工资水平的工作获得更高社会经济地位具有关键意义。一般来说，就业支持网作为一个由政府支持、单位支持、社区支持、个人社会网支持所构成的综合结构体系，本章所指的农民工的就业支持网包含个体社会网和公共支持网，是指农民工个体在户籍地以外的城市为获得就业所利用的各种就业途径，即借助个体社会网提供的信息和帮助获得城市就业的方式和其他可以提供就业信息和机会的公共就业渠道。但无论是个体的或公共的、正式的或非正式的就业支持发挥作用的机制和效果尚存在较大差异。

第一节
农民工就业支持网络相关文献评述与假设

（一）就业支持网影响农民工工资收入的研究

现有研究发现了就业支持能够影响农村户籍劳动力在劳动力市场上的工资水平和工作类型，主要有以下几个问题：第一，多数研究没有考虑农民工个体特征及其利用社会网求职的差异性。一些研究结果表明，就业支持网，尤其是个体社会网在促进农民工工资收入方面的特征不明显，影响不显著，它只是增强农民工的流动性或影响获得就业的机会（刘林平等，2007；李树茁等，2007；谢勇，2009；叶静怡等，2010）。个体所拥有的社会关系总量只是潜在的资源，“可摄取”的资源并非一定被利用。因此，就业支持网的异质性应当被关注。第二，社会网本身的社会地位或特征差异也会导致利用结果不同（Lin，1999），直接利用与间接利用也不相同（Bian，1997），比如说，即使利用相同社会网也并非对所有人都有同样效果，那些低工资的工作可能常常会倾向于通过非正式渠道被找到，或者非技术性的工作岗位常常更倾向于通过非正式渠道雇佣工人（Holzer，1987；Marsden，2001），邻居推荐工作能够显著增加劳动参与率、工作时间及工资水平（Bayer 等，2008）等。第三，通过对“关系网——职业——收入”的因果关系链条的检验来论证就业支持对职业地位和收入水平的作用和影响（李树茁，2007；章元，2008；任峰等，2011）难以区分独立影响和相互作用。

现有研究仅表明就业支持网与收入之间仅仅具有相关性，它们之间不具有因果效应，所以说，不考虑流动群体职业阶层的特殊性就以就业支持网估计对收入的直接效应是有风险的。因此，本章将就业支持网对收入的影响分为直接效应和间接效应，间接效应主要体现为两点：一是通过不同的就业支持网获得不同特征的工作岗位，当某些工作岗位属于高收入阶层时，它实际上通过职业配给机制而被分配给了某些途径就业的求职者，也有研究发现了特定的支持网与特定职业阶层地位的紧密关系；二是拥有更多的支持网使求职者能够获得更多的就业机会，从而挑选能获取更高经济地位的职业，也就是获得更多就业岗位信息，利用这些信息找到更高工资的职业。为此，本章提出假设 1：农民工就业支持网对其当前工资不存在直接效应，而是通过求职者的职业地位配置，进而影响农民工的工资水平。既然前述研究认为个体社会网对工资水平的作用不明显，那么，公共支持网对促进农民工工资是否有积极作用呢？本章希望进一步论证和检验。假设 2：农民工公共支持网对当前工资水平存在正效应。

（二）“就业支持途径——职业阶层——收入”的研究

随着收入在不同职业阶层之间的差距拉大，职业阶层被越来越多地纳入收入影响因素的研究框架中，社会学理论认为，职业阶层反映的是社会经济关系，它与收入密切相关。本章对“社会分层的指示器”——职业阶层的分类主要指职业能力和职业声望方面的差别（李培林和彭庆恩，1996；李树茁等，2007）。

1.“职业阶层——收入”关系

已有文献关注了职业与收入的密切关系，通常认为不同职业的人群在工资水平上有显著差异。对于农民工来说，随着城镇劳动力需求结构的转变和工作岗位的流动性增强，他们在职业划分上不再作为铁板一块的“农民工阶层”存在，内部加速分化，异质性逐步显现，不仅出现了特殊的职业地位分化，还形成了新的职业结构。如果把一个人是否能够进入某个职业阶层看作是否得到了一种生活机会和资源，根据一般的社会学理论，性别、年龄、受教育程度、工作经验、职业声望、社会权力、行业、收入、单位所有制性质、单位规模及其主管或挂靠部门的行政级别、因职业获得的各种社会保险、可享受的社会支持和社会政策等个人特征都是应该予以考虑的因素。因此，处于不同职业阶层地位的农民工在工资水平上有显著的差异——假设 3。

2. “就业支持网——职业阶层”关系

一些实证研究证明了不同的关系支持网对工作类型、职业分布和收入上的差异（周大鸣，2000；Munshi，2003；王文信等，2008）。已有研究考察并发现了不同就业支持途径对农民工的职业阶层有一定影响。李树茁等（2007）利用 2005 年深圳市外来农民工调查数据研究表明，农民工初次职业选择中，所利用的个体社会关系越多，职业处于非工人阶层（更高阶层）的概率越高；利用在城市再构建的同乡朋友等弱关系越多，越易处于非工人阶层；对再次职业选择分析结论相似；胡斌（2007）通过对南京市 760 个样本数据分析也发现，就职于管理层的农民工依赖于弱关系，而其他就业工种则更多地依靠强关系。陈成文等（2009）也证实新型社会资本即弱关系有助于农民工实现较高的职业地位。马登与赫尔伯特（1988）基于 1977 年对底特律市民调查的研究发现，处于较高社会经济地位的个体较少利用个体社会关系（Marsden，2001）。

农民工的就业类型和职业阶层划分具有特殊性，而且支持网影响职业和收入可能是通过某些特殊的作用方式和过程。值得注意的是，将“自雇经营”作为职业阶层之一来讨论就业支持网络的作用是一个必要的层次和类型。不少研究发现自雇业者[①]的收入往往较其他职业高；农村务工人员的某些从业类型与关系网结构之间有一定的对应关系，如自雇经营者与亲属等强关系支持之间的强相关（王汉生，1997；刘林平，2005；万向东，

---

① 所谓“自雇业者”（self-employment），按照斯坦美兹和莱特的定义，指的是那些通过自己的劳动获取部分或全部的收入，而非出卖自己的劳动给雇主以获取工资的人（Steinmetz 和 Wright ，1989：979）。从概念上讲“自雇业者”并不等同于“私营企业主”，但是他们代表了一个很容易辨识的社会群体，在中国，自雇业者通常包括“个体户”和“私营企业主”（吴晓刚，2006）。

2008；任峰等，2011）；农民工在城市中的自雇就业同样具有提升社会经济地位和延缓失业的作用（任峰，2012）。在受雇就业中从事专业技术或管理岗位的农民工的收入明显高于普通工人（李培林和李炜，2007），而在自雇就业中，虽然街头散工和流动摊贩等非正式就业的“自雇劳动者”的效果并不理想，但通过自雇就业并拥有雇员的雇主和私营企业主以及占有少量资本的自我雇佣的工商业者的收入也高于普通受雇者（李培林，1996；吴晓刚，2006；万向东，2008）。

过去由于户籍隔离和就业歧视，农民工长期以来缺乏进入政府国企事业单位获得正式工作的机会，但事实上，为满足职位需要，农民工作为政府国企事业单位的受聘者以非编人员的形式大量存在着。2010 年开始实施推进的户籍制度改革使农民工享有转户（农转非）的权利，意味着他们可以有机会作为正式员工获得政府国企事业单位的工作岗位。在这一背景下，我们将农民工群体中划分出政府国企事业单位工作人员的阶层分类就显得非常必要。不少研究认为，政府国企事业单位的农民工受雇者其工资水平应当高于其他部门的农民工从业者，然而以往研究并没有讨论过以非编形式存在的农民工受雇者（农村户籍），其利用何种支持进入这些单位，且其工资水平与其他部门是否存在差异，本章试图进行探讨。

综上所述，在自雇就业中获得经营者地位是基于先赋性社会关系，而受雇就业的农民工群体在正式组织间的流动主要有两条路径，一是依靠在本地工作的同乡、朋友或本地户籍的朋友、熟人等社会关系的再构建方式；二是通过公共机构和部门或者社会中介和其他媒介提供的服务而获得更高的职业阶层。依此提出假设 4：利用不同的就业支持途径找到当前工作的农民工分别获得了不同的职业阶层地位。根据前文，还可以进一步论证假设 4a：依靠亲属关系支持的农民工从事自雇职业的可能性更大；假设 4b：利用公共支持途径的农民工获得在政府国企事业单位工作岗位的机会更大；假设 4c：通过本地同乡、朋友、熟人等社会关系支持作为普通技术性与非技术性企业受雇者的概率更高。

第二节
变量描述性统计与估计方法

我们要考察的是在进入城镇就业过程中的农民工利用不同就业支持网对其经济地位获得的因果效应。本章认为职业阶层是社会网影响收入的潜在变量，即通过影响职业阶层获得，进而由职业阶层决定收入的差异是支持网作用于收入的一种间接途径。职业阶层作为与二者均密切相关的职业变量绝不可忽视和舍弃。首先检验自变量就业支持对潜变量职业阶层和工资水平的影响是否显著；其次考察自变量与潜变量之间存在的交互效应；最后在考虑可能出现的估算偏误的基础上进行无偏估计，最后将结果进行比较，获得变量间的真实效应。

我们利用人口与计划生育委员会 2010 年下半年流动人口监测数据①进行分析，对“农民工”的概念界定为，在被访者家庭所在县（区）之外务工就职时间持续一个月（30 天）以上、具有农村户籍的 16—59 周岁人口。样本分布情况见表 10—1。

---

① 调查对象包括全国 100 个监测城市中跨省（市/县）流动且在流入地居住达一个月（30 天）以上、2010 年 12 月时年龄为 16—59 周岁（1951 年 1 月—1994 年 12 月出生）具有农村户籍的男女人口。统计结果通过 stata12.0 软件计算得出。

表 10－1 样本基本情况

属性	频数（人）	%	属性	频数（人）	%	属性	频数（人）	%
性别			流动范围			小学	5691	14.00
男	24267	59.71	跨省流动	20426	50.26	初中	25136	61.84
女	16377	40.29	省内跨市	13834	34.04	高中	5932	14.60
年龄（岁）			市内跨县	6384	15.71	中专	1998	4.92
16－25	11521	28.35	来源地①			大学专科	1093	2.69
26－30	7019	17.27	东部	10971	26.99	大学本科	242	0.60
31－40	13633	33.54	中部	17401	42.81	培训		
41－50	7410	18.23	西部	12272	30.19	是	6450	15.87
51－60	1061	2.61	流入地			否	34194	84.13
民族			东部	21092	51.89	行业		
汉族	38134	93.99	中部	9463	23.28	制造业	12413	30.54
少数民族	2440	6.01	西部	10089	24.82	建筑业	4221	10.39
婚姻状况			就业类型			零售餐饮服务业	17587	43.27
未婚	10727	26.39	雇员	29769	73.24	交通运输仓储业	1796	4.42
再婚	29374	72.27	自雇	10875	26.76	党政科教文卫	890	2.19
离婚	436	1.07	教育程度			农林牧渔及其他	3737	9.19
丧偶	107	0.26	未上过学	552	1.36			
样本数			40644					

在进行回归分析以前我们首先对主要变量进行了描述性分析（见表10－2）。

表 10－2 变量定义与描述统计

最大值	变量	定义	均值	标准差	最小值
日工资(因变量)	日工资	85.63	78.72	14.29	892.86
支持网、阶层(自变量)					
就业支持途径					
政府社会中介及其他	政府社会中介及其他＝1，其他＝0	0.090	0.286	0	1

① 东部地区：北京、天津、河北、辽宁、上海、江苏、浙江、福建、山东、广东、海南；中部地区：山西、吉林、黑龙江、安徽、江西、河南、湖北、湖南；西部地区：内蒙古、广西、重庆、四川、贵州、云南、西藏、陕西、甘肃、青海、宁夏、新疆。

续表

最大值	变量	定义	均值	标准差	最小值
家人亲属	家人亲属=1,其他=0	0.348	0.496	0	1
本地同乡朋友	本地同乡朋友=1,其他=0	0.562	0.476	0	1
职业阶层					
政府国企部门	政府国企部门=1,其他=0	0.004	0.065	0	1
自雇经营	自雇经营=1,其他=0	0.205	0.403	0	1
普通雇工	普通雇工=1,其他=0	0.791	0.406	0	1
个人及家庭特征					
教育程度					
小学及以下	小学及以下=1,其他=0	0.154	0.360	0	1
初中	初中=1,其他=0	0.618	0.486	0	1
高中及以上	高中及以上=1,其他=0	0.228	0.420	0	1
年龄(岁)	周岁	32.361	9.167	16	59
年龄平方		1131.272	626.066	256	3481
性别	男=1,女=0	0.403	0.490	0	1
婚姻状况	已婚=1,未婚=0	0.723	0.448	0	1
民族	汉族=1,少数民族=0	0.403	0.238	0	1
家庭劳动力数量		1.533	0.642	1	8
相关就业分布特征					
行业					
制造业	制造业=1,其他=0	0.305	0.460	0	1
建筑业	建筑业=1,其他=0	0.104	0.305	0	1
零售餐饮服务业	零售餐饮服务业=1,其他=0	0.433	0.495	0	1
交通运输通信业	交通运输通信业=1,其他=0	0.441	0.205	0	1
党政科教文卫	党政科教文卫=1,其他=0	0.022	0.146	0	1
农、林、牧、渔及其他	农林牧渔及其他=1,其他=0	0.092	0.289	0	1
就职单位性质					
机关事业公有单位	机关事业公有单位=1,其他=0	0.082	0.275	0	1
个体工商	个体工商=1,其他=0	0.374	0.483	0	1
私营中外资企业	私营中外资企业=1,其他=0	0.544	0.498	0	1
流动特征					
流动后培训	流动后参加过培训=1,无=0	0.159	0.365	0	1
雇佣类型	自雇=1,雇员=0	0.268	0.443	0	1
城市工作经验(年)	来本地工作时间	4.089	4.403	0	40.75
城市工作经验平方		36.115	80.527	0	1660.6
当前职业工作时间(年)		3.126	3.570	0	38.833

续表

最大值	变量	定义	均值	标准差	最小值
当前职业工作时间平方		22.523	58.032	0	1508.0
来源地	中西部＝1,东部＝0	0.731	0.444	0	1
流入地	中西部＝1,东部＝0	0.481	0.500	0	1
流动范围	跨省流动＝1,其他＝0	0.502	0.500	0	1
社会交往					
家人亲属	家人亲属＝1,其他＝0	0.019	0.138	0	1
同乡朋友	同乡朋友＝1,其他＝0	0.737	0.440	0	1
公共组织	公共组织＝1,其他＝0	0.244	0.429	0	1

职业阶层	日工资均值(元)	标准差	样本数	%	就业支持构成	频数	%
政府国企事业部门	122.29	84.42	173	0.43	政府社会中介及其他	3655	8.99
自雇经营	103.55	113.52	8303	20.43	家人亲属	14132	34.77
普通雇工	80.81	65.97	32168	79.15	本地同乡朋友	22857	56.24
样本数			40644	100.00		40644	100.00

我们以农民工在流入地的日工资为因变量。以农民工获得的就业支持途径为自变量，选择“政府社会中介及其他”为参照项。发现这一描述统计结果已经与2005年农民工就业途径调查结果有很大的不同，先赋型社会关系的比例显著降低，而借助公共支持渠道找到工作的比例出现增长。以农民工在流入地就业的职业阶层作为潜变量，职业阶层操作化为三分变量：(1)“政府国企事业部门”阶层①，指个体在政府机构、事业单位以及国有、集体等公有制企业的正式单位从事非单纯的简单重复性体力劳动或从事脱产、半脱产的管理工作；(2)“自雇经营”阶层，指个体拥有个体工商户等小型企业和私营企业的所有权（包括雇佣员工、家庭经营、自我雇佣以及从事农业生产的个体劳动者），不包括不计报酬的家庭劳动力；(3)“普通雇员”阶层，指受雇就业的工商业基层劳动者和在私营企业等

① 我国事业单位长期存在双轨制，编制内外待遇不同，普通农民工一般是没有编制的聘用工，但政府事业单位工作人员普遍具有较高的职业声望（李强，2009），单独划为一个阶层群体更体现出其就业特殊性和劳动力市场进入的尴尬境地。

非公有制企业单位从事纯体力、半体力或具有一定技术性并且无资本投入的受雇劳动者。本章的分析重点是不同就业支持途径对农民工的职业阶层地位和工资收入的影响。

第三节 就业支持影响效果的实证分析

(一) 就业支持途径对当前职业阶层的效应分析

为了便于分析就业支持途径通过职业阶层而作用于工资水平的效应，我们首先分别考察就业支持途径对职业阶层和工资水平的独立效应。表10－3中1、2显示了不同的就业支持对职业阶层类型为2和3的Logistic回归估计结果（以职业阶层当中的“政府国企部门阶层”occupa1为参照项）。估计系数反映的是解释变量对职业阶层对数发生比的影响。

表 10－3 就业支持对农民工职业阶层的回归分析结果

	1	2	相对风险比	
	occupa2 自雇经营	occupa2 普通雇工	RRR (1) 自雇经营	RRR (2) 普通雇工
亲属支持	6.650***	3.402***	773.092***	30.021***
	(17.47)	(9.46)		
再建构关系支持	3.726***	3.585***	41.532***	36.035***
	(12.15)	(12.58)		
建筑业	0.240	−0.236	1.271	0.790
	(0.60)	(−0.61)		
零售餐饮服务业	0.877**	−0.387	2.405**	0.679
	(3.26)	(−1.54)		

续表

	1	2	相对风险比	
	occupa2 自雇经营	occupa2 普通雇工	RRR (1) 自雇经营	RRR (2) 普通雇工
交通运输通信业	0.340	0.246	1.405	1.278
	(0.74)	(0.56)		
党政科教文卫	−0.689*	−1.321***	0.502*	0.267***
	(−1.99)	(−4.64)		
农、林、牧、渔及其他	2.521***	−0.612	12.435***	0.542
	(5.95)	(−1.49)		
个体工商	4.900***	5.582***	134.300***	265.511***
	(6.10)	(6.98)		
私营中外资企业	2.536***	4.522***	12.633***	92.058***
	(6.68)	(12.33)		
初中	−0.400	−0.297	0.670*	0.743
	(−1.78)	(−1.34)		
高中及以上	0.0150	0.00813	1.015	1.008
	(1.50)	(0.83)		
受过培训	−0.737***	−0.305	0.479**	0.737
	(−3.46)	(−1.57)		
自雇类型	3.419***	−1.926***	30.548***	0.146***
	(6.99)	(−3.97)		
城市工作经验（年）	−0.00862	0.0144	0.991	1.014
	(−0.14)	(0.25)		
城市工作经验平方	0.000525	−0.000296	1.001	0.100
	(0.20)	(−0.12)		
从事该职业时间（年）	0.0108	−0.0457	1.011	0.955
	(0.17)	(−0.76)		
从事该职业时间平方	−0.00353	−0.00277	0.996	0.997
	(−1.27)	(−1.07)		
跨省流动	0.223	−0.0900	1.250	0.914
	(1.03)	(−0.42)		
中西部省	0.219	0.533*	1.244455	1.705*
	(0.82)	(2.05)		
中西部省	−0.835**	−0.865***	0.434**	0.421**
	(−3.13)	(−3.32)		

续表

	1	2	相对风险比	
	occupa2 自雇经营	occupa2 普通雇工	RRR（1） 自雇经营	RRR（2） 普通雇工
年龄（岁）	－0.0547	－0.122	0.947	0.885
	（－0.58）	（－1.32）		
年龄平方	0.000613	0.00142	1.000	1.001
	（0.47）	（1.12）		
男性	－0.0666	－0.124	0.935	0.882
	（－0.30）	（－0.57）		
已婚	0.592	0.345	1.808	1.412
	（1.89）	（1.14）		
汉族	0.209	0.561	1.232	1.752
	（0.60）	（1.67）		
劳动力数量	0.0526	－0.214	1.054	0.807
	（0.30）	（－1.23）		
常数项	－1.076	6.189**	0.341	487.457**
	（－0.54）	（3.15）		
Pseudo R^2	0.692			
LR chi2	29963.47 （p＝0.000）			
样本数	40644	40644		

注：（1）***、**、*分别表示在1％、5％、10％的水平上显著。（2）括号中为t值。

从表10－3的1、2可以看出，支持途径系数都是显著的，方向为正，表明就业支持网对农民工城镇就业的职业阶层的效应在统计上是显著的。总之，相对于利用公共支持就业的农民工来说，利用亲属和本地再建构关系支持的人从事自雇经营和普通雇工的可能性要高于进入政府国企事业等公有制单位的工作岗位。这在总体上验证了本章理论假设3，即利用不同的就业支持途径对于农民工进入不同的职业阶层的影响显著。

（二）就业支持途径对工资水平的效应分析

在表10－4中，模型1是在不考虑职业阶层变量的情况下就业支持途径对农民工工资水平对数的OLS回归结果；模型2、模型3分别显示了在不控制或控制就业支持途径情况下职业阶层对工资对数的OLS回归结果；

模型4是就业支持途径与职业阶层的交互项对工资对数的OLS回归结果。

表10－4 就业支持、职业阶层对农民工日工资水平的回归分析结果

	模型1	模型2	模型3	模型4
	就业支持	职业阶层	控制支持	交互项
家庭亲属支持	－0.0719***		－0.0732***	
	(－7.60)		(－7.58)	
再建构关系支持	－0.0565***		－0.0463***	
	(－6.26)		(－5.08)	
自雇经营		－0.228***	－0.175***	
		(－5.80)	(－4.40)	
普通雇工		－0.279***	－0.243***	
		(－7.30)	(－6.30)	
就业支持＊职业阶层				－0.134*
				(－2.41)
				－0.256***
				(－6.10)
				－0.303***
				(－7.18)
				－0.302***
				(－7.30)
				－0.303***
				(－7.34)
建筑业	0.0258**	0.0256**	0.0276**	0.0266**
	(2.81)	(2.79)	(3.00)	(2.89)
零售餐饮服务业	－0.137***	－0.139***	－0.139***	－0.137***
	(－19.85)	(－20.21)	(－20.16)	(－19.86)
交通运输通信业	0.0517***	0.0537***	0.0554***	0.0527***
	(4.09)	(4.24)	(4.37)	(4.16)
党政科教文卫	－0.0570**	－0.0631***	－0.0629***	－0.0625***
	(－3.28)	(－3.62)	(－3.61)	(－3.59)
农、林、牧、渔及其他	－0.180***	－0.190***	－0.190***	－0.181***
	(－18.95)	(－19.79)	(－19.77)	(－18.97)
个体工商	－0.0530***	－0.0476***	－0.0440***	－0.0439***
	(－5.08)	(－4.52)	(－4.17)	(－4.17)

续表

	模型 1 就业支持	模型 2 职业阶层	模型 3 控制支持	模型 4 交互项
私营中外资企业	−0.00895	0.00384	0.00497	0.00204
	(−0.96)	(0.41)	(0.53)	(0.22)
初中	−0.00366	−0.00443	−0.00309	−0.00337
	(−0.94)	(−1.14)	(−0.79)	(−0.86)
高中及以上	0.00183***	0.00192***	0.00179***	0.00181***
	(8.61)	(9.11)	(8.42)	(8.53)
受过培训	0.111***	0.113***	0.112***	0.111***
	(15.98)	(16.29)	(16.06)	(15.90)
自雇类型	0.253***	0.219***	0.213***	0.250***
	(35.68)	(23.93)	(23.07)	(30.71)
城市工作经验（年）	−0.00581**	−0.00540**	−0.00572**	−0.00566**
	(−3.03)	(−2.82)	(−2.99)	(−2.95)
城市工作经验平方	0.0000623	0.0000535	0.0000650	0.0000644
	(0.65)	(0.56)	(0.68)	(0.68)
从事该职业时间（年）	0.0244***	0.0235***	0.0243***	0.0242***
	(11.03)	(10.65)	(11.01)	(10.95)
从事该职业时间平方	−0.000863***	−0.000860***	−0.000892***	−0.000884***
	(−7.09)	(−7.06)	(−7.33)	(−7.26)
跨省流动	0.112***	0.111***	0.110***	0.111***
	(19.95)	(19.74)	(19.69)	(19.88)
中西部地区	−0.0648***	−0.0635***	−0.0628***	−0.0641***
	(−9.77)	(−9.58)	(−9.48)	(−9.67)
中西部城市	−0.0669***	−0.0694***	−0.0679***	−0.0680***
	(−10.36)	(−10.75)	(−10.53)	(−10.55)
年龄（岁）	0.0274***	0.0280***	0.0271***	0.0277***
	(12.47)	(12.78)	(12.36)	(12.64)
年龄平方	−0.000421***	−0.000429***	−0.000417***	−0.000425***
	(−13.84)	(−14.15)	(−13.75)	(−13.99)
男性	0.186***	0.185***	0.185***	0.186***
	(35.29)	(35.20)	(35.20)	(35.25)
已婚	0.118***	0.115***	0.117***	0.117***
	(14.44)	(14.17)	(14.42)	(14.34)

续表

	模型 1	模型 2	模型 3	模型 4
	就业支持	职业阶层	控制支持	交互项
汉族	0.0758***	0.0773***	0.0772***	0.0763***
	(7.35)	(7.49)	(7.49)	(7.40)
劳动力数量	−0.0670***	−0.0685***	−0.0683***	−0.0675***
	(−15.82)	(−16.16)	(−16.13)	(−15.93)
常数项	3.625***	3.831***	3.855***	3.852***
	(85.91)	(69.07)	(69.43)	(66.92)
调整后 R^2	0.172	0.172	0.173	0.172
F 检验	324.52***	325.60***	304.99***	292.53***
样本数	40640	40640	40640	40640

注：(1)***、**、*分别表示在1%、5%、10%的水平上显著。(2) 括号中为 t 值。

从表 10—4 模型 1、模型 2 的分析结果可以看出，自变量及其他大部分变量都是显著的。第一，在控制了个体特征、流动特征、职业特征及职业阶层等变量的情况下，就业支持途径对工资水平具有显著影响（p<0.001)，尽管系数小且为负，由此可知，就业支持途径与农民工工资水平之间有一定的相关性，但可否就此断定就业支持对工资水平有直接效应呢？第二，模型 2 在控制了其他因素影响不变的情况下，当不控制职业阶层变量时，与模型 1 相比，尽管效应仍然是显著的，且方向不变，但就业支持途径的影响系数发生了变化；相同地，当控制了就业支持变量时，职业阶层对工资水平的影响系数也发生了变化。因此，很可能就业支持变量与职业阶层变量对工资水平的影响包含有二者的交互效应。模型 4 进一步显示两个变量的各交互项对工资水平的影响也是显著的，说明就业支持与职业阶层变量不仅相关，而且工资水平的差异很可能是两个变量联合作用的结果。

（三）交互项检验

为了检验就业支持途径对工资水平是否有间接影响，我们需要首先辨别职业阶层变量的作用方式，是就业支持对工资水平的影响受到职业阶层变量的影响，还是就业支持通过影响职业阶层进而影响工资水平？也就是说，职业阶层究竟是调节变量还是中介变量？表 10—5 中模型 5 和模型 6

分别是加入交互项前后的回归结果，将二者进行比较，根据表 10－5，当同时控制就业支持、职业阶层及其交互项时，职业阶层对工资水平的影响仍然是显著的，且系数变化很小，但就业支持对工资水平的影响变得不显著，交互项也并不显著（见表 10－5）。这一结果说明，就业支持对工资水平的影响很大程度上是通过影响职业阶层起作用的。因此我们说，农民工所利用的就业支持途径对其工资水平并不存在直接作用，而是通过影响职业阶层间接地影响工资水平的。

那么，在此基础上我们可以考察职业阶层的不同在工资水平上会呈现出怎样的差异。职业阶层变量的系数是我们要检验它对工资水平的真实效应，见表 10－5 中(1)(2)(3)。根据结果可知，职业阶层变量系数符号为负，职业阶层对工资水平的影响，就是自雇经营阶层和普通雇工阶层的工资水平均低于政企事业部门人员阶层的工资水平。同时发现，普通雇工阶层的工资水平高于自雇经营阶层。

表 10－5　含交互项模型的回归分析结果

			含交互项时对职业阶层变量系数的检验		
	模型 5	模型 6	(1) empWaym＝0	(2) empWaym＝1	(3) empWaym＝2
家庭亲属支持	－0.0732***	－0.0514	－0.0514	－0.0514	－0.0514
再建构关系支持	－0.0463***	－0.00472	－0.00472	－0.00472	－0.00472
自雇经营	－0.175***	－0.175***	－0.192***	－0.182***	－0.189***
普通雇工	－0.243***	－0.225***	－0.261***	－0.240***	－0.254***
建筑业	0.0276**	0.0277**	0.0277**	0.0277**	0.0277**
零售餐饮服务业	－0.139***	－0.139***	－0.139***	－0.139***	－0.139***
交通运输通信业	0.0554***	0.0555***	0.0555***	0.0555***	0.0555***
党政科教文卫	－0.0629***	－0.0629***	－0.0629***	－0.0629***	－0.0629***
农、林、牧、渔及其他	－0.19***	－0.19***	－0.190***	－0.190***	－0.190***
个体工商	－0.044***	－0.044***	－0.0440***	－0.0440***	－0.0440***
私营中外资企业	0.00497	0.00497	0.00497	0.00497	0.00497
初中	－0.00309	－0.00308	－0.00308	－0.00308	－0.00308
高中及以上	0.00179***	0.00179***	0.00179***	0.00179***	0.00179***
受过培训	0.112***	0.112***	0.112***	0.112***	0.112***
自雇类型	0.213***	0.214***	0.214***	0.214***	0.214***

续表

			含交互项时对职业阶层变量系数的检验		
	模型 5	模型 6	(1) empWaym=0	(2) empWaym=1	(3) empWaym=2
城市工作经验（年）	−0.00572**	−0.00571**	−0.00571**	−0.00571**	−0.00571**
城市工作经验平方	0.000065	0.0000646	0.0000646	0.0000646	0.0000646
从事该职业时间（年）	0.0243***	0.0243***	0.0243***	0.0243***	0.0243***
从事该职业时间平方	−0.000892***	−0.000891***	−0.000891***	−0.000891***	−0.000891***
跨省流动	0.11***	0.11***	0.110***	0.110***	0.110***
中西部省	−0.0628***	−0.0628***	−0.0628***	−0.0628***	−0.0628***
中西部省	−0.0679***	−0.0679***	−0.0679***	−0.0679***	−0.0679***
年龄（岁）	0.0271***	0.0271***	0.0271***	0.0271***	0.0271***
年龄平方	−0.000417***	−0.000418***	−0.000418***	−0.000418***	−0.000418***
男性	0.185***	0.185***	0.185***	0.185***	0.185***
已婚	0.117***	0.117***	0.117***	0.117***	0.117***
汉族	0.0772***	0.0772***	0.0772***	0.0772***	0.0772***
劳动力数量	−0.0683***	−0.0683***	−0.0683***	−0.0683***	−0.0683***
就业支持 * 职业阶层		−0.00713	−0.00713	−0.00713	−0.00713
常数项	3.85***	3.86***	3.841***	3.851***	3.844***
R^2	0.174	0.174	0.173	0.173	0.173
F 检验	305	294	294.49	294.49	294.49
样本数	40640	40640	40640	40640	40640

注：***、** 分别表示在 1%、5%的水平上显著。

经过交互项检验，模型 6 以及对职业阶层系数检验的分析结果基本支持后面的观点，就业支持网对农民工工资水平的显著效应是通过职业阶层中介作用实现的。因此，探讨就业支持网对工资水平的影响，实际上是考察选择不同支持网的农民工在流入地城市所从事职业的阶层地位对其工资收入水平的效应。

第十一章

流动人口社会融合的实证研究

在我国的城市化进程中，大量的劳动力从农业转向工业和服务业，推动着经济的增长和现代城市发展。然而现行的户籍制度要求：只有得到地方政府部门的许可，才能把户籍转入当地。这对于大部分流动人口来说非常困难。所以他们虽然居住在城市，却受到当地用工制度、子女教育和社会保障等方面的差别性待遇。

第一节
我国流动人口社会融合的理论和实证研究

社会融合理论始于19世纪90年代以Park为代表的芝加哥学派，研究从欧洲到美国的移民如何适应新的环境。Park认为移民会经历一个经济竞争、政治冲突、社会调节和文化融合的过程。除了这种融合的观点以外，还有一部分学者支持多元文化论，即主张多民族、多文化、多语言的社会。[①] 与国际上的相关研究相比，我国流动人口问题的特殊性在于：我国的流动人口不是具有异质文化的民族，而是由户籍制度来界定的“外地人”。这些流动人口主要来自农村，被称为“农民工”。其中，大部分的“农民工”都没有能力把户口转到当地，即使他们在城市居住了很长时间，适应了当地的生活方式和文化。只要没有当地的户籍，这部分人群在劳动力市场上就没有机会到国有部门工作，也很难进入其他正规部门的企业。他们的子女不能在当地高考，也很难到当地公立学校读书。他们只被纳入很有限的一部分社会保障体系中，几乎没有任何城市为他们提供低保。这一系列制度上的区别对待导致了流动人口和当地居民的不平等，并带来一系列社会问题。所以，我国的流动人口社会融合的主要矛盾不是种族观念、语言隔离、文化冲突等，而是来源于这种经济和社会不平等。

杨菊华（2009）提出用“融入”代替“融合”来描述我国流动人口城市融合的这种特征。其文中认为我国流动人口在经济、行为、文化和观念

---

① 引自杨菊华的《从隔离、选择融入到融合：流动人口社会融入问题的理论思考》。

上都倾向于认同或“盲从”当地主流社会，在各个方面都处于弱势。① 本章的研究并不区分这两个概念。② 任远、邬民乐（2006）对影响我国流动人口社会融合的因素作了系统性的总结。文章认为，户籍制度以及建立在以户籍为基础的城市各种制度，对流动人口的社会融合有根本性的影响。它增加了流动人口在城市的成本，减少他们在城市享受的公共品和福利，并且造成流动人口用工制度、子女教育等方面的权利缺失。很多农民工依靠以血缘和地缘关系为基础的社会网络。这种社会资本有利于他们在城市生存，但是阻碍了进一步融入城市的生活。此外，流动人口集中于劳动力市场的非正规部门，他们面临的不稳定的工作和不规范的用工制度不利于社会融合。李强（2003）使用“推拉理论”进行分析，提出不仅农民工在城市的生活方式、工作类型、社会保障等因素影响他们的社会融合，对城市的认同和归属感如何，也会让他们选择是否去适应城市的生活方式，是否去选择更加稳定和有保障的工作。文章同样也提到了，户籍因素是中国城乡流动的最突出的制度障碍，户籍制度使农村对流动人口的“推力”和城市的“拉力”失去效力。王春光（2001）从心理的角度分析了流动人口融入城市的问题。他认为农民工介于城乡之间的教育和务工的经历，可能让他们无法融入城市又难以回到农村。所以，如何使这类人群融入城市是当前的主要问题，而且这部分人是我国城乡融合的载体。

如何度量社会融合程度是实证研究里首先会遇到的问题。流动人口的社会融合是多维度的，所以杨菊华（2010）认为应该建立经济整合、文化接纳、行为适应、身份认同四个维度的所有指标。③ 这个指标体系可以比

---

① 杨菊华．从隔离、选择融入到融合：流动人口社会融入问题的理论思考[J]．人口研究，2009.01.

② 考虑到我国的城市化伴随着整个社会从传统社会向现代社会的变迁，对现代观念的认同或盲从，并非完全来自对城市的适应。尤其是新生代流动人口，在农村生活的成长时期就接受了更多的现代教育。

③ 杨菊华．流动人口在流入地社会融入的指标体系——基于社会融入理论的进一步研究[J]．人口与经济，2010.02.

较全面地了解流动人口各方面的特征。在这个度量体系下，杨菊华（2010）采用2005年全国1%人口抽样调查数据，发现农村到城市的流动人口经济维度上与本地居民相差很大，而且经济越发达的地区这种差异越大。在社会保障分析（杨菊华，2011）和收入融入的分析（杨菊华，2011）中也都得出了一致的结论。这个指标体系的问题是：我们很难去衡量不同维度的指标是否可以在一定程度上相互替代。事实上，现阶段的相关研究并没有把跨经济、行为、文化和认同的各方面指标加权或加总起来。其中一个问题就是：收入和福利的均等是否能够等同于高的社会融合程度？所以，现有的绝大多数实证研究仍然根据经典定义“相互同化和文化认同的过程”，将流动人口对城市的态度和对自我身份的认同作为最重要的度量指标。直接询问受访者“你是否喜欢所在的城市”“你是否觉得自己是城市的一员”和“觉得当地人是否接纳自己作为城市的一员”。也有的学者在指标中增加了本地人对流动人口的看法。[①] 本章的研究认为，农民工在城市的平均收入比当地居民低，但是比起农村老家，在收入和生活质量上有很大的提升，所以一部分收入水平并不高的农民工，仍然表示愿意成为当地居民。所以，本章倾向于将经济和福利状况作为影响社会融合的重要因素来考虑。

同样也有很多实证研究分析流动人口社会融合的影响因素。任远、乔楠（2010）通过在绍兴市的1000份调查，发现流动人口自我身份的认同与收入、子女教育和社会资本等相关；他们对城市态度和与本地人互动更加依赖于教育程度、工作等因素；感知社会的态度与社会保障、福利和合同有关。宋月萍、陶椰（2012）采用2010年国家计生委在6个城市进行的流动人口和户籍人口对比监测调查数据，研究了流动人口的融入意愿和市民的接纳意愿之间的互动关系。文章发现现阶段居民对流动人口整体价值一致认可和接纳，但是在日常交往中仍有疏离，从而造成城市对流动人口经

---

① 任远，乔楠．城镇流动人口社会融合的过程、测量及影响因素［J］．人口研究，2010.03.

济制度上的接纳和社会制度上的排斥。崔岩（2012）使用中国社科院第三次“中国社会状况综合调查”的数据，使用多层次广义线性回归模型（GHLM）分析，发现除了基本特征之外，户籍制度、社会排斥、社会差异和社区融合都影响外来人口的社会融合程度。王春光（2001）在温州、杭州和深圳三个城市调查来自农村的流动人口，发现其中年纪较小的新生代流动人口，受教育水平更高，务农经验很少。这些流动人口对乡土的认同减弱，对农民身份的认同，来源于制度性规定和社会环境或城里人对他们的看法。文章指出，如果不能对城乡二元社会结构进行根本改革，使这一部分难以回归农村社会的流动人口融入城市，就有可能让他们被排斥在主流社会之外。

除了上述研究以外，还有一些文章使用了问卷调查和深入访谈相结合的方法，了解到一些流动人口最在意的方面和问题。例如，朱宇、林孝月（2011）在福州市的调查发现，流动人口对社会保险的需求是多样化的。其中工作不稳定的、循环流动的人群，需要可以跨区流动的保险服务。此外，由于学籍和城市生活费用太高两个方面的原因，很多流动人口子女仍不可避免地留守在老家。王金豹（2007）从市政府的管理角度，根据对“新莞人”和“老莞人”的问卷调查和深度访谈，提出流动人口权益保护受到户籍制度约束，用工和就业政策都优先本地劳动力。而现行高考与户籍制度挂钩，“新莞人”子女在高中阶段必须回乡读书。

和已有的实证研究相比，本章有如下特点：第一，本章使用了国家人口计生委2011年全国流动人口动态监测调查数据进行实证分析，所以能够了解全国范围内各个相关问题的现状，得出的结论有更好的代表性。第二，通过对按户籍和城乡区分的四种类型流动人口的对比研究，分析了户籍对社会融入的直接和间接影响。其中的直接影响是：农村户籍的流动人口更不容易适应当地的生活方式和文化，而且会受到更多的歧视。而间接影响源于户籍制度在劳动力市场、子女教育、社会保障等方面的差别性待遇，以及户籍制度分割造成的城乡人力资源禀赋的差异。第三，在本章的对比研究中发现，相比农村或城市郊区，在城镇的流动人口表现出更高的社会融合程度。为了解释这个结论，本章进一步讨论了流入地和家乡之间的收入差距和当地外籍人口比例造成的影响。第四，本章分析影响社会融合的因素时，把家庭结构的一系列变量考虑在内。认为户籍限制造成家庭分居在两地或者多地，是流动人口融入当地的最大障碍之一。

第二节
流动人口社会融合的现状：统计描述

本章使用的数据来自国家人口计生委2011年全国流动人口动态监测调查，包括了31个省级行政区划单位和新疆生产建设兵团的12800个样本。在本章的研究中，只使用31个省（市/区）的流动人口调查数据。

流动人口动态监测调查问卷使用了五个问题对流动人口的社会融合进行测度（见表11—1)。这五个问题可以归为两个维度，即“对居住城市的认同”和“对自我身份的认同”。其中，对自我身份的认同又包括两个方面：一是主观意愿上，是否愿意融入当地人中成为其中一员；二是客观感受上，觉得本地人是否会接纳自己。问卷里对问题的回答分为四个等级，即完全不同意、不同意、基本同意和完全同意。本章采用一般主观指标在经济学中的研究方式，对这四个等级分别赋予1—4分作为受访者融合程度的得分。[①]

① 其中第五个问题是反向意义的提问，赋分也与前四题相反。

表 11－1 2011 年流动人口的社会融合得分

	样本平均得分	权重调整后得分
融合度综合得分（平均）	3.28	3.19
对城市的认同（平均）	3.40	3.33
我喜欢我现在居住的城市	3.41	3.34
我关注我现在居住城市的变化	3.39	3.31
自我身份的认同（平均）	3.20	3.09
主观意愿：		
我很愿意融入本地人当中，成为其中一员	3.36	3.27
客观感受：（平均）	3.13	3.00
我觉得本地人愿意接受我成为其中一员	3.26	3.15
我感觉本地人总是看不起外地人（反向）	2.99	2.85

注：（1）样本量为 125910，其中去掉了受访人未流动（在当地出生）的情况和新疆生产建设兵团的样本。（2）权重调整使用计生委流动人口动态监测调查数据的地区平均权重。

表 11－1 中描述了 2011 年流动人口样本的得分情况。其中，综合指标为这五题得分的加总平均，给予问卷中五个问题相同的权重。从表 11－1 中可以看到，融合度综合得分、对城市的认同和自我身份的认同得分分别为 3.28 分、3.40 分和 3.20 分。这说明流动人口对城市的认同和自我身份的认同平均水平达到了“基本同意”程度。其中，对城市的认同得分高于对自我身份的认同。而在自我身份认同的维度里，主观意愿的得分（3.36 分）高于客观感受（3.13 分）。得分最低的问题是“我感觉本地人总是看不起外地人”（2.99 分）。这个问题直接调查了受访者感觉自己是否受到了歧视，平均分接近“不同意”（3 分）。和早期相关研究比较，可以看到近年来我国流动人口受到的歧视有所减少。[①] 总体的统计结果和之前对我国现阶段流动人口特点的分析是一致的：以新生代为主体的流动人口对城市有较高的认同，也在很大程度上愿意居住在城市，但是客观上仍然存在各

① 任远、邬民乐的《城镇流动人口的社会融合：文献述评》中总结了流动人口在城市中受到歧视的研究。

种困难和排斥。

表 11－2 中列出了觉得“不被接受，受到严重歧视”的这一部分样本。这些受访者占总样本的 4.80％，都在第四题“我觉得本地人愿意接受我成为其中一员”中回答“完全不同意”，同时在第五题“我感觉本地人总是看不起外地人”中回答“完全同意”。与之作对比的是表 11－3 中对城市认同度极低的人群，这些受访者占总样本的 1.44％，都在第一题“我喜欢我现在居住的城市”和第二题“我关注我现在居住城市的变化”中选择了“完全不同意”。这部分人群在自我身份认同方面和总体的情况恰好相反：融入当地的主观意愿要低于融入的客观感受。对城市认同度极低的人群，比起感受到的排斥和歧视（2.71 分），他们自己更加不愿意成为当地的居民（2.51 分）。我们对比这两类人群可以看出：表 11－2 中感觉受到排斥和歧视的人群，比表 11－3 中不认同城市的人群，表现出更强的融入意愿。有研究认为他们同时也更加难以回到乡土，面临着“游民化”的风险。[①] 所以，解决流动人口在当地受到的不公平待遇，对于这一部分人来说格外重要。

表 11－2 身份认同的客观感受水平最低的人群对城市的认同和融入的主观意愿

	平均得分
我喜欢我现在居住的城市	3.08
我关注我现在居住城市的变化	3.05
我很愿意融入本地人当中，成为其中一员	2.86

表 11－3 对城市认同度最低的人对融入当地的主观意愿和客观感受

	平均得分
我很愿意融入本地人当中，成为其中一员	2.36
我觉得本地人愿意接受我成为其中一员	2.51
我感觉本地人总是看不起外地人（反向）	2.71

① “游民化”的描述，见王春光的《新生代流动人口的社会认同与城乡融合的关系》。

第三节
户籍制度对社会融合的影响：四种类型的流动人口

我国流动人口的定义是根据是否有当地户籍，而户籍的转换必须得到当地政府部门的许可。所以，我们的研究对象和数据的样本与国际的相关研究是不同的，我国的流动人口并不按照常住或者定居来界定。他们即使在当地生活和工作十年以上，只要户籍没有迁入也仍然被界定为流动人口。所以，户籍制度是一个必须要考虑的问题。

户籍制度的一个重要特征就是分“城市户口”和“农村户口”。从1955年户籍制度规定居住地的迁移需得到官方批准以来，“城市户口”就是和城市特权联系在一起的。从最早的为城市户口的持有者提供粮食供应，到“后来陆续完善的一整套只有城里人才能享受国家补贴的社会保障体系，包括公房、公费教育、公费医疗、养老等，使城乡间的收入差距扩大”。[①] 而“农民工”就是特指持有农村户籍到外地打工的流动人口。城镇户籍流动人口情况是不同的：他们中有一部分是由于工作等原因暂时驻外或者平行调动，而“农民工”绝大部分是农村剩余劳动力，到城市寻找工作和发展的机会。同样是“外地人”，城市户口的流动人口在户籍所在地仍然享有更好的社会福利和社会公共资源，在当地也更少受到歧视。

考虑到上述户籍制度的影响，我们把流动人口分为四种类型：从农村流动到城市、从农村流动到农村、从城市流动到城市和从城市流动到农村的人群。其中，有“外地人”流入的农村，大部分是全国一线城市和二线

① 引自赵耀辉、刘启明的《中国城乡迁移的历史研究：1949—1985》。

城市的近郊，[①] 也有一部分属于南方工业企业发展较好的农村。

表 11－4 中是这四种类型流动人口样本的社会融合度得分。我们可以看到两个方面的事实：第一，对于流入城市或农村的人口，城市户籍的人在各个维度上都有更高的社会融合程度。[②] 我们把这种差异归结于户籍制度的影响，但是户籍制度的影响范围是多方面的：其一，城乡二元结构下，农村户籍的人口在人力资本禀赋上总体不如城市。其二，农民工在劳动力市场的机会、子女教育和社会保障等方面，都不如城市户籍的流动人口。其三，农民工成长环境和所在地可能有更多生活方式和文化的差异，而且可能受到更多的歧视。在文章第五部分会进一步讨论人力资源禀赋和其他特征的影响，对不同户籍的人群社会融合程度的差异作各个来源的分解。

表 11－4 四种类型流动人口的社会融合得分

户籍	所在地（城/乡）	融合度综合得分	对城市的认同	自我身份的认同		比重（%）
				主观意愿	客观感受	
样本层面						
农村	城	3.30	3.42	3.38	3.15	55.99
农村	乡	3.20	3.34	3.28	3.03	28.76
城镇	乡	3.24	3.34	3.29	3.11	2.42
城镇	城	3.36	3.45	3.44	3.23	12.82

第二，对农民工所在地为城市的占总体的 49.75%。比起所在地为农村的农民工，更加认同所在地（样本得分均值为 3.42，对比组为 3.34），

① 在 36218 个迁移到乡的农民工样本里，行政区划上属于全国的一线城市和二线城市的乡村的样本占 57.59%（20858/36218）。

② 对于所在地为农村的流动人口，农村和城市户籍人群在综合得分，对城市的认同和对自我身份的认同（主观意愿和客观感受）上，分别为 3.20、3.34、3.28、3.03 和 3.24、3.34、3.29、3.11。对于所在地为城市的流动人口，农村和城市户籍人群在各个维度上，分别为 3.30、3.42、3.38、3.15 和 3.36、3.45、3.44、3.23。

而且表现出了更高的融入意愿（样本得分均值为 3.38，对比组为 3.28）。根据文献综述里的讨论，流动人口在城里被认为是“乡下人”会受到歧视，影响他们融入当地。而这里的结论却是相反的：城市里流动人口社会融合程度更高。我们的解释是：乡级行政区域主体上是城市近郊和南方经济发展较好的村，这些地区在促进流动人口社会融合的制度环境和文化氛围上都不如城市。得出这方面的结论时，需要排除两个方面的因素：其一，所在地和家乡经济状况的差距会影响对流入地的认同和融入意愿，即在大城市里收入，前景和生活质量都更好，所以更愿意融入城市。其二，城市里外来人口更多，所以流动人口更加不容易感觉到孤立和受到歧视。

第四节
不同户籍和所在地城乡间融合度差异的分解

为了进一步分离人群间特征差异的影响，我们使用 Blinder－Oaxaca 分解得到户籍和所在地的城乡对流动人口社会融合的影响。我们将从农村流入城市的人群（农—城）作为研究对象建立两个模型：

模型一，将具有城市户口而且所在地为城市的这部分流动人口（城—城）作为参照组，来估计农村的户籍对社会融合程度的影响。

模型二，将同样农村户籍而且所在地也为农村的这部分流动人口（农—农）作为参照组，估计城市里是否有更适于流动人口社会融合的环境条件。

表 11－5 列出了主要控制变量的样本均值。从表中可以观察到这四类流动人口确实存在特征和人力资本禀赋的差别。例如，农—城比农—农的流动人口，城—城比城—农的流动人口，都有更高的平均教育水平，更大的年龄结构，更高的家庭收入，更多和本地人来往。而城市户籍的流动人口，比起所在

地城乡相同的农村户籍的人群，有更高的平均教育水平，更大的年龄结构，更大比例的社会保障参与率，更高的家庭收入，更多的和本地人来往。

表 11－6 是这两个模型的分解结果。对于模型一，所在地为城市的，农民工和城镇流动人口之间融合度的差异（综合得分差－0.0571），72.33％都可以由特征差异来解释。其中，对城市的认同得分差值为－0.0360，88.06％都可以归于特征差异；身份认同的主观意愿得分相差为－0.0643，64.70％来源于特征差异；其客观感受分值相差－0.0746，67.96％。这个结果说明：由于“农村人”的身份而受到的文化冲突和歧视并不是融合度差异的最主要来源。文中提到的户籍对社会融合的直接影响是次要的，绝大多数差异都来自农村户籍带来的人力资源禀赋，就业机会和社会保障等方面的不利地位，和与之相关的更少的家庭收入。其中户籍对城市认同的直接影响是最小的，这与文章之前分析的当代农民工的特点是一致的：和城市户籍的人相比，他们对城市也有着天然的认同。

对于模型二，个人特征所能解释的比例相对较少。对于农村户籍的人口，在城市的比在农村的融合度高出 0.099（综合得分），特征差异只能解释其中的 42.63％。这说明所在地的城乡对于社会融合的直接影响是显著的。乡级行政区域主体上是城市近郊和南方经济发展较好的村，这些地区在促进流动人口社会融合的制度环境和文化氛围上都不如城市。对于这个结论有两个可能的争议，即第四部分提到的：在城市，所在地和家乡经济状况的差距更大，对融入意愿有正的影响；城市里外来人口更多，流动人口可能更少受到歧视。

表 11－5 四类流动人口的特征描述

	农—城	农—乡	城—乡	城—城	总共
样本量	70502	36218	3053	16137	125910
住户类型					
家庭户	90.09％	87.75％	83.52％	91.98％	89.30％
集体户	9.91％	12.25％	16.48％	8.02％	10.70％
年龄组					

续表

	农—城	农—乡	城—乡	城—城	总共
16—25 岁	26.95%	27.51%	22.28%	18.08%	26.01%
26—35 岁	37.18%	34.27%	39.79%	46.52%	37.27%
36—45 岁	28.29%	30.38%	29.03%	26.02%	28.80%
46 岁以上	7.58%	7.84%	8.90%	9.38%	7.92%
民族					
少数民族	4.71%	7.60%	5.57%	4.39%	5.74%
汉族	95.29%	92.40%	94.43%	95.61%	94.26%
受教育年限	9.5863	8.719	11.0212	12.5	9.6446
流动范围					
市内跨县	8.90%	5.24%	7.32%	9.11%	7.55%
省内跨市	27.42%	15.24%	18.92%	27.99%	22.87%
跨省流动	63.68%	79.52%	73.76%	62.90%	69.58%
婚姻状况					
未婚	23.51%	21.80%	24.51%	24.59%	23.04%
已婚有配偶	75.41%	77.37%	73.83%	73.25%	75.83%
离异	0.88%	0.60%	1.58%	1.94%	0.92%
丧偶	0.20%	0.23%	0.08%	0.22%	0.21%
工作状况					
就业	86.29%	88.06%	90.35%	86.72%	87.08%
失业	1.74%	1.27%	0.85%	2.35%	1.62%
无业	1.83%	1.31%	1.41%	2.35%	1.69%
家务	9.14%	8.66%	6.49%	6.82%	8.63%
在学	1.00%	0.70%	0.90%	1.76%	0.98%
离退休	0.00%	0.00%	0.40%	1.70%	0.21%
家庭年龄结构和规模（各个年龄段人数）					
15 岁及以下	0.4734	0.4448	0.3257	0.4534	0.4571
16—25 岁	0.2011	0.2015	0.1189	0.1278	0.1908
26—35 岁	0.3155	0.290	0.2818	0.3582	0.3104
36—45 岁	0.2819	0.2970	0.2420	0.2364	0.2811
46 岁以上	0.1147	0.1079	0.1262	0.1707	0.1190
家庭收入（万元/月）	0.4686	0.4024	0.4320	0.6874	0.4691

续表

	农—城	农—乡	城—乡	城—城	总共
当地保险					
当地养老保险	2.02%	1.50%	16.26%	19.77%	4.23%
当地医保	5.73%	5.60%	26.54%	23.07%	8.20%
当地住房公积金	0.30%	0.31%	3.58%	3.56%	0.76%
住房条件					
有饮用自来水	94.75%	91.02%	91.55%	97.48%	93.64%
有卫生间	82.84%	63.27%	70.42%	93.11%	76.64%
有厨房	76.27%	61.77%	63.26%	87.92%	72.05%
有洗澡设施	69.56%	49.80%	58.77%	84.91%	63.92%
业余在本地来往最多					
同乡	59.86%	67.87%	54.66%	44.42%	60.85%
其他外地人	19.14%	16.94%	21.15%	22.85%	18.82%
其他本地人	15.96%	9.68%	17.19%	27.27%	15.02%
其他	5.04%	5.51%	7.00%	5.46%	5.31%

表 11－6　差异的 Blinder-Oaxaca 分解

指标	差异均值	特征差异	不可解释部分	特征差异可解释比率
对比组为城镇户口到城务工的流动人口				
融合度（综合）	－0.0571	－0.0413	－0.0158	72.33%
城市认同	－0.0360	－0.0317	－0.0040	88.06%
身份认同：主观意愿	－0.0643	－0.0416	－0.0226	64.70%
身份认同：客观感受	－0.0746	－0.0507	－0.0239	67.96%
对比组为农村户口到乡务工的流动人口				
融合度（综合）	0.0990	0.0422	0.0568	42.63%
城市认同	0.0755	0.0281	0.0474	37.22%
身份认同：主观意愿	0.0986	0.0324	0.0662	32.86%
身份认同：客观感受	0.1227	0.0611	0.0616	49.80%

第五节
流动人口社会融合影响因素的进一步讨论

在分析户口和所在地的城乡影响时，Blinder-Oaxaca 分解基于一个基本的多元线性模型。

用这个来研究我国流动人口社会融合的影响因素是不够的，根据要讨论的问题，我们在不同的样本框架下建立如下几个假设和模型。

假设一，现阶段城市地区在促进流动人口社会融合的制度环境和文化氛围上都优于农村。

假设二，和家人一起居住在流入地的流动人口有更高的社会融合程度。夫妻的分居，子女留守老家减少了他们的社会融合程度。

假设三，工资水平较高的流动人口有更高的社会融合程度；同等工资条件下，工作时间长，工作强度大，社会融合程度更少。

假设四，现阶段社会融合问题中，农村户籍带来的文化上的摩擦已经不明显；对“农村人”的歧视虽然存在，但是已退居次要地位。工作待遇，和家人是否住在一起是其中最重要的因素，而这些都受到户籍管制的严重影响。

表 11—7 和表 11—8 是对的估计结果，从中我们可以对上述假设进行逐个验证：

假设一是成立的。在表 11—7 的 a 中，所在地城/乡[①]对于社会融合的三个维度的系数都是显著为负的，分别为：－0.0472、－0.0678 和

① 其中所在地为乡级行政单位，变量值为 1。

－0.0524。在模型 b 中我们使用了 62780 个跨省移动的样本，考虑了 GDP 的差别和外省人口的比例以后，所在地城乡对于社会融合程度仍然是显著为负的影响，系数分别为：－0.0596、－0.0785、－0.0429。[①] 由于受数据的限制，我们不能在村级行政单位上计算收入差别和流动人口的比例。b 的结果证明了收入差别和外来人口比例对于融合度的影响不足以解释城乡社会融合度的差别。[②] 所以以城市近郊为主体的村里，在制度环境和文化氛围上都不如城市，更加不利于流动人口的社会融合。

从表 11－8 中可以看到，假设二和假设三是成立的。c 中与配偶同住对于流动人口对城市的认同有显著为正的影响（系数 0.0474），对于他们成为城市居民的意愿有显著为正的影响（系数 0.0312）。而有子女留守在老家，对于他们对城市的认同、融入城市的意愿和感觉到被城市接纳的程度都有显著为负的影响（系数分别为－0.0341、－0.0613、－0.0282）。d 的结果中，工资对社会融合的各个维度的影响都显著为正，系数分别为：0.1013、0.0584 和 0.1154；工作时间对社会融合的各个维度都有显著为负的影响，系数分别为：－0.0013、－0.0018、－0.0017。流动人口样本的平均周工作时间达到了 55.4 个小时，是一个普遍超时工作的群体。

---

① 在没有加入 GDP 差值和 R 值时，回归系数分别为－0.0594、－0.0778、－0.0438。

② GDP 差值越大，流动人口融入当地的主观意愿越强，模型 b 中 GDP 差值对身份认同的主观意愿得分的系数越显著，为 0.007；同时感觉受到的排斥更强，对身份认同的客观感受有显著为负的影响，系数为－0.0081。外省人口的比例在控制变量以后影响为负，并不是预期中外省人越多排斥越少。

表 11－7　社会融合各个指标的回归结果

	a			b		
	(1)	(2)	(3)	(4)	(5)	(6)
	城市认同	身份认同：主观意愿	身份认同：客观感受	城市认同	身份认同：主观意愿	身份认同：客观感受
户口	0.0050	－0.0073	－0.0286***	0.0097	－0.0020	－0.0214**
所在地(城/乡)	－0.0472***	－0.0678***	－0.0524***	－0.0596***	－0.0785***	－0.0429***
GDP 差值				0.0026	0.0070**	－0.0081***
外省人比重				－0.0020***	－0.0007	－0.0081***
流动范围：参照组为市内跨县						
跨省流动	－0.0570***	－0.1120***	－0.0712***			
省内跨市	－0.0244***	－0.0245***	－0.0449***			
男性	－0.0060	－0.0171***	－0.0106**	－0.0058	－0.0118*	－0.0168***
少数民族	0.0297***	0.0317***	0.0338***	0.0101	0.0091	0.0348***
受教育年限	0.0030***	0.0060***	0.0047***	0.0023*	0.0059***	0.0046***
年龄组：以 16－25 岁的作为参照组						
26－35 岁	0.0106*	0.0116	－0.0038	0.0124	0.0258**	0.0008
36－45 岁	0.0239***	0.0264***	0.0051	0.0352***	0.0573***	0.0056
46 岁及以上	0.0332***	0.0431***	0.0197*	0.0509***	0.0830***	0.0270*
婚姻状态：参照组为未婚						
已婚有配偶	0.0188***	0.00141	0.00461	0.0240**	0.0045	0.0105
离异	0.0279*	0.0360*	0.0440**	0.0336	0.0285	0.0574*
丧偶	0.0062	0.0231	－0.0039	－0.0308	0.0045	0.0084
工作状态：参照组为就业						
失业	－0.0616***	－0.0408**	－0.0502***	－0.0584**	－0.0380	－0.0641**
无业	－0.0283**	－0.0307**	－0.0320**	－0.0160	－0.0290	－0.0332*
操持家务	－0.0347***	－0.0265***	－0.0203***	－0.0352***	－0.0241*	－0.0233**
在学	0.0311*	0.0205	0.0280*	0.0513*	0.0554*	0.0640**
离退休	0.0206	0.0561	0.0610*	0.0307	0.0430	0.0622
家庭结构和规模：各个年龄段人数						
15 岁及以下	0.0319***	0.0410***	0.0145***	0.0373***	0.0451***	0.0157***
16－25 岁	0.0184***	0.0258***	0.00757*	0.0175***	0.0217***	0.0061
26－35 岁	0.0238***	0.0347***	0.00671	0.0180**	0.0223**	0.0043
36－45 岁	0.0361***	0.0512***	0.0177***	0.0335***	0.0442***	0.0188**
46 岁及以上	0.0367***	0.0443***	0.0220***	0.0300***	0.0353***	0.0152*

续表

	a			b		
	(1)	(2)	(3)	(4)	(5)	(6)
	城市认同	身份认同：主观意愿	身份认同：客观感受	城市认同	身份认同：主观意愿	身份认同：客观感受
家庭月收入	0.0273***	0.0157***	0.0241***	0.0229***	0.0134**	0.0151***
当地保险						
养老保险	0.0064	0.0067	0.0162	0.0070	0.0151	0.0105
医疗保险	0.0067	−0.0058	−0.0165*	0.0140	0.0081	−0.0155
住房公积金	−0.0444**	−0.0673***	−0.0008	−0.0447	−0.0996***	−0.0122
居住情况						
家庭户	0.0667***	0.0941***	0.0174**	0.0672***	0.0990***	0.0244**
有饮用自来水	0.0226***	0.0060	−0.0051	0.0271***	0.0147	0.0021
有卫生间	−0.0172***	−0.0095	−0.0229***	−0.0226***	−0.0164*	−0.0334***
有厨房	0.0323***	0.0396***	0.0436***	0.0367***	0.0397***	0.0428***
有洗澡设施	0.0340***	0.0317***	0.0620***	0.0264***	0.0296***	0.0594***
社会交往：业余在本地来往最多，参照组为其他						
同乡	0.0295***	0.0406***	−0.0046	0.0341***	0.0375**	0.0050
其他外地人	−0.0133	0.00149	−0.0420***	−0.0056	0.0119	−0.0306**
其他本地人	0.1035***	0.1366***	0.1317***	0.1100***	0.1593***	0.1391***
省地区变量	有	有	有	有	有	有
常数项	3.260***	3.294***	2.901***	3.261***	3.148***	3.137***
调整后 R^2	0.0676	0.0630	0.1006	0.0677	0.0626	0.0949
样本量	125910	125910	125910	62780	62780	62780

注：(1)***、**、*分别表示在1%、5%、10%的水平上显著。(2)表中没有说明参照组的变量中，城市户口，所在地为城市，女性和汉族值为0。(3)省人均GDP来自国家统计局《2011年年鉴》。(4)户籍为外省的人口数和省总人口数来自统计局2010年人口普查数据。

表11−8 社会融合各个指标的回归结果（模型c和模型d）

	c			d		
	(1)	(2)	(3)	(4)	(5)	(6)
	城市认同	身份认同：主观意愿	身份认同：客观感受	城市认同	身份认同：主观意愿	身份认同：客观感受
户口	0.00235	−0.0154*	−0.0288***	0.0116	−0.00394	−0.0310***
所在地(城/乡)	−0.0432***	−0.0625***	−0.0493***	−0.0542***	−0.0763***	−0.0341***
与配偶同住	0.0474***	0.0312***	−0.0111			

续表

	c			d		
	(1)	(2)	(3)	(4)	(5)	(6)
	城市认同	身份认同：主观意愿	身份认同：客观感受	城市认同	身份认同：主观意愿	身份认同：客观感受
子女留守	−0.0341***	−0.0613***	−0.0282***			
制造业		−0.1202***	−0.1240***	0.0161		
周工作时间		−0.0013***	−0.0018***	−0.0017***		
月工资		0.1013***	0.0584**	0.1154***		
工资上涨		0.0432***	0.0374***	0.0401***		
工资减少		0.0142*	0.0191*	0.0190**		
基本特征						
流动范围：参照组为市内跨县						
跨省流动	−0.0452***	−0.0941***	−0.0622***	−0.0649***	−0.1210***	−0.0764***
省内跨市	−0.0204***	−0.0170**	−0.0437***	−0.0336***	−0.0353***	−0.0491***
男性	−0.00683	−0.0149**	−0.0128**	−0.00872	−0.0275***	−0.0179***
少数民族	0.0364***	0.0418***	0.0348***	0.0128	0.00840	0.0265**
受教育年限	0.00278***	0.00550***	0.00395***	0.00117	0.00446***	0.00334**
年龄组：以16—25岁的作为参照组						
26—35岁	0.0118	0.0220*	0.00660	0.00546	0.0111	−0.0173*
36—45岁	0.0266***	0.0357***	0.0168	0.0170*	0.0207*	−0.0145
46岁及以上	0.0331***	0.0513***	0.0295**	0.0393***	0.0476***	0.0148
婚姻状态：参照组为未婚						
已婚有配偶				0.0070	−0.0101	0.0067
离异				0.0179	0.0200	0.0471*
丧偶				0.0135	0.0076	0.0109
工作状态：参照组为就业						
失业	−0.0649***	−0.0517**	−0.0576***			
无业	−0.0152	−0.0297*	−0.0342**			
操持家务	−0.0410***	−0.0314***	−0.0237***			
在学	0.3165	0.1268	0.3583			
离退休	0.0247	0.0677	0.0619			
家庭层面						
家庭结构和规模：各个年龄段人数						
15岁及以下	0.0171***	0.0206***	0.00596	0.0409***	0.0527***	0.0156**

续表

	c			d		
	(1)	(2)	(3)	(4)	(5)	(6)
	城市认同	身份认同：主观意愿	身份认同：客观感受	城市认同	身份认同：主观意愿	身份认同：客观感受
16—25岁	0.0059	0.0097*	0.00453	0.0186**	0.0301***	0.0067
26—35岁	0.0010	0.0114	0.0068	0.0343***	0.0484***	0.0035
36—45岁	0.0150*	0.0359***	0.0154*	0.0568***	0.0714***	0.0259***
46岁及以上	0.0209***	0.0285***	0.0191**	0.0439***	0.0562***	0.0220**
家庭月收入	0.0248***	0.0140***	0.0244***			
当地保险						
养老保险	0.0029	−0.0028	0.0192	0.0183	0.0103	0.0229
医疗保险	0.0140	0.0060	−0.0079	−0.00413	−0.0077	−0.0145
住房公积金	−0.0443*	−0.0767**	−0.0082	−0.0680***	−0.0918***	−0.0190
居住情况						
家庭户	0.0598***	0.0961***	0.0322***	0.0534***	0.0788***	0.0058
有饮用自来水	0.0163*	−0.0038	−0.0071	0.0406***	0.0357***	0.0036
有卫生间	−0.0098	−0.0027	−0.0215***	−0.0254***	−0.0099	−0.0334***
有厨房	0.0248***	0.0365***	0.0439***	0.0443***	0.0427***	0.0491***
有洗澡设施	0.0310***	0.0264***	0.0570***	0.0331***	0.0259***	0.0631***
社会交往：业余在本地来往最多，参照组为其他						
同乡	0.0326***	0.0370***	−0.0051	0.0295**	0.0246	0.0033
其他外地人	−0.0065	0.0014	−0.0379***	−0.0108	−0.0048	−0.0330*
其他本地人	0.1086***	0.1342***	0.1374***	0.1095***	0.1328***	0.1445***
省地区变量	有	有	有	有	有	有
常数项	3.2890***	3.3260***	2.8990***	3.3040***	3.3830***	2.9810***
调整后 R^2	0.0620	0.0589	0.0973	0.0778	0.0779	0.1141
样本量	91108	91108	91108	57713	57713	57713

注：***、**、* 分别表示在1%、5%、10%的水平上显著。

d中用制造业来一定程度上代表工作强度。从结果中可以看到，处于制造业对流动人口认同城市和融入意愿都有显著为负的影响。工资激励，无论是上升还是下降，比起工资水平不变，对流动人口社会融合都有显著为正的影响。

假设四是成立的。在a—d中，户籍变量对于城市认同和成为城市居民的主观愿望的得分，影响均不显著①。户籍变量对于身份认同的客观感受仍然是显著的，这说明农村户籍的流动人口仍然会感觉到更多的排斥和歧视。但是户籍的影响比所在地城乡的影响更小。② 在a—d中，同住的家人越多社会融合度越高。在a—c中，在控制了家庭规模的情况下，家庭收入越高社会融合程度越高。③ c和d中的数据进一步证明了夫妻的分居、子女留守、工资和工作时间对社会融合程度的重要影响。

除假设一到假设四以外，从回归结果中我们也可以发现：教育年限对各个维度上的社会融合的影响都是显著为正的。年龄对社会融合的影响为正，这里可能有样本选择的问题。④ 家庭户比集体户有更高的社会融合程度，大部分居住设施都有显著为正的影响。

在社会交往方面，与本地人交往得多则对于社会融入的所有指标都有显著为正的影响，而且系数在0.1以上。与同乡往来得多的人对当地有更高的认可，也更加主动愿意成为城市的一员。但是对自我身份认同的客观感受并没有显著的影响。这个结论和有的研究认为的“以乡土为基础的社会网络能帮助流动人口适应当地，但是却影响进一步的融入”是一致的。

在社会保障方面，流动人口在当地的参保率非常低⑤，而且对社会融

---

① 模型c中有一处例外，系数为−0.0154，在5%的水平上显著。

② 户籍对身份认同的客观感受的影响，在模型a—d中系数为−0.0286、−0.0214、−0.0288和−0.0310；所在地（城/乡）对身份认同的客观感受的影响，在模型a—d中系数为−0.0524、−0.0429、−0.0493和−0.0341。

③ 这一部分见回归结果中家庭年龄结构和规模中的变量和家庭月收入。

④ 随着年龄的增长，融合度很低的那些流动人口更加倾向于回乡，所以留在城市里的年龄较大的人群，往往是当年一起外出打工的人群中更加倾向于留在城市里的人。

⑤ 2011年在当地参加养老保险、医疗保险和住房公积金三项主要的社会保险的比率分别为：2.02%、5.73%和0.03%。

合的影响并不显著（其中住房公积金有负的影响）。在流动人口社会保障方面的研究一般认为：我国绝大多数城市并没有把流动人口纳入社会保险的框架下，尤其在非正规部门工作或者做临时工的流动人口。此外，现有的养老保险和住房公积金非常不适合流动人口，一旦他们离开当地回乡或者到其他地方工作，只有养老保险的个人账户部分能够带走，损失非常严重。

参考文献

[1] Abowd J M, Kramarz F, Margolis D N. Minimum wages and employment in France and the United States [R] . National Bureau of Economic Research, 1999.

[2] Agénor P R, Aizenman J. Macroeconomic adjustment with segmented labor markets [J] . Journal of Development Economics, 1999, 58 (2): 277—296.

[3] Ahn H, Powell J L. Semiparametric estimation of censored selection models with a nonparametric selection mechanism [J] . Journal of Econometrics, 1993, 58 (1—2): 3—29.

[4] Anker R, Melkas H, Korten A. Gender-based occupational segregation in the 1990s [M] . International Labour Office, 2003.

[5] Appleton S, Hoddinott J, Krishnan P. The gender wage gap in three African countries [J] . Economic Development and Cultural Change, 1999, 47 (2): 289—312.

[6] Au C C, Henderson J V. Are Chinese cities too small? [J] . The Review of Economic Studies, 2006, 73 (3): 549—576.

[7] Bacolod M, Blum B S, Strange W C. Skills in the city [J] . Journal of Urban Economics, 2009, 65 (2): 136—153.

[8] Bayer P, Ross S, Topa G. Place of work and place of residence: Informal hiring networks and labor market outcomes [R] . National Bureau of Economic Research, 2005.

[9] Beaudry P, Lewis E. Do male-female wage differentials reflect differences in the return to skill? cross-city evidence from 1980—2000 [R] . National Bureau of Economic Research, 2012.

[10] Becker G S. The economics of discrimination [M] . University of Chicago press, 2010.

[11] Beine M, Docquier F, Rapoport H. Brain drain and human capital formation in developing countries: winners and losers [J] . The Economic Journal, 2008, 118 (528): 631—652.

[12] Bellmann L, Blien U. Wage curve analyses of establishment data from Western Germany [J] . Industrial & Labor Relations Review, 2001, 54 (4): 851—863.

[13] Belser P, Rani U. Extending the coverage of minimum wages in India: Simulations from household data [J] . Economic & Political Weekly, Forthcoming, 2011.

[14] Bergmann B R. Occupational segregation, wages and profits when employers discriminate by race or sex [J] . Eastern Economic Journal, 1974, 1 (2): 103—110.

[15] Betcherman G, Dar A, Olivas K. Impacts of active labor market programs: New evidence from evaluations with particular attention to developing and transition countries [M] . Social Protection, World Bank, 2004.

[16] Black D, Kolesnikova N, Taylor L. Earnings functions when wages and prices vary by location [J] . Journal of Labor Economics, 2009, 27 (1): 21—47.

[17] Branstetter L. Is foreign direct investment a channel of knowledge spillovers? Evidence from Japan's FDI in the United States [J] . Journal of International Economics, 2006, 68 (2): 325—344.

[18] Brown R S, Moon M, Zoloth B S. Incorporating occupational attainment in studies of male-female earnings differentials [J] . Journal of Human Resources, 1980: 3—28.

[19] Browning M, Lusardi A. Household saving: Micro theories and micro facts [J] . Journal of Economic Literature, 1996, 34 (4): 1797—1855.

[20] Bryson A, Dorsett R, Purdon S. The use of propensity score matching in the evaluation of active labour market policies [J] . 2002.

[21] Burt R. S. Structural Holes: The Social Structure of Competition [M] . Cambridge, Harvard University Press, 1992.

[22] Caliendo M, Kopeinig S. Some practical guidance for the implementation of propensity score matching [J] . Journal of Economic Surveys, 2008, 22 (1): 31—72.

[23] Card D, Blanchflower D G, Oswald A J. The wage curve: a review [J] . Journal of economic Literature, 1995.

[24] Card D, Krueger A B. Myth and measurement [M] . Princeton, NJ: Princeton University Press, 1995.

[25] Chi W, Li B. Glass ceiling or sticky floor? Examining the gender earnings differential across the earnings distribution in urban China, 1987—2004 [J] . Journal of Comparative Economics, 2008, 36 (2): 243—263.

[26] Ciccone A, Hall R E. Productivity and the density of economic activity [R] . National Bureau of Economic Research, 1993.

[27] Ciccone A. Agglomeration effects in Europe [J] . European Economic Review, 2002, 46 (2): 213—227.

[28] Coleman M T. Movements in the earnings-schooling relationship, 1940—1988 [J] . The Journal of Human Resources, 1993, 28 (3): 660.

[29] Combes P P, Démurger S, Li S. Urbanisation and migration externalities in China [J] . 2013.

[30] Combes P P, Duranton G, Gobillon L. Spatial wage disparities: Sorting matters! [J] . Journal of Urban Economics, 2008, 63 (2): 723—742.

[31] Cowell F A, Jenkins S P. How much inequality can we explain? A methodology and an application to the United States [J] . The Economic Journal, 1995: 421—430.

[32] Dahl G B. Mobility and the return to education: Testing a Roy model with multiple markets [J] . Econometrica, 2002, 70 (6): 2367—2420.

[33] De Fraja G. Minimum wage legislation, productivity and employment [J] . Economica, 1999, 66 (264): 473—488.

[34] Démurger S, Gurgand M, Li S, et al.. Migrants as second-class workers in urban China? A decomposition analysis [J] . Journal of Comparative Economics, 2009, 37 (4): 610—628.

[35] Dickens W T, Lang K. A test of dual labor market theory [J] . The American Economic Review, 1985, 75 (4): 792—805.

[36] Du Y, Park A, Wang S. Migration and rural poverty in China [J] . Journal of Comparative Economics, 2005, 33 (4): 688—709.

[37] Duncan O D, Duncan B. A methodological analysis of segregation indexes [J] . American Sociological Review, 1955, 20 (2): 210—217.

[38] Duranton J, Puga D. Micro-foundation of urban agglomeration economies [J]. Handbook of Regional and Urban Economics, 2004.

[39] Erman T. Squatter (gecekondu) housing versus apartment housing: Turkish rural-to-urban migrant residents' perspectives [J]. Habitat International, 1997, 21 (1): 91—106.

[40] Falter J. Self-employment and earning inequality [J]. Journal of Income Distribution, 2007, 16 (2): 106—127.

[41] Ferro-Luzzi G. La relation entre emploi et salaires en Suisse [D]. 1996.

[42] Firpo S, Fortin N M, Lemieux T. Unconditional quantile regressions [J]. Econometrica, 2009, 77 (3): 953—973.

[43] Firpo S, Fortin N, Lemieux T. Decomposing wage distributions using recentered influence function regressions [J]. University of British Columbia (June), 2007.

[44] Flatau P R, Lewis P E T. Segmented labour markets in Australia [J]. Applied Economics, 1993, 25 (3): 285—294.

[45] Florence P S. A statistical contribution to the theory of women's wages [J]. The Economic Journal, 1931, 41 (161): 19—37.

[46] Fu S, Ross S L. Wage premia in employment clusters: How important is worker heterogeneity? [J]. Journal of Labor Economics, 2013, 31 (2): 271—304.

[47] Glaeser E L, Mare D C. Cities and skills [R]. National Bureau of Economic Research, 1994.

[48] Glaeser E L, Resseger M G. The complementarity between cities and skills [J]. Journal of Regional Science, 2010, 50 (1): 221—244.

[49] Gustafsson B, Li S. Economic transformation and the gender earnings gap in urban China [J]. Journal of Population Economics, 2000, 13(2): 305—329.

[50] Heckman J. Sample specification bias as a selection error [J]. Econometrica, 1979, 47 (1): 153—162.

[51] Juhn C, Murphy K M, Pierce B. Wage inequality and the rise in returns to skill [J]. Journal of Political Economy, 1993: 410—442.

[52] Katz L F, Krueger A B. The effect of the minimum wage on the fast-food industry [J]. Industrial & Labor Relations Review, 1992, 46 (1): 6—21.

[53] Kidd M P, Shannon M. Does the level of occupational aggregation affect estimates of the gender wage gap? [J] . Industrial & Labor Relations Review, 1996, 49 (2): 317—329.

[54] Kidd M P. Sex discrimination and occupational segregation in the Australian labour market [J] . Economic Record, 1993, 69 (1): 44—55.

[55] Lazear E P, Moore R L. Incentives, productivity, and labor contracts [J] . The Quarterly Journal of Economics, 1984: 275—296.

[56] Le A T. Empirical studies of self-employment [J] . Journal of Economic Surveys, 1999, 13 (4): 381—416.

[57] Lee L F. Generalized econometric models with selectivity [J] . Econometrica: Journal of the Econometric Society, 1983: 507—512.

[58] Lee L F. Identification and estimation in binary choice models with limited (censored) dependent variables [J] . Econometrica: Journal of the Econometric Society, 1979: 977—996.

[59] Lemieux T. Post-secondary education and increasing wage inequality [R] . National Bureau of Economic Research, 2006.

[60] Leontaridi M. Segmented labour markets: theory and evidence [J] . Journal of Economic Surveys, 1998, 12 (1): 103—109.

[61] Leuven E, Sianesi B. Stata module to perform full Mahalanobis and propensity score matching, common support graphing, and covariate imbalance testing [J] . Statistical Software Components S, 2003, 432001.

[62] Li S, Gustafsson B. Unemployment, Earlier Retirement and Changes in the Gender Income Gap in Urban China, 1995—2002 [J] . Inequality and Public Policy, 2008: 242—266.

[63] Lin J Y, Wang G, Zhao Y. Regional inequality and labor transfers in China [J] . Economic Development and Cultural Change, 2004, 52 (3): 587—603.

[64] Lin Nan. Building a Network Theory of Social Capital [A]. in Social Capital: Theory and Reserach [C], Edited by N. Lin, K. S. Cook, and R. Burt. New York: Aldine de Gruyter, 2001: 3—31.

[65] Liu X, Park A, Zhao Y. Explaining rising returns to education in urban China in the 1990s [J] . 2010.

[66] Lofstrom M. A Comparison of the Human Capital and Signaling Models: The Case of the Self-employed and the Increase in the Schooling Premium in the 1980's [J]. 2000.

[67] Lucas Jr R E. On the size distribution of business firms [J]. The Bell Journal of Economics, 1978: 508—523.

[68] Maddala G S. Limited-dependent and qualitative variables in econometrics [M]. Cambridge university press, 1986.

[69] Marsden P V, Hurlbert J S. Social resources and mobility outcomes: A replication and extension [J]. Social forces, 1988, 66 (4): 1038—1059.

[70] Marshall A. 1920. Principles of economics [J]. London: Mac-Millan, 1890.

[71] Maurer-Fazio M, Dinh N. Differential rewards to, and contributions of, education in urban China's segmented labor markets [J]. Pacific Economic Review, 2004, 9 (3): 173—189.

[72] Maurer-Fazio M, Hughes J. The Effect of Institutional Change on the Relative Earnings of Chinese Women: Traditional Values vs. Market Forces [J]. Manuscript, Maine: Department of Economics, Bates College, 1999.

[73] Melly B. Decomposition of differences in distribution using quantile regression [J]. Labour Economics, 2005, 12 (4): 577—590.

[74] Meng X, Miller P. Occupational segregation and its impact on gender wage discrimination in China's rural industrial sector [J]. Oxford Economic Papers, 1995: 136—155.

[75] Meng X, Zhang J. The two-tier labor market in urban China: occupational segregation and wage differentials between urban residents and rural migrants in Shanghai [J]. Journal of Comparative Economics, 2001, 29 (3): 485—504.

[76] Miller P W. The wage effect of the occupational segregation of women in Britain [J]. The Economic Journal, 1987, 97 (388): 885—896.

[77] Mion G, Naticchioni P. The spatial sorting and matching of skills and firms [J]. Canadian Journal of Economics/Revue canadienne d' économique, 2009, 42 (1): 28—55.

[78] Mookherjee D, Shorrocks A. A decomposition analysis of the trend in UK in-

come inequality [J] . The Economic Journal, 1982, 92 (368): 886—902.

[79] Morduch J, Sicular T. Rethinking inequality decomposition, with evidence from rural China [J] . The Economic Journal, 2002, 112 (476): 93—106.

[80] Mouw T. Social capital and finding a job: do contacts matter? [J] . American Sociological Review, 2003: 868—898.

[81] Mwabu G, Schultz T P. Education returns across quantiles of the wage function: alternative explanations for returns to education by race in South Africa [J] . The American Economic Review, 1996, 86 (2): 335—339.

[82] Oaxaca R. Male-female wage differentials in urban labor markets [J] . International Economic Review, 1973: 693—709.

[83] Osberg L, Apostle R, Clairmont D. Segmented labour markets and the estimation of wage functions [J] . Applied Economics, 1987, 19 (12): 1603—1624.

[84] Oster G. A factor analytic test of the theory of the dual economy [J] . The Review of Economics and Statistics, 1979: 33—39.

[85] Osterman P. Empirical Study of Labor Market Segmentation, An [J] . Indus. & Lab. Rel. Rev. , 1974, 28: 508.

[86] Park R E. Human migration and the marginal man [J] . American Journal of Sociology, 1928: 881—893.

[87] Parker S C. The inequality of employment and self-employment incomes: a decomposition anal ysis for the uk [J] . Review of Income and Wealth, 1999, 45 (2): 263—274.

[88] Qu Z, Zhao Z. Wage Inequality of Chinese Rural-Urban Migrants from 2002 to 2007 [J] . 2011.

[89] Reskin B, Roos P. Job Queues, Gender Queues: Explaining Women's Inroads into Male Occupations [M] . Temple University Press, 2009.

[90] Rosenbaum P R, Rubin D B. The central role of the propensity score in observational studies for causal effects [J] . Biometrika, 1983, 70 (1): 41—55.

[91] Rosenberg S. Male occupational standing and the dual labor market [J] . Industrial Relations: A Journal of Economy and Society, 1980, 19 (1): 34—49.

[92] Rosenthal S S, Strange W C. Evidence on the nature and sources of agglomera-

tion economies [J] . Handbook of Regional and Urban Economics, 2004, 4: 2119—2171.

[93] Shorrocks A F. Decomposition procedures for distributional analysis: a unified framework based on the Shapley value [J] . Journal of Economic Inequality, 2013: 1—28.

[94] Smith, A. The Wealth of Nations [M] . London: Routledge, 1910.

[95] Sung Y W, Zhang J, Chan C S. Gender wage differentials and occupational segregation in Hong Kong, 1981 — 1996 [J] . Pacific Economic Review, 2001, 6 (3): 345—359.

[96] Vella F. Gender roles, occupational choice and gender wage differential [J] . Economic Record, 1993, 69 (4): 382—392.

[97] Wang Y P. Living conditions of migrants in inland Chinese cities [J] . The Journal of Comparative Asian Development, 2003, 2 (1): 47—69.

[98] Wu W. Migrant housing in urban China choices and constraints [J] . Urban Affairs Review, 2002, 38 (1): 90—119.

[99] Wu W. Sources of migrant housing disadvantage in urban China [J] . Environment and Planning A, 2004, 36 (7): 1285—1304.

[100] Zhao Y. Leaving the countryside: rural-to-urban migration decisions in China [J] . The American Economic Review, 1999, 89 (2): 281—286.

[101] Zhao Y. The role of migrant networks in labor migration: The case of China [J] . Contemporary Economic Policy, 2003, 21 (4): 500—511.

[102] Zhu N. The impacts of income gaps on migration decisions in China [J] . China Economic Review, 2002, 13 (2): 213—230.

[103] Zveglich Jr J E, van der Meulen Rodgers Y. Occupational segregation and the gender wage gap in a dynamic East Asian economy [J] . Southern Economic Journal, 2004: 850—875.

[104] 白雪梅．教育与收入不平等中国的经验研究 [J]．管理世界（月刊），2004.06.

[105] 蔡昉，白南生．中国转轨时期劳动力流动 [M]．北京：社会科学文献出版社，2006.

[106] 蔡昉，都阳．工资增长、工资趋同与刘易斯转折点［J］．经济学动态，2011.09.

[107] 蔡昉，林毅夫．中国经济［M］．北京：中国财政经济出版社，2003.

[108] 蔡昉．如何进一步转移农村剩余劳动力？［J］．北京：中共中央党校学报，2012.

[109] 蔡昉．中国人口流动方式与途径［M］．北京：社会科学文献出版社，2001.

[110] 陈斌开，杨依山，许伟．中国城镇居民劳动收入差距演变及其原因［J］．经济研究，2009.12.

[111] 陈晶．就业支持网、职业阶层与农民工工资水平［D］．北京师范大学中国收入分配研究院工作论文，2013.

[112] 陈雷，江海霞．困境与出路：返乡农民工就业社会支持网分析[J]．大连海事大学学报，2010.06.

[113] 陈良文，杨开忠，沈体雁，王伟．经济集聚密度与劳动生产率差异——基于北京市微观数据的实证研究［J］．经济学（季刊），2009.01.

[114] 陈云松，范晓光．社会学定量分析中的内生性问题：测估社会互动的因果效应研究综述［J］．社会，2010.04.

[115] 陈钊，陆铭，佐藤宏．谁进入了高收入行业？——关系、户籍与生产率的作用［J］．经济研究，2009.10.

[116] 迟巍，黎波，余秋梅．基于收入分布的收入差距扩大成因的分解［J］．数量经济技术经济研究，2008.09.

[117] 迟巍．中国城市性别收入差异研究［J］．统计研究，2008.08.

[118] 崔亚琼．低工资流动人口特征及最低工资政策对工资不平等影响的模拟分析［D］．北京师范大学中国收入分配研究院工作论文，2013.

[119] 崔岩．流动人口心理层面的社会融入和身份认同问题研究[J]．社会学研究，2012.05.

[120] 戴凤燕．城市流动就业人员的培训参与和培训收益率——基于北京调查数据［J］．中国社会科学院研究生院学报，2012.03.

[121] 邓曲恒．城镇居民与流动人口的收入差异——基于Oaxaca-Blinder和Quantile方法的分解［J］．中国人口科学，2007.02.

［122］丁守海．中国就业弹性究竟有多大？——兼论金融危机对就业的滞后冲击［J］．管理世界，2009.05.

［123］董昕，张翼．农民工住房消费的影响因素分析［J］．中国农村经济，2012.10.

［124］段成荣，杨舸．改革开放30年来流动人口的就业状况变动研究［J］．中国青年研究，2009.04.

［125］段成荣，杨舸，张斐，卢雪和．改革开放以来我国流动人口变动的九大趋势［J］．人口研究，2008.06.

［126］范剑勇．产业集聚与地区间劳动生产率差异［J］．经济研究，2006.11.

［127］冯毅，李实．农民工的工资差距及其变动［J］．中国经济问题，2013.04.

［128］浮延强．城市外来务工人员住房问题研究［D］．同济大学经济与管理学院，2006.

［129］高梦滔，张颖．教育收益率、行业与工资的性别差异：基于西部三个城市的经验研究［J］．南方经济，2007.09.

［130］高文书．进城农民工就业状况及收入影响因素分析——以北京、石家庄、沈阳、无锡和东莞为例［J］．中国农村经济，2006.01.

［131］高霞．自营劳动者的收入不平等与受雇劳动者的收入不平等——基于2005—2012年流动人口数据的分解分析［D］．北京师范大学中国收入分配研究院工作论文，2013.

［132］公安部．公安部推出三十项便民利民措施．载 http：//www. mps. gov. cn/n16/n1237/n1342/118330. html，2003.08.

［133］郭琦．城乡居民教育投资差异对城乡收入差距影响的实证分析［N］．重庆文理学院学报，2011.10.

［134］国家人口和计划生育委员会流动人口服务管理司编．中国流动人口发展报告2012［R］．中国人口出版社，2012.07.

［135］国家统计局《2009年全国农民工监测调查报告》，2010.

［136］国家统计局《我国农民工调查监测报告》，2011.

［137］国家统计局《2012年全国农民工监测调查报告》，2013.

［138］国家统计局《2012年全国农民工监测调查报告》，2013－05－27.

［139］国家统计局农村司《农民工监测调查报告》，2009.

[140] 国严敏. 最低工资制度研究进展 [J]. 经济学动态，2009.08.

[141] 韩俊，崔传义，金三林. 现阶段我国农民工流动和就业的主要特点 [J]. 发展研究，2009.04.

[142] 何亦民. 教育扩张下教育收益率变化的实证分析 [J]. 中国人口科学，2009.02.

[143] 侯风云. 农村外出劳动力收益与人力资本状况相关性研究 [J]. 财经研究，2004.04.

[144] 黄烈佳，童心，王勇. 武汉市农民工住房现状调查分析及其保障对策探讨 [J]. 湖北经济学院学报（人文社会科学版），2010.02.

[145] 黄乾. 城市农民工的就业稳定性及其工资效应 [J]. 人口研究，2009.03.

[146] 黄卓宁. 农民工住房来源及住房水平的实证研究 [J]. 珠江经济，2007.09.

[147] 贾鹏，张世伟. 最低工资标准提升的就业效应——一个基于自然实验的经验研究 [J]. 财经科学，2012.05.

[148] 坎贝尔. R. 麦克南. 当代劳动经济学（第七版）[M]. 北京：人民邮电出版社，2006.

[149] 赖德胜. 教育经济学 [M]. 高等教育出版社，2011.

[150] 赖德胜. 教育、劳动力市场与收入分配 [J]. 经济研究，1998.05.

[151] 李斌，王晓京. 城市农民工的住房 [J]. 石家庄学院学报，2006.05.

[152] 李强. 影响中国城乡流动人口的推力和拉力因素分析 [J]. 中国社会科学，2003.01.

[153] 李强. 农民工与社会分层 [M]. 北京：社会科学文献出版社，2004.

[154] 李强. 为什么农民工“有技术无地位”——技术工人转向中间阶层社会结构的战略探索 [J]. 江苏社会科学，2010.06.

[155] 李强. 当代中国社会分层：测量与分析 [M]. 北京：北京师范大学出版社，2010.

[156] 李实，邓曲恒. 中国城镇失业和非正规再就业的经验研究 [J]. 中国人口科学，2004.04.

[157] 李实，丁赛. 中国城镇教育收益率的长期变动趋势 [J]. 中国社会科学，2003.06.

［158］李实，马欣欣．中国城镇职工的性别工资差异与职业分割的经验分析[J]．中国人口科学，2006.05.

［159］李实，宋锦，刘小川．中国城镇职工性别工资差距的演变[M]．载李实，佐藤宏，史泰丽（主编）《中国收入差距变动分析——中国居民收入分配研究 IV》．北京：人民出版社，2013.

［160］李实，宋锦．中国城镇就业收入差距的扩大及其原因［J］．经济学动态，2010.10.

［161］李实，杨修娜．农民工住房的现状、影响因素及需求规模估算［D］．北京师范大学中国收入分配研究院工作论文，2013.

［162］李实，杨修娜．我国农民工培训的基本状况及其效果分析[D]．北京师范大学中国收入分配研究院工作论文，2013.

［163］廖艳．重庆市区农民工住房问题现状及对策研究［D］．重庆大学管理学院，2006.

［164］刘军，陈兰．当前农民工流动就业数量、结构与特点［N］．中国劳动保障报，2005.07.

［165］刘林平. 外来人群体中的家庭与家族网络支持——深圳“平江村”的调查与分析［J］．广东社会科学，2005.05.

［166］刘修岩，贺小海．市场潜能、人口密度与非农劳动生产率——来自中国地级面板数据的证据［J］．南方经济，2007.11.

［167］刘修岩．集聚经济与劳动生产率：基于中国城市面板数据的实证研究［J］．数量经济技术经济研究，2009.07.

［168］刘玉萍，郭郡郡，李馨鸾．农村劳动力转移与中国城市农民工市场的波动——兼论新《劳动法》对农民工市场的影响［J］．当代经济管理，2011.12.

［169］刘玉亭，何深静．中国大城市农村移民居住问题的国际研究进展［J］．国际城市规划，2008.04.

［170］刘泽云，邱牧远．中国农村工资性就业教育收益率的估计［J］．北京师范大学学报（社会科学版），2011.06.

［171］卢锋．中国农民工工资定量估测（1979—2010）［J］．北京大学国家发展研究院讨论稿系列，2011.

［172］罗楚亮，李实．人力资本、行业特征与收入差距——基于第一次全国经济

普查资料的经验研究［J］．管理世界，2007.10.

［173］罗楚亮．城镇居民教育收益率及其分布特征［J］．经济研究，2007.06.

［174］罗锦林．流动人口教育收益率的下降倾向及其解释［D］．北京师范大学中国收入分配研究院工作论文，2013.

［175］罗凯．打工经历与职业转换和创业参与［J］．世界经济，2009.06.

［176］罗小兰．我国最低工资标准农民工就业效应分析——对全国、地区及行业的实证研究［J］．财经研究，2007.11.

［177］罗小兰．最低工资对农村贫困的影响：基于中国农民工的实证分析［J］．经济科学，2011.03.

［178］罗忠勇．农民工教育投资的个人收益率研究——基于珠三角农民工的实证调查［J］．教育与经济，2010.01.

［179］马万里，陈玮．建立健全面向农民工的城市住房保障体系研究——杭州农民工基本住房状况调查与政策建议［J］．城市规划，2008.05.

［180］梅洪常，周莉，陈丽新．重庆市农民工进城就业安居现状调查［J］．重庆工商大学学报（西部论坛），2008.01.

［181］宁光杰，尹迪．自选择、培训与农村居民工资性收入提高［J］．中国农村经济，2012.10.

［182］农民工城市贫困项目课题组．农民工生活状况、工资水平及公共服务：对北京、广州、南京、兰州的调查［J］．改革，2008.07.

［183］钱文荣，卢海阳．农民工人力资本与工资关系的性别差异及户籍地差异［J］．中国农村经济，2012.08.

［184］钱瑛瑛．当前大都市住房租赁群体的特征及租赁保障思路［J］．住房保障，2007.05.

［185］屈小博．城市正规就业与非正规就业收入差距及影响因素贡献——基于收入不平等的分解［J］．财经论丛，2011.03.

［186］权衡，李凌．上海提高最低工资标准的收入分配效应：实证与模拟［J］．上海经济研究，2011.04.

［187］任锋，杜海峰．社会关系再构建、职业阶层与农民工收入［J］．人口与发展，2011.05.

［188］任远，乔楠．城市流动人口社会融合的过程、测量及影响因素［J］．人口

研究，2010.03.

[189] 任远，邬民乐．城市流动人口的社会融合：文献述评［J］．人口研究，2006.05.

[190] 戎建．迁移回报率与中国农村劳动力流动［J］．中国经济问题，2008.05.

[191] 盛来运．流动还是迁移：中国农村劳动力流动过程的经济学分析［M］．上海：上海远东出版社，2008.

[192] 宋艳菊．刘易斯转折点：一个文献综述［J］．商业研究，2013.05.

[193] 宋月萍，陶椰．融入与接纳：互动视角下的流动人口社会融合实证研究［J］．人口研究，2012.05.

[194] 谭兵．就业的行业分层及社会政策的影响［J］．中山大学学报（社会科学版），2011.01.

[195] 唐灿，冯小双."河南村"流动农民的分化［J］．社会学研究，2000.04.

[196] 万向东，孙中伟．农民工工资剪刀差及其影响因素的初步探索[J]．中山大学学报（社会科学版），2011.03.

[197] 万向东．农民工计入非正式就业的条件与效果［J］．管理世界，2008.01.

[198] 汪进，钟笑寒．中国的刘易斯转折点是否到来——理论辨析与国际经验［J］．中国社会科学，2011.05.

[199] 汪三贵．教育对中国农村地区收入差距的影响分析［J］．农业技术经济，2006.02.

[200] 王春光．新生代农村流动人口的社会认同与城乡融合的关系[J]．社会学研究，2001.03.

[201] 王德文，蔡昉，张国庆．农村迁移劳动力就业与工资决定：教育与培训的重要性［J］．经济学（季刊），2008.04.

[202] 王弟海．从收入分配和经济发展的角度看我国的最低工资制度[J]．浙江社会科学，2011.02.

[203] 王海港，黄少安，李琴，罗凤金．职业技能培训对农村居民非农收入的影响［J］．经济研究，2009.09.

[204] 王海港，李实，刘京军．城镇居民教育收益率的地区差异及其解释［J］．经济研究，2007.08.

[205] 王汉生，刘世定，孙立平，项飚．"浙江村"：中国农民进入城市的一种独

特方式［J］. 社会学研究，1997.01.

［206］王建国．集聚经济和农民工工资［D］．北京师范大学中国收入分配研究院工作论文，2013.

［207］王金豹．流动人口融入城市社会研究——以东莞为例［J］．中国社会学网，2006.02.

［208］王君，郑筱婷．广东和江浙地区外来工工资的比较研究——来自关系约束模型的解释［J］．管理世界，2006.08.

［209］王美艳．城市劳动力市场上的就业机会与工资差异：外来劳动力就业与报酬研究［J］．中国社会科学，2005.05.

［210］王美艳．中国城市劳动力市场上的性别工资差异［J］．经济研究，2005.12.

［211］王美艳．金融危机以来农民工就业形势分析［J］．学习与实践，2011.07.

［212］王天夫，赖扬恩，李博柏．城市性别收入差异及其演变：1995—2003［J］．社会学研究，2008.02.

［213］王亚柯，罗楚亮．经济转轨背景下的中国劳动力市场发育［J］．中国人民大学学报，2012.03.

［214］王毅杰，童星．流动农民社会支持网探析［J］．社会学研究，2004.02.

［215］王毅杰．流动农民工职业获得途径及其影响因素［J］．江苏社会科学，2003.05.

［216］王云多．试析地区、行业和性别因素对人力资本收益率的影响［J］．人口与经济，2009.06.

［217］翁杰．政府对农村转移劳动力人力资本投资的效果评估——来自浙江省杭州市制造业的调查［J］．中国人口科学，2012.06.

［218］我国农民工工作“十二五”发展规划纲要研究课题组．农民工住房态势及其政策框架［J］．重庆社会科学，2010.10.

［219］吴克明，田永坡．劳动力流动与教育收益率：理论与实证［J］．华中师范大学学报（人文社会科学版），2008.06.

［220］吴克明，王平杰．大学毕业生与农民工工资趋同的经济学分析［J］．中国人口科学，2010.03.

［221］吴晓刚，下海．中国城乡劳动力市场转型中的自雇活动与社会分层

(1978—1996) [J]．社会学研究，2006.06.

[222] 谢桂华．农民工与城市劳动力市场 [J]．社会学研究，2007.05.

[223] 谢桂华．中国流动人口的人力资本回报与社会融合 [J]．中国社会科学，2012.04.

[224] 邢春冰．不同所有制企业的工资决定机制考察 [J]．经济研究，2005.06.

[225] 邢春冰．农民工与城镇职工的收入差距 [J]．管理世界，2008.05.

[226] 邢春冰．教育扩展、迁移与城乡教育差距——以大学扩招为例[J]．经济学(季刊)，2014.01.

[227] 邢春冰，罗楚亮．农民工与城镇职工的收入差距－基于半参数方法的分析 [J]．数量经济技术经济研究，2009.10.

[228] 邢春冰．分位回归、教育回报率与收入差距 [J]．统计研究，2008.05.

[229] 杨菊华．城乡差分与内外之别：流动人口经济融入水平研究[J]．江苏社会科学，2010.03.

[230] 杨菊华．城乡差分与内外之别：流动人口社会保障研究 [J]．人口研究，2011.09.

[231] 杨菊华．城乡分割、经济发展与乡—城流动人口的收入融入研究 [J]．人口学刊，2011.05.

[232] 杨菊华．从隔离、选择融入到融合：流动人口社会融入问题的理论思考 [J]．人口研究，2009.01.

[233] 杨菊华．流动人口在流入地社会融入的指标体系——基于社会融入理论的进一步研究 [J]．人口与经济，2010.02.

[234] 杨俊，黄潇，李晓羽．教育不平等与收入分配差距：中国的实证分析[J]．管理世界，2008.01.

[235] 杨玉梅，曾湘泉．农民工培训与就业能力提升——基于河南省阳光工程培训效果的实证研究 [J]．中国劳动经济学，2011.01.

[236] 姚先国，黄志岭．职业分割及其对性别工资差异的影响——基于 2002 年中国城镇调查队数据 [J]．重庆大学学报（社会科学版），2008.02.

[237] 姚先国，赖普清．中国劳资关系的城乡户籍差异 [J]．经济研究，2004.07.

[238] 姚先国，张海峰．中国教育回报率估计及其城乡差异分析——以浙江、广

东、湖南、安徽等省的调查数据为基础［J］．财经论丛，2004.06.

［239］于辉．应更深层次考虑上海外来民工居住问题［J］．经济咨询，2007.02.

［240］袁畅．我国流动人口社会融合的现状［D］．北京师范大学中国收入分配研究院工作论文，2013.

［241］袁泽庆．流动人口迁移决策的影响因素［D］．北京师范大学中国收入分配研究院工作论文，2013.

［242］岳昌君．教育对个人收入差异的影响［J］．经济学（季刊），2004.10.

［243］岳希明，罗楚亮．农村劳动力外出打工与缓解贫困［J］．世界经济，2010.11.

［244］詹鹏．高等教育对农村流动人口收入和就业的影响［D］．北京师范大学中国收入分配研究院工作论文，2013.

［245］张车伟，王智勇．全球金融危机对农民工就业的冲击——影响分析及对策思考［J］．中国人口科学，2009.02.

［246］张车伟．教育回报率变化与收入差距："马太效应"及其政策含义［J］．经济研究，2006.12.

［247］张浩然．地理距离、集聚外部性与劳动生产率——基于城市数据的空间面板计量分析［J］．南方经济，2012.02.

［248］张泓骏，施晓霞．教育、经验和农民工的收入［J］．世界经济文汇，2006.01.

［249］张世伟，王广慧．培训对农民工收入的影响［J］．人口与经济，2010.01.

［250］张世伟，赵亮，万相昱．人力资本对农村迁移劳动力收入的影响研究［J］．重庆大学学报（社会科学版），2009.15.

［251］张兴祥．我国城乡教育回报率差异研究——基于 CHIP2002 数据的实证分析［J］．厦门大学学报（哲学社会科学版），2012.06.

［252］张志莹．关于城市农民工住房问题的思考［J］．上海住宅，2006.12.

［253］张智．北京市农民工住房选择行为及其影响因素分析［J］．建筑经济，2010.01.

［254］张智．对北京市农民工住房情况的调查研究［J］．中国房地产金融，2010.07.

［255］章元，李锐，陈亮，王后．社会网络与工资水平——基于农民工样本的实

证分析［J］．世界经济文汇，2008.06.

［256］章元，陆铭．社会网络是否有助于提高农民工的工资水平？［J］．管理世界，2009.03.

［257］赵显洲．人力资本、市场分割与农民工的工资决定［J］．农业经济问题，2012.04.

［258］赵延东．再就业中的社会资本：效用与局限［J］．社会学研究，2002.04.

［259］赵耀辉，刘启明．中国城乡迁移的历史研究：1949—1985［J］．中国人口科学，1997.02.

［260］赵银侠，班理，梁淑萍．城市女农民工生存状况的社会资本理论分析——陕西省城市女农民工生存状况的调查［J］．宝鸡文理学院学报，2007.12.

［261］郑功成，黄黎若莲．中国农民工问题与社会保护［M］．北京：人民出版社，2007.

［262］中华人民共和国户口登记条例．载中国人大网，http：//www.npc.gov.cn/wxzl/wxzl/2008－12/15/content_1462091.htm.

［263］钟甫宁，刘华．中国城镇教育回报率及其结构变动的实证研究［J］．中国人口科学，2007.04.

［264］周达．我国城市移民的住房需求分析［J］．城市问题，2010.03.

［265］周滔，吕萍．农民工住房的消费特征与供应策略［J］．建筑经济，2011.03.

［266］朱梦冰．流动人口的性别收入差异及其演变［D］．北京师范大学中国收入分配研究院工作论文，2013.

［267］朱宇，林李月．流动人口的流迁模式与社会保护：从城市融入到社会融入［J］．地理科学，2011.03.

［268］住房和城乡建设部专题调研组．改善农村进城务工人员居住条件调研报告［J］．住房保障，第2期．

［269］佐藤宏．外出务工、谋职和城市劳动力市场——市场支撑机制的社会网络分析［A］．李实，佐藤宏．《经济转型的代价——中国城市失业、贫困、收入差距的经验分析》［C］．北京中国财政经济出版社，2004.

后　记

2013 年 7 月，我们受全国政协经济委员会委托，开始组织撰写《中国新型城镇化理论与实践丛书》。在丛即将付梓之际，我们还有几句话要对读者说一说。

这是一套与《国家新型城镇化规划（2014—2020 年）》相配套的丛书。

为配合这一规划的研究和制定工作。我们于 2013 年 9 月把通过广泛考察所形成的调研报告，特别是关于对新型城镇化六个问题的看法呈报国务院领导同志，国家发改委等部门根据领导同志的批示要求，对这些报告作了认真研究并采纳了其中许多建议。2014 年 3 月《国家新型城镇化规划（2014—2020 年）》正式发布之后，我们又依据规划对丛书作了相应补充完善，进而使丛书内容更加符合规划要求。

这是一套由著名经济学家与实际操作者共同打造的丛书。

著名经济学家厉以宁、艾丰教授和长期从事经济工作的石军同志多次谋划研究丛书构架设计和重要观点，并担任丛书编委会主任。中国社会科学研究院院长王伟光，国务院发展研究中心副主任韩俊、中国经济时报社社长许宝健、国务院发展研究中心金融研究所副所长巴曙松、东方文化与城市发展研究所所长刘锋和杨晓东等著名专家和学者，也都出任编委会委员，并分别承担了相关书稿的撰写工作。

国家发展和改革委员会副主任何立峰（天津市原政协主席）、山东省政协副主席陈光、上海市浦东新区政协主席张俭、农业部农村经济体制与经营管理司司长张红宇、上海浦东新区发展和改革委员会主任管小军、山东省临沂市市委书记张少军和艾丰经济研究院副院长詹国枢、冉永平等同志应邀担任丛书编委会委员，并亲自组织相关书稿的撰写工作。

这是一套广泛吸纳各地经验和有关同志智慧而创作的丛书。

在撰写过程中，我们参考了全国各地提供的相关资料，并吸收了他们的成功经验和做法。还到北京、上海、天津、江苏、浙江、山东、湖北等省市作了实地考察，采纳了他们提出的诸多建议和意见，并在北京、上海、天津、山东、湖北等五省市有关同志的支持下，完成了文化、科技、工业、物流、旅游驱动新型城镇化五本实践专著。杨青山、吴新民、张金杰、高钰婕、张光源等同志亦对丛书撰写给予了有力指导和支持，在此一并表示感谢。

由于丛书撰写的时间紧、任务重，难免有阐述不到位甚至偏颇之处，敬请各位读者批评指正。

中国新型城镇化理论与实践丛书

编委会

图书在版编目（CIP）数据

新型城镇化进程中流动人口经济现状研究 / 李实著. —北京：
中国工人出版社，2016.12
（中国新型城镇化理论与实践丛书）
ISBN 978-7-5008-6614-5

Ⅰ. ①新… Ⅱ. ①李… Ⅲ. ①城市化—流动人口—研究—中国
Ⅳ. ①C924.25

中国版本图书馆CIP数据核字（2016）第322291号

新型城镇化进程中流动人口经济现状研究

出 版 人	芮宗金
责任编辑	左 鹏
责任校对	董春娜
责任印制	黄 丽
出版发行	中国工人出版社
地 址	北京市东城区鼓楼外大街45号 邮编：100120
网 址	http://www.wp-china.com
电 话	（010）62005043（总编室） （010）62005039（出版物流部） （010）62379038（社科文艺分社）
发行热线	（010）62005049 （010）62005042（传真）
经 销	各地书店
印 刷	北京睿特印刷厂大兴一分厂
开 本	710毫米×1000毫米 1/16
印 张	16
字 数	280千字
版 次	2016年12月第1版 2016年12月第1次印刷
定 价	32.00元

本书如有破损、缺页、装订错误，请与本社出版物流部联系更换